公共部门财务管理：
原理与应用

黄景驰　著

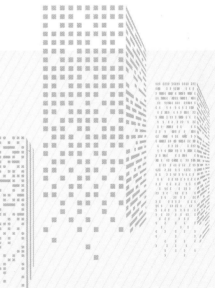

WUHAN UNIVERSITY PRESS
武汉大学出版社

图书在版编目(CIP)数据

公共部门财务管理：原理与应用 / 黄景驰著 . -- 武汉：武汉大学出版社, 2024.12. -- ISBN 978-7-307-24697-3

Ⅰ. F810.6

中国国家版本馆 CIP 数据核字第 202483UJ93 号

责任编辑:黄金涛　　　责任校对:汪欣怡　　　版式设计:马　佳

出版发行:**武汉大学出版社**　　(430072　武昌　珞珈山)

(电子邮箱:cbs22@ whu.edu.cn 网址:www.wdp.com.cn)

印刷:湖北云景数字印刷有限公司

开本:787×1092　1/16　印张:21.75　字数:431 千字　插页:1

版次:2024 年 12 月第 1 版　　2024 年 12 月第 1 次印刷

ISBN 978-7-307-24697-3　　定价:68.00 元

CONTENTS 目 录

第一章
导论：公共治理下的公共部门财务管理
——概念、内容及目标

◎学习内容和目标

本章的学习将侧重公共部门财务管理的基本概念、历史沿革、主要研究问题及目标等，并介绍本书的内容设置和结构。

在学习完本章后，学生应当能够对公共部门财务管理形成初步的认识，掌握公共部门财务管理的内涵及发展，明确其与公共财政管理的区别，厘清公共治理视域下公共部门财务管理的内容及目标，并且能够熟悉本书的结构，形成对本门课程的宏观认识。

第一节　公共部门财务管理的基本概念和历史沿革

一、公共部门财务管理

(一)公共部门的定义、范畴与规模

当人们提到公共部门时，首先想到的可能是"政府"、"事业单位"、"预算"、"编制"等词汇。尽管人们的反应不同，但有一点是相同的，那就是每个人从出生开始就无时无刻不在与公共部门打交道。公共部门始终与每个公民的日常生活息息相关。

公共部门是什么呢？Public Sector 一词作为专有名词，最初由经济学家温格尔(Suranyi-Unger)提出，以便考察一个国家的经济管理体制是公共部门多一些，还是私营部门多一些。因此，要理解公共部门的概念，首先需要对公共部门与私营部门进行区分和考察(Jones & Pendlebury，2000)。

公共部门也称公共组织(Public Organizations)，指的是以公共利益为目标的政府部门和组织。与私营部门不同，公共部门的主要特征有五个：第一，以处理社会公共事务、维护和实现公共利益为基本职责；第二，不以营利为目的；第三，行使公权力，行为具有强制性与权威性；第四，依法受到监督；第五，目标不容易计量或责任化。

纵观国内外公共财务管理的教材与专著，各国对公共部门的具体定义和范畴划分并不统一。在西欧国家(英、法、德等)，一般认为公共部门包括政府部门、公共事业单位、非营利性的公共组织、国有企业与

国有控股的公司等。但也有学者认为，从狭义的角度来看，公共部门通常是指一个国家的各级政府以及国有事业单位。当然，如果结合不同国家的历史、文化、政治与经济背景来看，有关公共部门的定义就会更加千差万别。同时，若从政治学、公共管理学、社会学、法学与经济学等专业角度来分析，公共部门的定义也基本不可能形成唯一答案。

国内有学者（罗晓华，2015）从公共产品的角度，将公共部门定义为提供公共产品或劳务的单位。国际会计师联合会（IFAC）则把公共部门定义为国家政府机构、区域政府机构、地方政府机构以及相应的政府主体（如机构、团体、委员会和企业）。按照上述定义，中国的公共部门除政府自身外，还包括政府拥有或控制的实体，如国有企业或金融机构。在市场经济中，国有企业应以商业定位，以便能够获利。因此，国有企业必须有一定的自治权并且实行公司化，其财务管理应区别于政府部门。但是广义地说，它们还是属于公共部门，仍负有很大的社会责任。

在我国，公共部门一般由以下三种类型的组织构成：第一类，政党、立法机关和政府部门；第二类，事业单位和其他公共部门；第三类，国有企业。具体构成如图 1.1 所示。

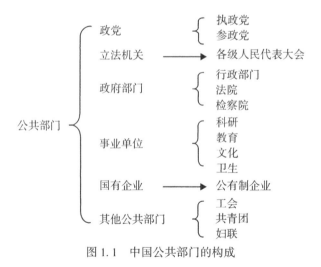

图 1.1　中国公共部门的构成

中国国家统计局在对公共部门进行分类时，使用了国有单位这一概念。其按照行业划分具体包括 19 个类别，分别如下：农林牧渔业国有单位，采矿业国有单位，制造业国有单位，电力、燃气及水的生产和供应业国有单位，建筑业国有单位，交通运输、仓储及邮电通信业国有单位，信息传输、计算机服务和软件业国有单位，批发和零售业国有单位，住宿和餐饮业国有单位，金融业国有单位，房地产业国有单位，租赁和商务服务业国有单位，科学研究、技术服务和地质勘查业国有单位，水利、环境和公共设施管理业国有单位，居民服务和其他服务业国有单位，教育业国有单位，卫生、社会保障和社会福利业国有单位，文化、体育和娱乐业国有单位，公共管理和社会组织国有单位。

中国国家统计局 2022 年的统计数据显示，截至 2021 年年底我国公共部门就业人数共计约 5633 万人。按照行业部门划分，就业人数前五名的行业如下：公共管理和社会组织业，教育业，卫生、社会保障和社会福利业，科学研究、技术服务和地质勘查业，水利、环境和公共设施管理业。2017 年至 2021 年公共部门具体就业人数如表 1.1 所示。

表 1.1　　　　　中国公共部门就业人数：2017—2021 年

指　标	2021 年	2020 年	2019 年	2018 年	2017 年
国有单位就业人员（万人）	5633.1	5562	5474	5741	6063
农林牧渔业国有单位就业人员（万人）	54.9	58	100	173	236
采矿业国有单位就业人员（万人）	16.7	18	15	17	34
制造业国有单位就业人员（万人）	51.6	46	39	73	124
电力、燃气及水的生产和供应业国有单位就业人员（万人）	98.5	102	114	134	160
建筑业国有单位就业人员（万人）	89.5	89	80	113	154
交通运输、仓储及邮电通信业国有单位就业人员（万人）	104.5	108	132	264	353
信息传输、计算机服务和软件业国有单位就业人员（万人）	27.6	26	20	25	27
批发和零售业国有单位就业人员（万人）	47.9	48	43	61	72
住宿和餐饮业国有单位就业人员（万人）	18.7	21	21	26	32

札记   续表

指标	2021年	2020年	2019年	2018年	2017年
金融业国有单位就业人员(万人)	65.7	69	89	126	143
房地产业国有单位就业人员(万人)	21.5	22	16	20	26
租赁和商务服务业国有单位就业人员(万人)	94.8	96	99	104	117
科学研究、技术服务和地质勘查业国有单位就业人员(万人)	150.9	152	150	183	206
水利、环境和公共设施管理业国有单位就业人员(万人)	121.2	122	130	168	196
居民服务和其他服务业国有单位就业人员(万人)	13.3	12	12	19	18
教育业国有单位就业人员(万人)	1662.8	1637	1540	1565	1582
卫生、社会保障和社会福利业国有单位就业人员(万人)	934.4	894	835	786	774
文化、体育和娱乐业国有单位就业人员(万人)	85.6	85	82	92	99
公共管理和社会组织国有单位就业人员(万人)	1973	1957	1957	1792	1710

数据来源：中国国家统计局数据库，2022

　　我国公共部门的从业人员数量反映了公共部门的规模。显然，相较于世界上其他国家，我国公共部门的从业人数最多、规模最大。我国从2000年开始对政府、事业单位、国有企业进行了大规模的调整和改革，但公共部门的从业人数仍旧在2012年达到高峰，为6839万人。2012年之后五年，公共部门就业人数逐步下降至6169.8万人。自2015年始，新一轮的事业单位改革进一步削减了传统行政事业单位的从业人员数量和规模，公共部门的就业人数总规模也在一定程度上逐年减少。到2020年，公共部门就业人口数量小幅增长，达到了5562万人。2016年至2020年中国国有单位就业人数变化情况如图1.2所示。

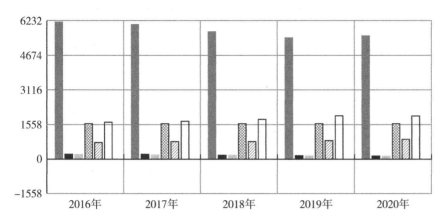

国有单位就业人员（万人）
科学研究、技术服务和地质勘查业国有单位就业人员（万人）
水利、环境和公共设施管理业国有单位就业人员（万人）
教育业国有单位就业人员（万人）
卫生、社会保障和社会福利业国有单位就业人员（万人）
公共管理和社会组织国有单位就业人员（万人）

图 1.2　中国国有单位就业人数变化情况：2016—2020 年

　　此外，从国民经济核算的角度，也可以看出我国公共部门的经济规模较大。按照支出法核算国内生产总值，仅政府消费一项，2017 年就达到了 135828.7 亿元，占国内生产总值（828982.8 亿元）的 16.38%。自 2017 年至 2021 年，我国政府消费支出占国内生产总值的比重一直稳定在 15%~17% 的区间内，如表 1.2 所示。

表 1.2　　中国国内生产总值及构成（支出法）：2017—2021 年

指　　标	2021 年	2020 年	2019 年	2018 年	2017 年
支出法生产总值（亿元）	1140340.1	1025628.4	990708.4	915774.3	828982.8
最终消费（亿元）	620921	560811.1	552631.7	506134.9	456518.2
居民消费（亿元）	438849.4	387185.8	387188.1	354124.4	320689.5
城镇居民消费（亿元）	345073	304086.3	305130.7	277365.3	252083.3
农村居民消费（亿元）	93776	83099.5	82057.4	76759.1	68606.2
政府消费（亿元）	182071.6	173625.4	165443.6	152010.6	135828.7
资本形成总额（亿元）	489897.2	439550.3	426678.7	402585.2	357886.1

札记

续表

指　标	2021 年	2020 年	2019 年	2018 年	2017 年
固定资本形成总额(亿元)	478901.2	430624.9	422451.3	393847.9	348300.1
存货变动(亿元)	10996	8925.4	4227.4	8737.3	9586
货物和服务净出口(亿元)	29521.9	25266.9	11397.9	7054.2	14578.4
最终消费率(%)	54.5	54.7	55.8	55.3	55.1
资本形成率(%)	43	42.9	43.1	44	43.2

数据来源：中国国家统计局数据库，2022

综上所述，公共部门的性质决定了其职能目标、社会责任、权利和义务，也决定了其公益性、非营利性、强制性、权威性和管理内容广泛性的基本特征。受到政府机构改革等宏观因素的影响，公共部门规模在不同时期有所变化。但从全球范围看，各个国家公共部门的从业规模和经济规模在国家政治经济体制中始终占有相当比重。公共部门的重要性不言而喻。此外，各国公共部门的人数规模和经济规模也意味着公共部门占用和使用国家经济资源的程度。如何有效筹集和使用有限的经济资源达到资源的有效配置是当今公共治理研究的重要议题之一。

(二)财务管理

财务管理(Financial Management)，又称企业财务(Business Finance)或公司财务(Corporate Finance)，是经济学的基本原理应用于企业决策并解决实际问题的一门学科。20 世纪 20 年代开始，传统的财务管理技巧已经被广泛应用于企业的决策、规划和分析。一般而言，现代财务管理(企业财务)包括三个方面。

第一，筹资管理。包括资金平衡管理、信用管理、兼并与收购管理、负债借贷管理、有价证券的发行管理。

第二，投资管理。主要涵盖企业在金融或资本市场上的一系列管理行为。例如：对资本预算、有价证券的估值和投资管理。

第三，筹资与投资相结合的管理，主要涉及如何协调资金的使用者和提供者，建立相应的资金提供与使用体系，从而满足各方的资金需求，达到资源最佳配置。

　　财务管理的核心问题主要侧重两个方面：一是如何筹集资金(financing：raising funds)；二是如何使用资金(investing：use funds)。无论是私营部门还是公共部门，在财务管理的核心问题上是一致的。

　　财务管理也是管理学的一个分支，因此与管理学的基本环节类似(计划、组织、实施、控制、评估)。财务管理通常包括五大环节，具体如图1.3所示。

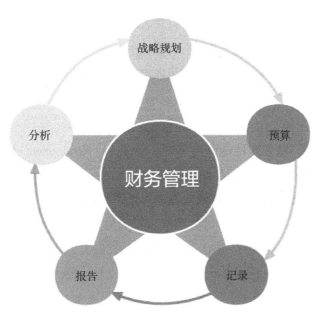

图1.3　财务管理的五大环节

　　第一步，战略规划与确认目标。对于企业来讲，首先要根据自身情况分析所处的商业环境、当下的财务状况和绩效情况，提前制定利润目标、市场预测和财务预测等规划文件，尤其是要根据组织发展需要确定组织战略目标。

　　第二步，编制预算。预算是分解组织目标并有效配置资源的有力工具。它是组织战略目标和实施方案的具体化，也是一个组织在规定的时间内，利用有限的资源如何去实现规划目标的具体方案。预算通常以数字和量化的形式表现出来。

　　第三步，及时记录。对于财务管理而言，记录是重要的管理环节。财务管理活动的记录实际表现为企业在经营过程中产生的账簿、财务报告、会计报表等文件。

第四步，有效报告。财务报告和会计报表记录了组织在一个财年内，根据一定会计原则和相关准则，按照一定格式整理统计后的财务数据和信息，为使用者提供参考和决策依据。

第五步，总结分析。总结分析包括了审计和绩效评价等评估环节。财务审计和财务管理的绩效评价不仅要审查财务报告和会计信息的合法性、合规性，还要考察组织的目标和计划是否已经有效达成。

对于企业财务管理来说，管理者应当具备基本的财务知识和技能。他们应当是企业的规划者、资产管理者、绩效管理领导者、协调者以及预测者。企业财务管理现已发展为独立的学科。由于其涵盖内容太多太广，本节仅做基本的介绍，其详尽内容请参考相关专业教科书。

（三）公共部门财务管理

公共部门财务管理（Public Sector Financial Management）也称公共组织财务管理（Public Organisation Financial Management）。从财政学的视角出发，相关文献和定义①更倾向于称它为公共财政管理（Public Financial Management），即由公共财政发展而来的财政管理，其沿袭发展了传统的公共收入、公共支出、预算管理以及预算体制改革等内容。

公共部门财务管理虽然在字面上与公共财政管理差别不大，但其内容有一定区别。公共部门财务管理更侧重于公共部门中各类组织与机构的财务活动和实践，属于"实务"的管理。其方法和技巧很大程度上借鉴了"企业财务"或"公司财务"管理的内容。而公共财政管理更侧重于"政治与政务"，聚焦政府和行政机关的预算管理。正如我国研究者②所分析的："公共财政突出'政'字，它侧重于政府层面，可以从政治、政策的角度理解，并具有政治性（目标在于维护社会稳定、促进社会公平）、政策性（围绕党和国家的方针政策）、年度性（以财政年度为基础）、无限性（入不敷出时可举债）和单一性（只从货币角度出发）等特征。"

对比而言，公共部门财务管理就是公共部门解决如何筹集资金、如何花钱办事等具体事务的管理技术和管理工具。它注重公共组织、部门

---

① Frank, H. A., ed., Public financial management[M]. CRC Press, 2006; Bergmann, A. Public sector financial management[M]. Pearson Education, 2009.
② 李建发，肖华. 公共财务管理与政府财务报告改革[J]. 会计研究，2004，9：7-10.

和机构层面的具体资金管理活动，通过借鉴私营部门的战略分析、资金筹集、资金管理、会计审计、投资评估、财务报告、绩效评估等方法技巧，解决公共部门资源管理的实际问题。① 公共部门财务管理从微观的角度出发，更注重公共部门资金使用的经济性(Economy)、效率性(Efficiency)、有效性(Effectiveness)和公平性(Equity)。公共部门财务管理也注重中长期财务规划(Planing)、(财务上的)可持续性(Sustainability)、公共政策的财务可行性和可承受性(Feasibility and Affordability)、公共部门会计、综合财务报告体系的制度建设和公共部门财务管理业务的综合性等具体管理方法和技术的综合使用。

应该说，公共财政管理与公共部门财务管理的区别主要在于：前者关注政府财政收支和预算本身相对的宏观问题，后者则关注具体财务收支的经济影响及公共部门经济行为的可行性、合理性等微观问题。

二、公共部门财务管理的形成及演变

公共部门财务管理的产生和发展来自对政府支出问题的研究。自20世纪开始，世界各国政府在整个社会经济活动中的角色越来越重要，政府的职能随之不断扩张，政府支出规模也越来越大。尤其是第二次世界大战以后，西方发达国家实行福利政策，公共产品供给范围扩大，政府提供的养老、医疗、教育、住房、补贴等公共支出也不断增加。为补偿如此巨大且日益增长的公共支出、履行政府职能，政府需要在提高税收水平的基础上，寻找新的收入来源，并探索出一条更为有效的统筹管理公共部门收入和支出的路径。真正意义上的公共部门财务管理出现在20世纪80年代。随着新公共管理运动(New Public Management，NPM)在西方发达国家的展开，其改革理念也不断渗入到公共部门的财务管理活动中。

公共部门财务管理最初的探索，以公共支出、税收、预算管理和对外援助资金管理为研究对象，从技术性的角度考察引入或借鉴私营部门管理方法和理念的可行性。随后，经过一定的理论发展和政策实践，西方发达国家政府认识到，公共部门财务管理还必须对所有公共组织相关

① Allen, R., Hemming R., and Potter B., eds. The international handbook of public financial management[M]. Springer, 2013.

的财务活动进行统筹规范管理。通过借鉴私营部门的财务管理理念，引入包括公共资金管理、公共（行政）成本管理、公共投资管理、公共资产管理、公共债务管理、公共部门权责发生制会计、政府综合财务报告、公共部门审计、公共部门绩效管理等概念以及相关的财务管理工具和方法。

公共部门财务管理的改革，核心思想在于公共部门财务管理方式和理财理念的转变。即从原先的粗放式、暗箱式的方式，转变为重成本、讲效益、重风险、重透明、有问责的管理方式，从而更有效地使用公共资源、提高公共资金使用效率、规避公共财务风险，最终实现公众利益最大化。

第二节　公共部门财务管理的内容和主要研究问题

一、政治经济及制度主义视角下的公共部门财务管理

西方发达国家以及国际组织（世界银行、国际货币基金组织、欧盟委员会）通常把公共部门财务管理看作国家政治经济与制度改革的一部分。自 2000 年以来，较多公共部门财务管理的研究聚焦于发达国家和发展中国家财政体系改革。如，完善现有预算制度，公共部门财务管理改革的目标、路径、方法、技巧和指标体系，影响公共部门财务管理改革的政治、经济、法律、环境等制约因素（Constraining Factors），公共部门财务管理改革的主体、中介、动机、路径和效果等。

基于以上研究议题，西方公共部门财务管理逐渐形成了一系列公共财务管理模型并已经用于实践。比如国家和省级层面公共部门支出与财政绩效管理模型（Public Expenditure and Financial Accountability，PEFA）、政府债务管理分析模型（Debt Management Toolkit，DeMPA）、政府采购分析模型（OECD-DAC）、政府支出评估模型（Public Expenditure Review，PER）、政府财政信息透明度评估模型（the Observance of Standards and Codes Transparency，ROSC）、政府审计模型（EU Audit）等。

实践中，以西方发达国家为主导建立的公共财务管理模型和体系的实施效果，仍有很大争议。但以上模型提供了最基本的公共财务管理进行定量和定性分析的工具、绩效评价体系和数据收集机制。此外，以上模型也考虑了技术、制度和政治经济因素对公共财务管理体系的影响，

提供了分析和改革的政策框架。最后，西方国家将公共财务管理改革视作机构改革的一部分，重新审视了财政部、中央银行和国家计划部门之间的角色，尤其是在公共财务管理中对政策制定、实施和推行的意义和作用。

二、公共服务、公共产品和公共部门财务管理

世界各国的政府和学术界都在寻求改善公共产品和公共服务的管理方法。作为政府和公共部门的主要职责和主要支出内容，公共服务和公共产品的财务管理工具和机制也在过去三十年中不断发展创新。在公共产品的规划、决策、供给、组织、实施、报告、审计和绩效评估等环节，各国公共部门均进行了卓有成效的改革和实践。

公共产品和服务涉及了数量众多的公共供给主体，包括各级政府、事业单位、国有企业、非营利性的非政府组织，甚至表面上看起来属于私营部门的企业。公共部门改善公共产品和服务的主要目标有以下几点：第一，控制公共财政支出；第二，提高公共资金的使用效率；第三，改善公共产品和服务的质量；第四，提高公众的参与度，满足公共需求。这就需要公共部门在提供公共产品或服务时，认真调研公共需求，以需求确定公共部门的产出，以公共部门的产出指标确定供给过程的管理指标，以产出和管理指标确定绩效评价标准和指标，以绩效指标和评价结果确认对公共部门或公共产品提供者的奖惩及优化提升策略。

要实现真正意义上的公共产品和服务的改进，不仅要对公共部门产出的结果进行监管和评估，更重要的是在规划决策阶段和过程管理阶段使用更加有效的管理工具和技巧。如：公共收入和支出的预测方法和技巧，零基预算、绩效预算和参与式预算的原理和方法，公共（行政）成本管理的新方法（如：作业成本法）、公共投资管理的成本—收益、量本利分析法，公共债务管理、公共部门权责发生制会计、政府综合财务报告及其财务指标分析法、公共部门的物有所值审计、公共部门绩效管理的关键绩效指标和平衡计分卡评价法等。

三、公共治理视域下的公共部门财务管理：公共参与、公开透明与问责制

中国在 2013 年提出了"全面深化改革的总目标是完善和发展中国特

札记

色社会主义制度，推进国家治理体系和治理能力现代化"。作为国家治理和公共治理的一部分，公共部门财务管理不仅要探索形成一整套统一的标准，建立公共部门财务管理规则体系和制度，更要在管理的全过程听取公众意见，提高公共财务信息的透明度，提高公众的参与度，建立有效的问责制度。

现代公共部门财务管理的另一特点和趋势就是以人民需求为中心，在前期决策阶段就可以利用各种治理方式了解公众需求，以各种参与式预算方法和手段为工具，逐步建立并完善科学民主决策的机制，以现代成本核算、资产管理、投资分析为有效分析手段，树立成本意识，提高公共资金的使用效率，真正建立"公众利益最大化"的财务管理体系；通过稳步推进现代权责发生制政府会计和综合财务报告制度，更加全面、透明、科学地反映公共部门的债务、资产、收入、成本、利润等财务状况；通过审计和绩效评价全面反映各级政府的财务管理绩效，建立权责对等、奖罚分明的现代公共财务管理体系。

第三节　公共部门财务管理的目标

公共部门财务管理是公共部门以资金收支为主的财务活动的总称（罗晓华，2015）。主要包括以下内容：第一，财政资金的管理，如公共预算与部门预算；第二，非税收支，如收费和罚没收入等；第三，经营性收支。

从宏观角度来讲，公共部门财务管理的主要目标是：将公共部门的有限资源合理分配，使得公共资源配置最优化，争取达到"帕累托最优"的状况。

从中观角度来讲，按照新公共管理的思路，以公共利益最大化为目标，以公共财政管理为基础，借鉴企业财务管理技术方法，针对公共部门财务活动特点和规律，公共部门财务管理应当：

- 转换理财观念，把政府公共部门视为独立的经济主体，遵循非营利的组织目标开展财务活动；
- 增强成本效益意识，理性地从事公共财务活动，切实加强行政成本管理，提高行政效率和公共资金效益；
- 明确受托人身份和公共财务受托责任，按照预算限定，加强财务预算管理，强化财务责任，防范公共财务风险；

- 按照新公共管理理论，引入现代财务管理技术方法，切实提高公共财务管理水平；
- 根据公共部门所有者缺位、治理结构缺陷和管理者普遍存在的道德风险及逆向选择现象，建立健全财务法规制度、完善财务程序和手续、严格财务开支标准；
- 建立健全内部监督、社会监督、审计监督"三位一体"的财务监督体系，提高公共财务活动的透明度，主动接受社会公众的监督，提倡公众参与公共财务管理。

从微观角度来讲，公共部门的各种组织和单位，应当以现代公共财务管理工具和技巧为依托，解决现实中遇到的具体管理问题，以实现4Es（Economy，Efficiency，Effectiveness，Equity）的目标，最终达到物有所值的政策目的。

第四节　本书的内容设置和结构

本书主要由五大部分组成，分别是导论、公共部门预算与管理会计、公共部门的投融资与决策评估、公共部门的财务报告与财务会计原理以及公共部门审计和绩效评价。

一、现代公共部门财务管理的问题与环境

由于公共部门的特殊情况与复杂多样的管理目标，公共部门的财务管理与私营部门的财务管理有很大区别。这使得公共部门财务管理的难度以及与之相关决策的复杂性大大提高。譬如说，私营部门的经理人以及他们的财务总监在考察一项投资方案的时候，会首先考虑该项投资是否会带来更多的收益，是短期的财务回报，还是长期的投资收益，是否有更好的投资方案为公司带来最多的收益。

公共部门的决策者以及技术官僚对于公共资金的使用大为不同。他们一般会考虑以下几个问题：第一，用于该项投资（或支出）的钱从哪里来；第二，该项目或支出资金的使用是否合法、合规、合理；第三，财政是否能支撑该项支出或投资；第四，该项目的支出或投资是否最终能够成功，取得想要的效果，实现政策目标，并在此基础上达到"物有

所值"的效果（4Es，Economy，Efficiency，Effectiveness，Equity）。以上问题正是现代公共财务管理要解决的几个核心问题。第一个问题与第三个问题，考察公共部门财务管理（投融资）的"能力"；第二个问题，考察公共部门对于公共资金使用的授权与控制；第四个问题，则是从价值评判的角度，分析公共资金花得好不好。也可以说，公共部门财务管理实际上从微观的视角考察，公共部门资金从哪里来、花到哪里去、花得好不好。

二、管理会计与预算

第二节我们探讨了公共部门财务管理研究的主要问题。根据以上研究，又可以衍生出一系列的技术方向。由于本书主要偏重财务管理技术与方法的学习，因此我们必须弄清公共部门财务管理究竟包括哪些内容。不同于国内现有教材（按照公共部门性质分类），本书多从国际上的公共部门会计与财务管理视角进行考察。

首先，作为公共部门财务管理的核心内容，管理会计是不可缺少的一部分。对于公共部门来讲，管理会计的核心就是预算。因为，"官僚的核心动机就是预算最大化"（Niskanan，1991）。无论哪个国家的公共部门或是事业单位，其领导者与财务官僚最为关心的问题就是预算的多少。预算是计划，是公共部门资源分配的计划；预算是权力，是公共部门资源配置的法定依据；预算也是控制与管理的有效工具，是上级控制下级、中央控制地方的有效手段，是政策制定者确保政策成功实施的有效手段（没有控制，管理就是一盘散沙，根本没有效率可言）。不可否认，预算的编制与修订过程充满了政治的干预、极大地受到非市场因素的干扰；预算的编制过程实际上是一个斗争、争吵、妥协、折中、让步的政治过程；有些预算安排的结果可能存在非理性、非合理的情况。然而，对于技术官僚或公共部门经理来讲，如何在合法、合规的条件下，争取、筹集、申请、编制、获取、执行部门或公共预算，才是他们所关心的首要问题。而后，官僚们才会考虑如何提高效率、改进公共产品质量、改善公共服务的问题。

对于市场经济条件下的中国来讲，原有的预算体制一直在不断改进，以求赶上或引领公共治理领域改革。编制更加全面的公共预算、加大政府与部门预算的透明度、实行三年期滚动预算、加强预算管理绩效评价等，是政府现在以及未来改革的核心方向。我国政府及其公共部门组织希望提升预算的全面性、准确度、透明度以及有效性。

从技术的角度看，预算的编制与实施不是随意的，必须基于一定的估算与核算。从理论上说，预算是基于部门的职能与任务、实际工作量、人员编制等因素进行综合计算规划所需的资源。譬如说，对于医院来讲，其病床的数量与常规门诊病人的数量决定了医务人员的编制数，也决定了其预算的多少。且不谈这种安排是否合理，如何就公共部门能提供的服务数量、医务人员数量与医疗药品服务成本等变量，编制一份质量较高的预算不是一个简单的任务。其根本在于，如何核算公共部门提供公共服务所需要的成本。因此，管理会计的另一个核心内容就是如何更加精确、有效、全面地进行成本核算与管理，为决策者与管理者提供有效、相关的财务信息。与此同时，也为管理者提供一种有效的控制手段，以达到合理利用资源、降低公共服务成本、有效推行政策的目的。

三、公共部门投融资与决策评估

公共部门财务管理的另外一项重要内容就是公共产品与服务的投融资、公共项目的决策评估技术和管理方法。正如公共部门的定义所述，公共部门是提供公共产品和公共服务的部门。按照传统意义上的划分，公共产品主要分为基础设施与公共服务。基础设施（Infrastructure），通俗来讲就是硬件设施的建设。其内容包括市政基础设施、交通、水务、铁路等。公共服务也被称为软性基础设施，包括一个国家的司法、国防、医疗、教育、体育、文化、政务服务等。

公共部门提供公共产品，一般是以开发公共项目（项目支出）的形式进行。公共项目立项之后，就进入了项目的可行性评估阶段。项目的可行性评估一般由多个部门（主要是发改、建设、财政等）参与，其核心目的在于评价项目各种投资方案的优劣与可行性。也就是针对不同项目投资方案，利用不同财务或经济评价方法进行综合论证、择优去劣。这是公共部门的重要财务决策过程，其决策结果决定着公共项目的成败。

四、公共部门的家底到底有多少——公共部门的权责发生制会计、财务报告与财务分析

目前，从世界范围来看，各国公共部门采用的财务会计制度有很大

札记

不同。但大致可分为三类：第一类国家在公共部门，尤其是政府部门采用了以权责发生制（Accrual Basis）为基础的财务会计体系。如英国就是使用了以国际会计准则为基准的财务会计准则，并编制政府的财务报告。第二类国家则是采用了较为传统的收付实现制（Cash Basis）的会计体系。比如，绝大多数发展中国家，以及荷兰等发达国家。除此之外，还有一部分国家属于从收付实现制财务会计体系向权责发生制会计体系过渡的阶段，现实中采用了"修正的权责发生制会计体系"。比如，中国。

权责发生制又称应收应付制，是指收入和费用的确认以实际发生为标准。也就是说，一切要素的时间确认，特别是收入和费用的时间确认，均以权利已经形成或义务（责任）已经发生为标准。权责发生制也是我国企业会计确认、计量和报告的基础。另外一种会计计量的标准，是根据货币收支是否来作为收入确认和费用确认和记录的依据。又称为收付实现制。当前我国的政府会计实施的是双轨制。其中的预算会计采用了以收付实现制为基础的会计核算体系。

根据中国财政部的相关政府会计改革文件可以看出，我国政府与公共部门会计的主要思路在于努力改革现有政府会计体系，建立符合时代发展与实际需求的现代政府会计体系，为政府及相关者提供财务信息、防范财政风险，为其提供决策信息与数据。权责发生制会计在政府部门的实施也是政府综合财务报告改革的基础与前置条件。

总而言之，公共部门的会计改革，尤其是政府权责发生制会计与政府综合财务报告制度的试行，其目的在于更全面更精确地统计政府的资产、债务、净资产、收入、支出等要素，即政府的"家底"有多少。在此基础上，分析政府财务管理的各项财务指标，评估管理的效果与绩效。

五、公共部门的审计与绩效评价

公共审计是由国家授权或接受委托的专职机构和人员，依照国家法规、审计准则和会计理论，运用专门的方法，对被审计单位的财政财务收支、经营管理活动及其相关资料的真实性、正确性、合规性、合法性、效益性进行审查和监督，评价经济责任，鉴证经济业务，用以维护财经法纪、改善经营管理、提高经济效益的一项独立性的经济监督活动。

札记

现阶段，我国公共部门的审计工作主要有两种。第一种是针对公共部门的会计记录进行相对独立的监督审查。也就是说，审计部门对公共部门的财务收支情况、资产负债等会计报表进行合法合规性质的检查。即财务审计或会计报表审计。第二种则是针对被审计单位经济活动的效率、效果和效益状况进行审查、评价。目的是促进被审计单位提高人财物等各种资源的利用效率，增强盈利能力，实现经营目标。在西方国家，经济效益审计也称为"3E"（Efficiency，Effectiveness，Economy）审计、绩效审计（Performance Audit）或是物有所值审计（Value for Money Audit）。最高审计机关国际组织（INTOSAI）则将政府审计机关开展的经济效益审计统一称为"绩效审计"（Performance Audit）。自 2000 年以来，我国政府以及相关部门（如审计署、财政部）加大了审计力度，同时也加强了对政府经济活动最终效果的评估，对地方政府的项目支出及其绩效评价工作已经普遍展开。

六、本书的结构

总的来讲，本书一共包括五个部分、十章，分别从导论、预算、成本、投融资、财务会计、财务分析、审计、绩效评价和未来展望等方面进行讨论。具体章节安排如下：

第一部分　引言

第一章　导论：公共治理下的公共部门财务管理——概念、内容及目标

第二部分　公共部门的规划与预算管理

第二章　公共部门收入支出的预测原理和方法

第三章　预算编制方法与原理

第三部分　公共部门管理会计与融资：基本原理与技巧

第四章　管理会计中的成本管理、成本决策与变动成本法

第五章　公共部门的成本核算：完全成本法、制造成本法与作业成本法

第六章　公共部门投资分析与决策原理

第四部分　公共部门财务会计：理论、概念与基础知识

札记

第二章 公共部门收入支出的预测原理和方法

◎学习内容和目标

本章的学习将侧重公共部门收入和支出的基本概念，公共部门收入支出的预测和规划方法，论述基本预测和分析技巧的应用。

学完本章，学习者应当能够识别公共部门或组织的各种收入和支出，掌握公共部门收支的预测原理和基本技巧，根据不同预测方法的特点判断各种预测和规划结果的准确性。同时，能够在应用不同预测和计划工具的基础上，分析各种方法的利弊。

第一节　引言：公共部门的收入、支出

为什么要对公共部门或公共组织的收入或支出进行预测，其主要原因在于，帮助公共部门进行政策规划和科学决策。公共部门或公共组织的主要职能在于为公众提供公共产品或服务。公共产品或服务数量的多少在于公众需求数量。所以，公众对公共产品和服务的需求决定公共部门筹集多少资金，从何处、用什么办法筹集，资金如何分配等一系列的问题。例如，在 2020 年，某区文化广电新闻出版局出台政策，大力推动公共文化服务的均等化工作，就需要预测 2020 年至 2022 年期间，该区的公共文化服务需求有多大、公共资金需求量有多大、如何筹集公共资金、如何分配公共资金等一系列的问题。

其次，因公共部门的收入和支出水平决定了公共产品和服务的供给能力、供给水平，对公共部门一定时期内或一定时期后的收支进行预测，可以使公共组织清楚地了解自身的实际情况和现有供给能力，以便合理规划。又如，湖北省妇幼保健院外科病房的住院病人床位数规划为七十三个，但是由于住院病人数量常常维持在日均八十五床左右，因此，医生、护士均不堪重负、人手紧张。短时期内该科室暂时可以通过加班、临时调配人手解决人手不足的问题，但是长期来讲，科室和医院需要及时调整未来部门的收入支出水平、提升服务能力。

此外，预测是公共部门或组织对本辖区或部门进行深入调查和了解的一种方法。了解基本情况、收集基本数据是对公共部门收入和支出进行预测的前提。比如，在 2020 年 2 月至 5 月期间，某教育局在对辖区内适龄儿童人口进行摸底调查和预测时发现，由于城市化和户籍人口增长速度过快等因素影响，2020 年该区小学生入学人数和全区所有小学的接收能力存在约 4000 人的缺口，地方小学教育服务水平、小学教育收入和支出需要紧急调整。

预测是公共部门收支决策和规划的先决条件。科学、合理、准确的预测是公共部门决策规划的重要基础。

一、公共部门收入

（一）政府财政收入

不同公共组织的收入构成是不同的。总体而言，各级政府的财政收入包括以下几类，如图 2.1 所示。

1. 税收收入

主要包括增值税、消费税、企业所得税、个人所得税、资源税、城市维护建设税、房产税、印花税、城镇土地使用税等收入来源。

2. 非税收入

一般而言，非税收入包括专项收入、行政事业性收费收入、罚没收入、国有资本经营收入、国有资源（资产）有偿使用收入、捐赠收入、政府住房基金收入和其他收入 8 个收入来源。

3. 债务收入

债务收入主要包括中央及地方政府发行债券所取得的收入。尤其是以发行政府债券为主的一般债券收入和地方债券收入（省级）。在 2022 年的法律法规框架下，地方政府发行债券的主体是省级政府，市县一级政府如要筹集债务资金需要省级政府代为发行。

4. 使用费（使用者付费收入）

使用者付费收入包括各类国有资源（资产）有偿使用收入，一般属于政府非税收入的一种，但有别于行政收入。使用者付费，是公共产品或服务的使用者，对所使用的产品或服务进行付费的一种收入类型。

5. 政府性基金收入

政府性基金收入主要包括非税收入的专项基金收入、专项债券收入，其他债务收入等，但主要收入来源是基于土地、铁路、民航、彩票等专项收入。国有土地出让收入是地方政府的主要基金收入来源。

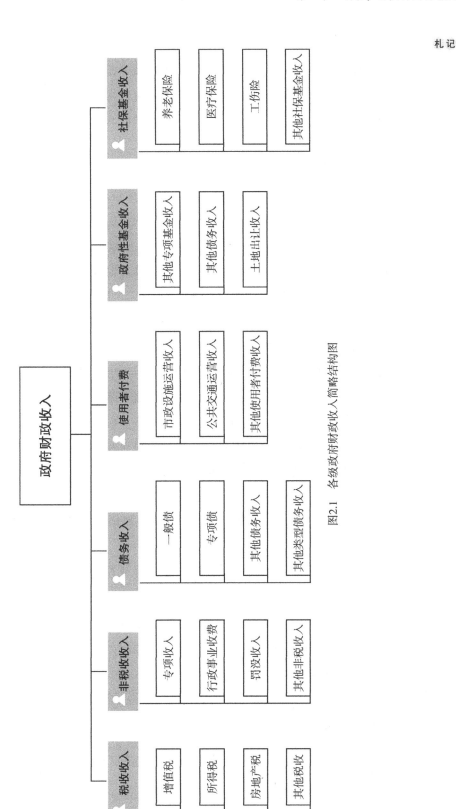

图2.1 各级政府财政收入简略结构图

6. 社保基金收入

社保基金收入也是公共部门收入的重要来源之一。主要包括，企业职工基本养老保险基金收入、失业保险基金收入、职工基本医疗保险基金收入、工伤保险基金收入、生育保险基金收入等 13 项收入。

（二）事业单位的收入

对于事业单位而言，不同类型的事业单位的主要收入结构略有差别。以我国高等教育机构为例，其主要收入可能包括以下几种：

（1）财政拨款收入：指高等学校当年从同级财政部门取得的各类财政拨款。包括财政教育拨款、财政科研拨款和财政其他拨款。

（2）上级补助收入：指高等学校从主管部门和上级单位取得的非财政补助收入。

（3）事业收入：指高等学校开展教学、科研及其辅助活动取得的收入。包括教育事业收入和科研事业收入。教育事业收入，主要包括普通高中学费、普通高中住宿费、高等学校学费、高等学校住宿费、高等学校委托培养费、短训班培训费和考试考务费。科研事业收入，主要包括除教育部财政科研拨款以外的中央和地方科研经费拨款，以及通过承接科研项目、开展科研协作、转化科技成果、进行科技咨询等取得的收入。

（4）经营收入：指高等学校在教学、科研活动及其辅助活动之外开展非独立核算经营活动取得的收入。

（5）附属单位缴款：指高等学校附属单位按照有关规定上缴的收入。

（6）其他收入：指高等学校取得的除上述收入以外的各项收入。主要包括投资收益、捐赠收入、租金收入、银行存款利息收入、现金盘盈收入和存货盘盈收入等。

◎案例分析2.1

事业单位（高校）的主要收入结构

根据 2022 年的有关数据资料，华中某高校的主要收入有以下几类：学校 2022 年收入预算 1 298 381.95 万元，其中一般公共预算

财政拨款收入330 031.05万元，政府性基金预算财政拨款收入
70.12万元，事业收入358 086.00万元，其他收入171 787.85万元，
使用非财政拨款结余104 232.69万元，上年结转334 174.24万元(主
要是科研项目经费结转)。主要预算收入构成如图2.2所示。

札记

(1)一般公共预算财政拨款收入330 031.05万元，占比
25.42%。具体包括：教育支出274 220.95万元，科学技术支出
12 918.50万元，社会保障和就业支出17 934.84万元，住房保障支
出24 956.76万元。

(2)政府性基金预算财政拨款收入70.12万元，占比0.01%。

(3)事业收入358 086.00万元，占比27.58%。具体包括：教育
事业收入75 004.50万元，科研事业收入283 081.50万元(不含转拨
外单位的科研外协项目经费)。

(4)其他收入171 787.85万元，占比13.23%。

(5)使用非财政拨款结余104 232.69万元，占比8.03%。

(6)上年结转334 174.24万元，占比25.74%。

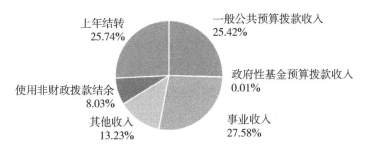

图2.2 华中某高校2022年主要预算收入构成

二、公共部门支出

按照《2022年政府收支分类科目》的规定，中共中央与地方政府的
财政支出分类有两种：一种是按照公共支出的功能分类；一种是按照支
出的经济性质分类。

(一)公共部门支出：按功能分类

按照公共支出的功能分类主要包含一般公共服务支出、外交支出、

国防支出、公共安全支出、教育支出、科学技术支出、文化体育与传媒支出、社会保障和就业支出、卫生健康支出、节能环保支出、城乡社区支出、农林支出、交通运输支出、资源勘探信息支出、商业服务业等支出、金融支出、援助其他地区支出、自然资源海洋气象等支出、住房保障支出、粮油物资储备支出、灾害防治及应急管理支出、预备费、其他支出、转移性支出、债务还本支出、债务付息支出、债务发行费用支出;此外,还包括政府性基金支出的相关科目,主要有科学技术支出、文化体育与传媒支出、社会保障和就业支出、节能环保支出、城乡社区支出、农林水支出、交通运输支出、资源勘探工业信息支出、金融支出、其他支出、转移性支出、债务还本支出、债务付息支出、债务发行费用支出等。

(二)公共支出:按经济分类

根据经济性质,我国公共支出主要包括政府和部门支出。

政府支出经济分类包括以下类别:机关工资福利支出、机关商品和服务支出、机关资本性支出(一)、机关资本性支出(二)、对事业单位经常性补助、对事业单位资本性补助、对企业补助、对企业资本性补助、对个人和家庭补助、对社会保障基金补助、债务利息及费用支出、债务还本支出、转移性支出、预备费及预留、其他支出。

部门支出经济分类包括以下类别:工资福利支出、商品和服务支出、对个人和家庭的补助、债务利息及费用支出、资本性支出(基本建设)、资本性补助、对企业补助(基本建设)、对企业补助、对社会保障基金补助、其他支出。

第二节 公共部门收支的预测与规划

一、公共部门收支预测的基本概念与预测方法分类

(一)公共部门收支预测的基本概念:主体、对象和期限

在进行预测分析之前,必须明确预测的主体、对象、范围、边界和期限,才能有针对性地开展预测分析和规划决策工作。

公共部门的预测主体，一般就是本级或上级的决策部门。由于行政、事业单位或国有企业的组织性质不同，其预测主体略有不同。在中央政府层面，国务院、发改委、财政部或各职能部委负责宏观和具体的行业收支的部门；地方政府层级一般是政府、发改和财政部门。对于事业单位，如学校和医院的财务、预算或规划管理部门也就是预测主体。

同时，公共部门收支预测的对象必须明确。在预测前，要明确预测的指标是什么。比如，要预测税收收入，还是养老金支出，预测工作还要明确预测的边界。此外，与其他财务管理和统计工作的通常做法类似，预测分析必须给予一个相应的期限，是一个月、一个季度、一年、三年还是五年？

(二)公共部门收支预测方法的分类

公共部门收支的预测方法一般分为两类：一是定性预测分析方法；二是定量预测分析方法。定性预测分析方法实际上是基于"经验"的一类预测方法。政策制定者、决策者、规划者依靠熟悉业务知识、具有丰富经验和综合分析能力的人员与专家，根据现有历史资料和直观材料，运用个人的经验和分析判断能力，对事物的未来发展作出性质和程度上的集体判断，再通过一定形式综合各方面的意见，作为预测未来的主要依据[1]。

定性预测主要用于研究和探讨事物发展的总体趋势、事件发生和发展的各种可能性及其造成的影响。譬如，预测对象在未来所表现的性质、状态等。此外，定性预测也可以用来考察目前确定并将要执行的决策是否会达到制定决策的目的。此种类型的预测主要是基于预测者的主观经验和专家逻辑推理能力，对未来可能会发生情形的趋势性质进行推测和判断。一般而言，常用的定性预测技巧有德尔菲法(专家预测法)、主观概率法、综合评判法、情景分析法等。

以德尔菲法为例，结合公共部门财务管理实践，其预测过程一般是：第一步，以一定标准征集一批公共部门财务管理专家，确定其名单；第二步，将拟定好的征集问题或问卷发放给受访专家；第三步，专家根据个人经验和专业知识给出预测数据或对未来可能发生事件的概率

---

[1] 秦勇. 管理学理论、方法与实践[M]. 清华大学出版社，2013.

进行打分；第四步，收集专家意见及反馈，分析总结；第五步，对受访专家再次进行询问或访谈，往复循环，直到确认最终预测数据或结果。

主观概率法、综合评判法、情景分析法也同样是基于现有资料和信息，结合未来一段时期内的发展形势和趋势，召集行业或财务专家对预测对象进行集体"经验"的判断。比如，中国政府投资项目的重要决策和评价依据之一《建设项目经济评价方法与参数（第三版）》（2006）中提到，为了调查政府投资项目的行业财务基准收益率，就采用了德尔菲法对公共项目的关键财务决策参数进行了预测和分析："德尔菲（Delphi）专家调查法是测算确定行业财务收益率的重要方法，这种方法充分利用专家熟悉行业特点、行业发展变化规律、项目收益水平和具有丰富经验的优势，由一定数量的专家对项目收益率取值进行分析判断，经过几轮调查逐步集中专家意见，形成结论性取值结果。在调查过程中，如果在基本没有人为因素干扰的情况下能形成收敛性的结论，则这一结论能对基准收益率的取值提供重要的参考。……在各行业组织测算的同时，建设部标准定额研究所组织全国500多位各行业专家进行专家调查。'参数'条文中的有关参数均通过主管部门或行业的认可，以及相关专家的审核。"

与定性预测分析方法不同，定量预测分析方法主要根据已有的历史统计资料，运用各种数学模型对预测对象未来发展趋势作出定量的计算，求得预测结果。常用的定量预测方法主要有两大类：时间序列分析法和因果分析法。时间序列分析法主要有简单移动平均法（Simple Moving Average，SMA）、指数平滑法（Expotential Smoothing，EXS）、一元回归分析（Regression Against Time）。因果分析法有简单的因果分析模型，如对未来一定时期内政府财政收入进行的因果分析。因果分析法实际上是基于数理统计与计量经济学等综合方法进行分析，当然也用于调查导致某个现象或政策结果的主要动因是什么。常用的方法包括断点分析、双重差分等。下面介绍一些基本的定量预测分析技巧和模型。

与定性预测相比，定量预测分析方法与技巧主要基于各种量化分析工具和模型，以数学模型或统计分析工具为依托，通过对现有历史数据或关键动因变量的变化分析，得出预测结果。定量预测分析的结果看起来很"科学"，但在实践中需要注意其选取数据的完整性、准确性、统一性、连贯性、一致性和内在逻辑，也要注意预测结果的精确性和相关性。在进行公共部门财务收支的预测时，一般会综合使用多种定性与定量预测技巧和方法，以达到互相配合、互相印证、相互补充，进而提高预测准确性的效果。

（三）公共部门收支预测——量化预测技巧

一般来说，预测公共部门收支的具体定量预测有几种方法：第一，简单移动平均法（或称作算术平均法）；第二，指数平滑法；第三，一元回归分析；第四，因果分析（Quasi-causal Technique）。

1. 简单移动平均法（SMA）

简单移动平均法就是相继移动计算若干时期的算术平均数作为下期预测值。

简单移动平均法的计算公式是：

$$M = \frac{a_1 + a_2 + \cdots + a_n}{n}$$

例题 2.1　假设 A 市 D 区政府 2012 年至 2017 年的一般公共预算收入如下表所示

年份	2012	2013	2014	2015	2016	2017	2018
一般公共预算支出（万元）	578248	737638	825655	1207982	1336480	1393278	

问题：请用简单移动平均法，预测 2018 年该区的一般公共预算收入是多少？

计算 $M = \dfrac{578248 + 737638 + 825655 + 1207982 + 1336480 + 1393278}{6}$

$$M = 1013213.5$$

因此，根据简单移动平均法的计算结果进行预测，该区 2018 年的一般公共预算支出为 101.32 亿元。

2. 指数平滑法（EXS）

指数平滑法，即将简单移动平均数进行加权计算。在确定权数时，一般是将近期观察值的权数设置较大比重，远期观察值的权数设置权重较小。

指数平滑法的计算公式是：

$$F_{t+1} = \alpha A_t + (1-\alpha) F_t$$

说明：F_t 为近期观察值；

A_t 为远期各期间观察值的平均值；

α 为权重，$0 < \alpha < 1$。

为方便对比各种预测方法和工具的精确性，下面的例题仍旧使用 A 市 D 区政府 2012 年至 2017 年的一般公共预算收入数据，作为预测案例的基础历史数据。

例题 2.2 假设 A 市 D 区政府 2012 年至 2017 年的一般公共预算收入如下表所示

年份	2012	2013	2014	2015	2016	2017	2018
一般公共预算支出（万元）	578248	737638	825655	1207982	1336480	1393278	

问题：请用指数平滑法，预测 2018 年该区的一般公共预算收入是多少？

设 α 为 0.4 或 40% 权重，则：

$$F_{t+1} = 0.4 \times \frac{578248 + 737638 + 825655 + 1207982 + 1336480}{5}$$

$$+ (1 - 0.4) \times 1393278$$

$$= 0.4 \times 937200.6 + 0.6 \times 1393278$$

$$= 1210847.04$$

通过指数平滑法计算出来的结果即是对该区 2018 年政府一般公共预算收入的预测值为 121.08 亿元。

指数平滑法的基本逻辑是，一个地区的下一年度公共收入与本年度或近几个年度的一般公共预算收入有一定联系，尤其是与本年度数据的相关性较强。因此，在预测过程中，本年度相关数据的比重或权重（$1-\alpha$）值应该较大，其他年度的数据也有一定的相关性，但是比重相对较小。可以看出权重值 α 的设定，会在很大程度上影响预测结果。在各年历史数据变动不大、变化趋势较为明显的情况下，权重值 α 取值在 10%～50% 是较为合理的。此外，各年历史远期基础数据的选择，也即是 A_t 值的选取和计算，也会影响预测结果的准确性。

3. 一元回归分析（Regression）

回归分析也是定量分析的一种方法技巧，是对具有因果关系的影响因素（自变量）和预测对象（因变量）所进行的数理统计分析处理。但需要注意的是，无论是数理统计方法还是计量经济学的技巧，只有当变量与因变量确实存在某种关系时，建立对应的回归方程才有理论和实际意义。定量预测不是为了定量而定量，而是为了预测而选择的一种方法或路径。因此，作为自变量的因素与作为因变量的预测对象是否有关，相关程度如何，以及判断这种相关程度的把握性多大，就成为进行回归分析必须解决的问题。进行相关分析，一般需要求出相关关系，以相关系数的大小来判断自变量和因变量的相关的程度。

在公共部门财务管理中，一元回归分析经常被用于预测公共收入或支出的变化情况，主要用于与时间有关的趋势预测。在公共部门收入的预测中，通常假设公共部门收入和预测期间（年、季、月等）存在着一定的联系或关系。基于这种假设，在统计历史数据的基础上得出回归方程。一元回归方程一般这样表示：

$$y = a + b \cdot x$$

应用到公共收入或支出的预测中时，该方程可以变化为：

$$R = a + b \cdot N$$

说明：

R 代表预测的下年度该公共组织的收入或支出；

a 代表通过公共组织的历史基准收入或支出值，第 0 年时该组织的基准收入或支出；

b 代表随着期间的变化，收入或支出变化的数量；

N 代表预测期间（N 个期间）。

例题 2.3　假设 A 市 D 区政府 2012 年至 2017 年的一般公共预算收入如下表所示

年份	2012	2013	2014	2015	2016	2017	2018
一般公共预算支出（万元）	578248	737638	825655	1207982	1336480	1393278	

问题：请用回归分析，预测 2018 年该区的一般公共预算收入是多少？

回归分析用于预测未来公共部门收支需要借助相关统计软件进行分析，如 Excel、SPSS、MATLab、SAS 等。本教材将以 Excel 为基础进行分析。

解：第一步，将基础数据录入 Excel 表格，录入格式如图 2.3 所示：

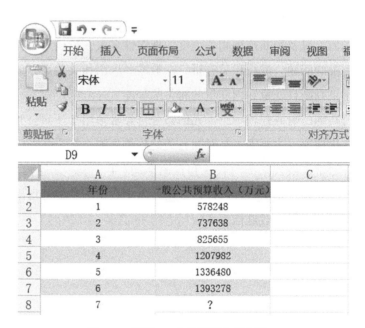

图 2.3　基于 Excel 的回归分析步骤一

第二步，点击"数据"项，则出现以下界面，如图 2.4 所示：

图 2.4　基于 Excel 的回归分析步骤二

第三步，点击"数据分析"图标，待弹出"数据分析"对话框后，选择对话框中的"回归"项，点击"确定"（见图 2.5）。

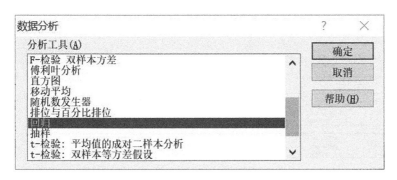

图 2.5　基于 Excel 的回归分析步骤三

第四步，在"回归"对话框出现后，分别在"Y 值输入区域"栏中选定 D 区 2012—2017 年的一般公共预算收入的历史数据，即 B2 格至 B7 格区域，在"X 值输入区域"栏中选定期间数，即 A2 格至 A7 格区域；选择"输出区域"，点击 B9 格（或其他空白格），最后点击"确定"。如图 2.6 所示。

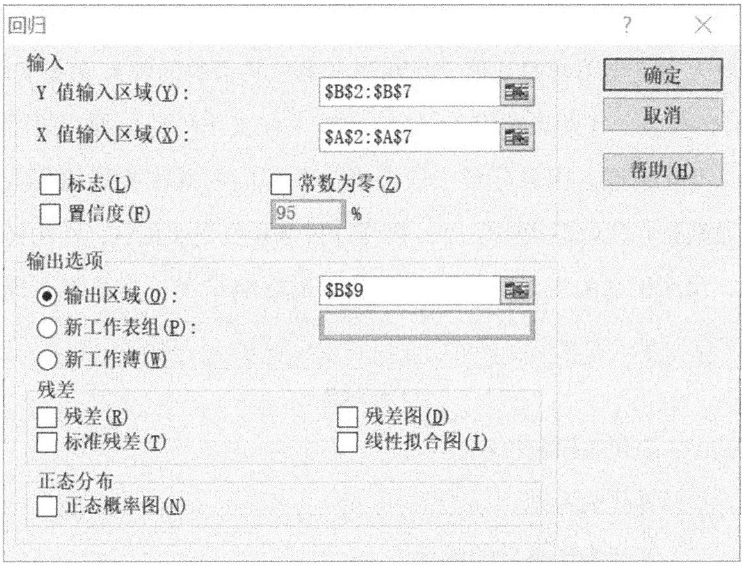

图 2.6　基于 Excel 的回归分析步骤四

第五步，最后回归分析结果将自动输出在 B9 格以下区域内。如图 2.7 所示。

札记

SUMMARY OUTPUT					
回归统计					
Multiple R	0.9755				
R Square	0.9516				
Adjusted R Square	0.9394				
标准误差	84334.5888				
观测值	6.0000				
方差分析					
	df	SS	MS	F	Significance F
回归分析	1.0000	558750764628.7000	558750764628.7000	78.5609	0.0009
残差	4.0000	28449291458.8000	7112322864.7000		
总计	5.0000	587200056087.5000			

	Coefficients	标准误差	t Stat	P-value	Lower 95%	Upper 95%	下限 95.0%	上限 95.0%
Intercept	387813.2000	78511.2294	4.9396	0.0078	169831.0813	605795.3187	169831.0813	605795.3187
X Variable 1	178685.8000	20159.8227	8.8635	0.0009	122713.1591	234658.4409	122713.1591	234658.4409

图 2.7　基于 Excel 的回归分析步骤五

第六步，根据回归分析结果，可得 a(Intercept 截距值)、b(X variable1 斜率值)，和相关方程式，也即是

$$R = 387813.2 + 178685.8 \times N$$

将 $N=7$ 代入方程式，可计算出 2018 年该区一般公共预算收入的数值，即 163.86 亿元。

4. 因果分析法

因果分析法与前几种预测方法不同。其原理是在分析影响未来公共部门收入或支出因素的基础上，预测未来公共组织的收入或支出情况，"有因必有果、有果必有因"。从公共收入或支出变化的原因着手，预测未来变化情况。因果分析一般用于公共部门的税收或其他收入的预测。尤其是在税收政策拟定时，在统计税基和税率变化后，利用情景分析法，预测税率的变化对公共部门收入的影响情况，其基本原理如下所示：

$$T = B \times R$$

其中，T 代表预测税收收入；

B 代表税基；

R 代表调整后的税率。

例题 2.4　假设 2023 年我国开始对民用住宅征收房产税，税率为房屋市场价格的 3%，则 A 市 D 区政府统计该区范围内 2023 年符合房产税征收标准的住宅总市价为 1500 亿元，则试预测，该区 2023 年的住宅房产税收入是多少?

$$T = B \times R$$

$$T = 1500 \times 0.3\%$$

$$= 4.5(亿元)$$

札记

因果分析法不仅可以用于预测房产税、所得税、增值税、消费税、关税等税收收入短期变化情况(1~3 年内),还可以用于预测公共部门其他收入或支出情况,比如,在下年度高校学生人数(招生计划)和学费标准(或教育部门预算拨款标准)已知的情况下,可以很容易较为精确地计算出该所高校的相关收支状况。

与前三种时间序列预测方法不同,因果分析法很大程度上可以不基于历史数据进行预测,而是基于"可控"的影响因子变化进行预测。公共部门的决策和规划者,可以在对影响因素进行一定程度掌控的基础上,对未来的收入或支出变化进行预测评估。因果分析法的结果较为准确,尤其是在历史数据缺失或政策变化较大的情境下。此外,因果分析法在使用过程中,也要注意影响因素变化的分析。在实践中,税收的替代效应、收入效应、宏观经济、财政政策、货币政策、免税抵税政策、税收返还、税收转嫁等因素会综合影响税基、税率和税收收入。因此,因果分析法也是一种较为复杂的预测方法,关键在于如何识别真正影响税收收入的影响因素是哪些,影响程度有多大。

第三节 公共部门收支预测技巧的利弊与 预测结果的准确性

一、定性预测分析技巧的利弊

对于事件未来变化的总体趋势和性质的预测,定性预测技巧方法相对可靠。一般而言,定性预测对于历史数据的依赖性相对较低,充分重视专家经验、专业知识和决断能力,预测过程较为灵活迅速,调查费用相对较低。在实际工作中,当政府或决策部门在进行重大决策之前,会召集财务管理及行业管理类专家进行专家评审会,广泛征求专家意见,汇总统一后形成专家意见报告,并对具体决策事宜进行完善修订。

定性预测分析技巧暗含的基本哲学逻辑是"经验论""经验主义"(非

贬义）。故而，定性预测分析方法的缺点与其优点相对应，即各种定性预测分析技巧可能过于依赖受访专家或预测人员的主观判断，易受到人为主观因素的干扰，且预测结果的准确性受限于专家或预测人员经验、知识、能力和独立性等。

二、定量预测分析技巧的利弊

定量预测分析技巧的基本逻辑为"唯理论"和"实证主义"。一般而言，定量预测分析通过运用一定的数理统计方法，对历史数据进行分析处理，试图揭示有关变量之间的规律性联系，最终用于预测和推测未来事物的发展变化情况。

定量预测的优点有三：第一，定量预测的优势在于"量"的分析，尤其重视预测对象的变化"程度"，因此可以对预测对象的变化程度在数量上进行准确描述。第二，定量预测主要基于历史统计数据和客观实际资料，在此基础上运用统计方法进行处理，相对较为客观，受主观因素的影响较少。第三，定量分析利用了现代化的统计分析方法，来进行大量的计算工作和数据处理，最大程度上求出最佳预测数据曲线。如果把某种统计指标的数值，按时间先后顺序排列起来，以便于研究其发展变化的水平和速度。则这种预测就是对时间序列进行加工整理和分析，利用数列所反映出来的客观变动过程、发展趋势和发展速度，进行外推和延伸，借以预测今后可能达到的水平。

该方法的缺点也比较明显，一是该方法比较机械，可能需要满足一系列的前提假设和适用条件；二是定量预测不易灵活掌握，预测者也需要一定的理论基础和经验积累；三是进行定量预测，通常需要积累和掌握历史统计数据。定量预测对信息资料质量要求较高，否则对预测结果会产生重大影响。此外，当遇到有较大波动的、不连续的数据资料，更难以对事物的变化进行定量预测。

三、预测结果的准确性

无论采用何种类型的预测方法都会有一定的误差，即实际值和预测值（或叫做观测值、模拟值）之间的偏差。偏差越大，则意味着预测方法或技巧的精确性越低，可能需要重新调整预测方法或历史数据。从统计学的角度，衡量预测结果准确性的指标有五种：绝对百分比误差

（APE）、平均绝对百分误差（MAPE）、平均绝对百分误差（MAE）、均方 札记

根误差（RMSE）。

（一）绝对百分比误差（APE）

绝对百分比误差（APE）是指预测数据与实际值差别相比较，该偏差占实际值的百分比有多大，以此来衡量预测误差的大小。绝对百分比误差（APE）的公式如下所示：

$$APE = \delta = \frac{|F-A|}{A}$$

其中：

APE 代表绝对百分比误差，又可记作 δ（Delta）；

F 为预测值，

A 为实际值。

在 Excel 中，可以设定函数求解，函数为：$=ABS(F-A)/A$

如图 2.8 所示：

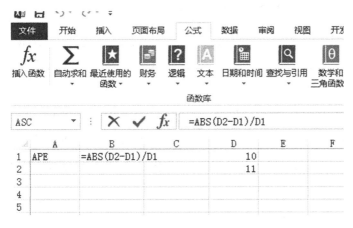

图 2.8 基于 Excel 的绝对百分比误差操作

第一步，在 D1 格中输入实际值 A（假设为 10）；

第二步，在 D2 格中输入预测值 F（假设为 11）；

第三步，在 B1 格中设置 APE 函数，键入"$=ABS(D2-D1)/D1$"；

第四步，点击"回车"，结果将出现在 B1 格中，为"0.1"即 10%的绝对百分比误差。

（二）平均绝对百分误差（MAPE）

平均绝对百分误差（MAPE）与绝对百分比误差（APE）的测量原理一样，但是平均绝对百分误差是针对多年（次）预测误差之和的再平均。其公式如下所示：

$$MAPE = \frac{1}{N} \sum_{i=1}^{N} \frac{|F_i - A_i|}{A_i}$$

其中：

MAPE 代表平均绝对百分比误差；

F_i 为预测值，

A_i 为实际值，

N 为测量次数。

再次借用例题 2.3 的预测结果，进行平均绝对百分误差（MAPE）分析。已知 A 市 D 区政府 2012 年至 2017 年的一般公共预算收入如下表所示。

年份	2012	2013	2014	2015	2016	2017	2018
一般公共预算支出（万元）	578248	737638	825655	1207982	1336480	1393278	

且利用回归分析可以得出一元回归方程式：$R = 387813.2 + 178685.8 \times N$，预测该区各年一般公共预算收入的数值（$F_i$），根据已知实际值（$A_i$），按照 MAPE 的计算公式可以使用 Excel 软件，设置公式 $MAPE = \frac{1}{N} \sum_{i=1}^{N} \frac{|F_i - A_i|}{A_i}$，测算得出平均绝对百分比误差，检验预测结果和方法的误差，检验结果如下：

序号	年份	一般公共预算支出（万元）A_i	预测支出值（万元）F_i	$|F_i - A_i|$	$|F_i - A_i| / A_i$	MAPE
1	2012	578248	566499	11749	2.03%	
2	2013	737638	745184.8	7546.8	1.02%	1.53%

续表

序号	年份	一般公共预算支出(万元) A_i	预测支出值(万元) F_i	$\mid F_i-A_i \mid$	$\mid F_i-A_i \mid /A_i$	MAPE
3	2014	825655	923870.6	98215.6	11.90%	4.98%
4	2015	1207982	1102556.4	105425.6	8.73%	5.92%
5	2016	1336480	1281242.2	55237.8	4.14%	5.56%
6	2017	1393278	1459928	66650	4.78%	5.43%
7	2018	1638600	1638613.8	13.8	0.00%	4.66%

(三)平均绝对误差(MAE)

平均绝对误差(MAE)是衡量预测值与真实值之间绝对误差的平均值为多少的一种方法,能更好地反映预测值误差的实际情况。平均绝对误差(MAE)的公式如下:

$$MAE = \frac{1}{N} \sum_{i=1}^{N} \mid (F_i - A_i) \mid$$

其中:

MAE 代表平均绝对误差;

F_i 为第 i 年(次)的预测值;

A_i 为第 i 年(次)的实际值;

N 为观测次数(预测的次数)。

同理,利用例题 2.3 的预测结果回归分析可以得出一元回归方程式:$R = 387813.2 + 178685.8 \times N$,预测该区各年一般公共预算收入的数值($F_i$),根据已知实际值($A_i$),按照 MAE 的计算公式可以使用 Excel 软件,设置公式 $MAE = \frac{1}{N} \sum_{i=1}^{N} \mid (F_i - A_i) \mid$ 检验结果如下:

序号	年份	一般公共预算支出(万元)A_i	预测支出值(万元)F_i	$\mid F_i-A_i \mid$	MAE
1	2012	578248	566499	11749	
2	2013	737638	745184.8	7546.8	9647.9

续表

序号	年份	一般公共预算支出(万元)A_i	预测支出值(万元)F_i	$\mid F_i - A_i \mid$	MAE
3	2014	825655	923870.6	98215.6	39170.46667
4	2015	1207982	1102556.4	105425.6	55734.25
5	2016	1336480	1281242.2	55237.8	55634.96
6	2017	1393278	1459928	66650	57470.8

(四)均方根误差(RMSE)

均方根误差(RMSE)就是一组预测值与真值偏差的平方与观测次数 n 比值的平方根。均方根误差(RMSE)与标准差(SD)测量误差的原理是一样的。但是标准差是对一组数值自身的离散程度进行衡量,而均方根误差(RMSE)是用来衡量预测值与真值之间的偏差。均方根误差(RMSE)对一组测量数据的特大或特小误差反应非常敏感,所以,均方根误差(RMSE)能够很好地反映出预测的准确度。均方根误差(RMSE)的公式如下所示:

$$RMSE = \sqrt{\frac{1}{N} \sum_{t=1}^{N} (A_i - F_i)^2}$$

其中,

RMSE 代表均方根误差;

A_i 表示第 i 次的实际值;

F_i 表示第 i 次的预测值;

N 表示测量次数。

根据已知实际值(A_i),对比预测(F_i)按照 RMSE 的计算公式可以使用 Excel 软件,设置公式可以检验预测的准确度,如下表所示。

序号	年份	一般公共预算支出(万元)A_i	预测支出值(万元)F_i	$(A_i - F_i)$^2	RMSE
1	2012	578248	566499	138039001	
2	2013	737638	745184.8	56954190	9874

续表

序号	年份	一般公共预算支出(万元)A_i	预测支出值(万元)F_i	(A_i-F_i)^2	RMSE
3	2014	825655	923870.6	9646304083	57275
4	2015	1207982	1102556.4	11114557135	72381
5	2016	1336480	1281242.2	3051214549	69292
6	2017	1393278	1459928	4442222500	68859

第四节 小 结

本章的学习侧重公共部门收入和支出的基本概念,此外重点介绍了公共部门收入支出的预测和规划方法。

定性预测主要用于研究和探讨对象在未来所表现的性质、状态,例如事物发展的总体趋势、事件发生和发展的各种可能性及其造成的影响,以及目前确定并将要执行的决策是否会达到制定决策的目的等。本章中主要介绍了德尔菲法这一传统的专家预测法。

定量的财政支出和收入方法主要基于统计学和因果分析的思路。本章介绍了以时间序列分析为主的三种方法:简单移动平均法(SMA)、指数平滑法(EXS)、一元回归分析(Regression)。因果分析法介绍了简单的因果分析模型,如对未来一定时期内政府财政收入或支出的因果分析。

在实践中,公共部门对于财政收支以及相关财务数据的预测和分析,是预算管理的重要基础。以上本章所涉及的分析工具较为基础,但应用范围较为广泛。此外,由于公共组织管理的复杂性、长期性、公益性和多样性,应当根据具体问题,分别采用不同的定性与定量预测方法,并判断各种预测和规划结果的准确性,研究分析各种方法的利弊。

最后,财务管理人员要对所在单位的主要业务进行深入学习,掌握具体行业事务的工作方法和运行规律,切实做到"财务-业务"结合,才能对公共服务和公共管理工作形成有力支撑。本章涉及的统计和分析理论较为浅显,如需对某个主题进行深入研究还需要研习阅读其他统计学、计量经济学教材和文献。

附录：如何在 Excel 2007 中加载"数据分析"工具？

第一步，打开 Excel 2007 软件，新建空白页；

第二步，点击 Excel 窗口左上角，圆形的"Office 按钮"图标，会弹出以下对话框：

第三步，点击对话框底部的"Excel 选项（Ｉ）"，则会弹出相应的对话框，如下图所示：

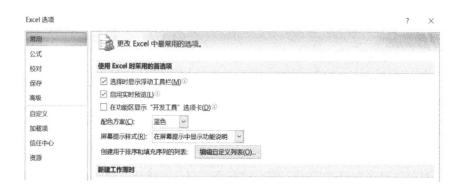

第四步，点击对话框左侧的"加载项"，则出现具体加载项的对话框，如下图所示：

第五步，点击对话框底部的"转到（G）"，则会显示"加载宏"选择框，如下图所示：

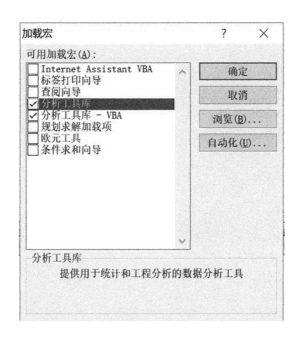

第六步，勾选"加载宏"选择框中的"分析工具库""分析工具库-VBA"栏，点击"确认"，即可以在 EXCEL"数据"栏中添加"数据分析"工具。

第三章　预算编制方法与原理

◎学习内容和目标

本章的学习将侧重公共部门财务管理中有关公共部门预算的基本概念与编制方法，主要是：公共部门财务管理中的计划与控制这两个基本要素，预算的定义、目标与作用，各种预算编制方法及其利弊，公共部门与私营部门预算的差别，公共部门预算的基本理论假设及其实际中运用的不足。

通过本章节的学习，学习者需要掌握预算的基本概念与分类；能够熟悉几种主要预算编制的原理、方法及其利弊；能够理解公共部门预算编制方法的基本理论、适用条件及其在实际中运用的不足。

第一节　引　　言

预算在公共管理与公共部门财务管理中处于核心地位。预算的多少决定了公共部门的财力与执行力。本章将具体讨论预算的定义、原理和编制方法，而后探讨预算在公共部门实践中的一些问题与教训。

所有的组织（包括私营与公共部门）均有其工作目标与战略目的。根据目标及其战略，组织的领导者都要进行决策与规划，尤其是在资源有限的情况下。当决策者决定一项政策或项目时，他们需要考虑三个问题：一是，究竟要达到什么样的政策目标、制定什么样的政策（What）；二是，怎么执行、实施一项政策或推进一个公共项目（How）；三是，政策或项目实施的最佳时机是什么时候（When）。以上三个问题属于公共管理决策的核心问题，也是公共部门财务决策的核心问题。

在所有的决策中，政策的制定者首先要考虑计划或所希望推行的政策的可行性，而后考虑必要性。也即是，可行性优先于必要性。可行性是指政策是否能够实施，实施条件是否具备；必要性一般指一项政策或一个项目如何好。因此，在决策时，一般会先考虑能不能成功，而后才会考虑这项政策（相比其他方案）好不好。

此外，一个好的决策与规划只是政策（或项目）成功的第一步。如何保证计划完美实施并实现政策目标，是一项更加复杂艰巨的任务。确保政策的实施不偏离原有的计划规划，这一过程即是控制。控制是一个公共组织执行力的保障。因此，在公共部门财务管理过程中，如果只有计划无控制，那将陷入无效率、无目的、无规律的困境。同样，一个组织如果没有很好的规划，但有一定的控制，也不能取得最终的期望效果，因为可能从一开始就"误入歧途"了。计划和控制是公共部门管理体系的核心，公共部门财务管理也不例外。

第二节　公共部门财务管理的计划和控制

计划和控制是公共部门财务管理的重要组成部分。换言之，公共部门财务管理为公共部门的决策、规划与控制提供信息。这种信息以财务数据（数字）的形式表现出来。在公共部门财务决策系统中，计划与控制环节是重要的组成部分。

公共部门财务管理中的计划和控制过程主要包括以下六个步骤，如图3.1所示：一是制定基本（政策或项目的基本）目标与目的；二是制定运营计划（或编制实施方案）；三是编制预算；四是实施计划并进行过程控制与执行监督相关工作；五是分析报告并总结反馈；六是对反馈结果不断改进，即结果完善。

一、计划工具

计划一般分为两种。一种是对基本目标（Fundamental Aims）和战略目标（Strategic Objectives）的确认。此类计划是中长期的、战略的、模糊的，而非十分具体的目标或任务。比如，武汉市洪山区南湖地区的公共交通体系存在一定的拥堵问题，因此，武汉市或洪山区政府的长期目标可以是："……在今后 5 ~ 10 年内，彻底解决南湖地区交通拥堵问题……"

第二种计划是相对具体的运营计划（Operational Planning），或是叫做实施方案。也即是，针对战略目标或基本目的，制定详细的实施步骤与方案。比如，要实现战略目标，第一步做什么，第二步做什么，第三步、第四步，等等。又比如，"……要解决武汉市南湖地区的交通堵塞的问题，首先，要找出造成拥堵的主要地段和原因；其次，根据拥堵的原因找出具体的解决方案，根据具体的方案制定更加详细的实施方案和技术方案等"。换句话讲，运营计划的制定，需要考虑几个根本问题：我们要解决什么样的现实问题，这个问题是否可以分解成若干个小问

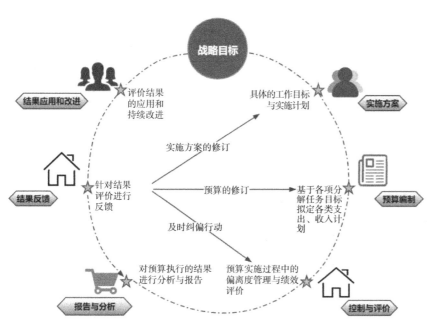

图 3.1 公共部门财务管理：计划和控制环节

题，若干个小问题是否可以找出若干个对策与解决方案，而后整合评估各种解决方案、重新理顺解决问题的工作流程。将大问题分解成小问题，小问题找出答案和解决方案，然后将各种方案进行"重（新组）装、组合、优化、排序"，最终给出一套完整的运营计划或实施方案。简而言之，其基本的规划思路就是："大而化小、小而化了"；"将一个复杂的问题，分解成若干个小问题，分而治之"。

计划也可以按照时间分类。一是长期计划（5years+）。比如，我国的"五年规划"或"10 年至 20 年远景规划"。又比如，某些大型公共项目、国防项目、重大工业工程项目的规划与实施方案的编制，项目寿命期都在 30~50 年，甚至更长。因此，该类项目规划编制的时间都是以 10 年为单位来计算的。我国很多核电项目的寿命期在 30~50 年，建设期约为 5~10 年，项目的前期规划与论证过程也基本上在 5~15 年，所以很多参与这些核电站规划、设计、建设、运营和维护的工作人员，基本上都将在一个单位度过一生。二是中期计划（1~5 年）。比如，我国地方政府正在试行的"三年滚动预算方法"，就是典型的中期计划。中期计划联系了年度计划和长期计划，是过程管理的重要手段。三是短期

札记

计划(0~1年)。比如，国家的公共预算与部门预算，都是以财政年度(12个月)为单位的。

编制计划的手段与方法有很多(内容后叙)，但对于公共部门财务管理来讲，常用的财务计划分别有以下几种：第一，有关公共项目的投资分析与事前论证规划分析(Project Appraisal)；第二，公共部门或单位的财务规划与预算(Budgeting and Financial Planning)，包括财务规划、资本预算、收入预算；第三，在具体业务工作中，为帮助公共部门决策，进行事前推演，而特别搭建的财务决策模型或者是财务建模(financial modeling)，比如，投入-产出模型、量本利分析、成本-收益分析(Cost-benefit Analysis)、蒙特卡洛模拟等；第四，为实现某个政策目标而进行的财务目标分析和预算规划，从而实现从政策目标到资源分配的合理计划。

二、控制机制

无论是事业单位还是国有企业，或是某些行政单位，都可以分成不同组织形式。从组织管理结构、管理权限大小和管理层级角度看，一个大型组织(比如，各级政府)由三个权力分配与控制层级构成：一是投资中心(Investment Centre)；二是利润中心(Profit Centre)；三是成本中心(Cost Centre)。公共部门内部控制层级示意图如图3.2所示。

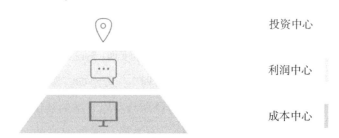

图3.2 公共部门内部控制层级示意图

投资中心的特点是既要对支出、收入负责，也要对其经营成效负责。对于公共部门而言，通常可以将一级预算单位看作投资中心。对于一级预算单位而言，其可以接受本级财政部门的预算拨款，对其单位和所属二级预算单位资金的使用、预算管理、会计监督等事务负全部责任。从这个角度看，一级预算单位也可以叫作预算主管部门。该类单位不仅要负责收入与支出的决策，还要确保公共资产的合理利用与保值增值，更要负责其部门与下属单位的整体工作成效。比如，在中央政府一级，各部委可以归属于投资中心的组织类型；在市级一级政府，各局委办则也可以归属为一级预算单位或投资中心。由此可见，在公共部门中虽未有直接定义的投资中心，但从预算管理权限和管理层级的角度出发，我国的一级预算单位可以视为政府中的投资中心。

相较于投资中心，处于第二层级的利润中心是指拥有产品或劳务的经营决策权，不仅对收入和支出有管理权限的责任中心，而且还有一定的经营决策权。在公共部门中，尤其是各级政府中，利润中心也可以称为"二级预算单位"。该类型的组织其收入一般来自"一级预算单位"的拨款，并按照规定向上级预算单位报送预算文件。比如，各部委下属的二级机构或下属的二级事业单位等。

成本中心是其责任者只对其成本负责的单位。如上所述，成本中心在我国现有政府体系当中属于二级预算单位的下属机构，其并没有制定预算的权力，而仅仅是执行上级预算单位的有关收入支出计划，只对支出或部分收入负责的责任中心。因此，一般而言，在政府序列中，成本中心对应的机构可以称作"三级预算单位"或"基层预算单位"。公共部门中的成本中心范围最广，只要有成本费用发生的地方，都可以建立成本中心，从而形成逐级控制、层层负责的公共部门财务控制体系。比如，教育部所属各个高校中的院系等二级机构。

根据组织的不同层级划分，其权力也各不相同，对应的责任也不同。但是，从权力的大小、责任的大小来看，一级预算单位（投资中心）权力最大、基层预算单位（成本中心）权力最小。因此，如何有效自上而下地对一个公共组织或单位进行有效管理是一个亟待解决的问题。通常来讲，有四种手段对组织内部管理可以进行有效的管控：一是，预算的分配与监督（事前与事后的评估）；二是，各项成本的核算与管理；三是，对服务或产出的定价与核算；四是，对各类型投资中心、利润中心与成本中心进行全面的绩效评估，并给予奖惩。可以看出，无论是计划或是控制的过程与手段，均涉及预算。预算处于公共财务管理的核心地位。

第三节 预算的概念与编制过程

一、什么是预算?

预算一词来自古法语"Bougette",原意是指"小皮包或钱包"。从 18 世纪中期开始,预算一词开始被用作"公共财务计划",并由国家的财政部部长向议会提交,且向公众公布(见图 3.3)。从 19 世纪中期开始,预算一词开始被私营部门广泛运用。

图 3.3 英国前财政部部长奥斯本展示其准备公布的预算文件箱

简单来讲,预算是一份根据财务数据写成的计划。换句话讲,预算是一份组织的工作计划,只不过是用数字表达,而非文字。牛津词典 (2010)将预算定义成,"对一定时期内收支的估算"。史密斯和林奇 (Smith & Lynch, 2003)简要地将公共预算定义为,"为政府获得必要运营资金的申请文件!"(A request for funds to run the government!)在此基础上,史密斯和林奇(Smith & Lynch, 2003)进一步详细给出了预算的定义:预算是在一定时期内根据(组织)目标与任务,配合既定的工作方案(或政策)，制定的计划。包括：所需资源的估计、现有资源的统计，以及历史收入和未来所需资源的分析预测。

斯温和里德(Swain & Reed，2010)从另一个角度定义了预算，"预算就是，筹集和使用公共组织资金的活动"。"预算包括4个阶段：预算的编制(Budget Preparation)、提交批准、执行、评估与报告。"本章主要侧重预算的编制过程与方法，其他的预算环节将在其他部分涉及。

各个国家对于公共部门的预算定义不同。仅就在中、英文的语境下，预算一词的属性有两种。一种是预算的名词属性，一般是指公共部门的财务与资源配置计划文件。另一种是动词属性，比如预算过程，或预算编制，是指编制预算的活动。预算的编制依据是组织的战略根本目标以及工作计划，其目的在于为实现公共部门的政策目标，为公众创造价值(Create Public Value)。一份公共部门的预算包括几个要素：

第一，公共部门的收入与借贷水平(Income and Borrowing)。该要素决定了公共部门的财力与执行能力(Operational Capability)。第二，计划的公共支出与投资水平(Expenditure and Investment)，即将有多少公共资源通过公共支出与投资转化为公共产品与公共服务。第三，预算的核准与批准(Approval)。其代表国家或公共组织的最高权力机关认可并授权预算的内容与方案，自此预算开始具备法律效力。预算的批准，是国家治理与民主制度的重要表现形式。

与此同时，预算构成的三个要素存在内在联系。三个要素互相制约、相辅相成。在编制预算时需要综合考虑，并找出三个要素的平衡点。比如，公共部门的支出与投资，很大程度上制约于组织或部门的财力(也就是收入与借贷能力)。公共部门能够提供多少公共服务，取决于其收入与融资的能力。超出能力之外的支出或投资计划，既不现实也不可行。同时，在某些情况下，某些政策或公共项目从财务的角度看是可行的，但是不能得到政治上的认同。该项预算也得不到国家最高权力机关的批准。比如，美国奥巴马的全民医疗计划。又比如，我国的内陆核电站开发计划，自2011年日本地震(福岛核事故)以来被紧急叫停了。虽然从财务角度看，该项计划完全可行，甚至经济与社会效益十分显著。但是，该计划的政治与生态风险在现阶段较高，因此被紧急叫停。预算的铁三角关系如图3.4所示：

札记

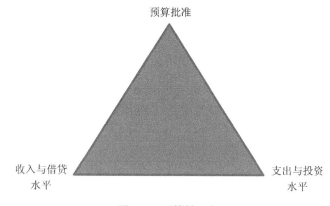

图 3.4　预算铁三角

　　预算的编制需要取得"收入借贷""支出投资"与"预算批准"三者之间的平衡。既要审视预算方案的财务可行性（量入为出、量力而行）、政府或组织的财政可承受能力（Fiscal Affordability），也要"政治正确"，即考量预算计划的政治可行性与可能性（可获批性）。当然，预算的平衡（Equilibrium）并不意味着，"支出"必须等于"收入"，是否列"赤字"或"盈余"决定于组织的实际状况与环境。编制预算要实现六大目标，如图 3.5 所示：

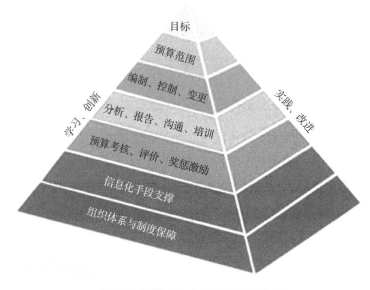

图 3.5　预算的六大目标与支撑体系

一是计划或规划。对于公共部门来讲，预算的计划不仅要在国家层面展开(中央与地方政府)，而且涉及近十万行政与事业单位。国家与地方政策的公共预算通常要包含去年预算执行情况的描述(Reporting)，但是，更重要的是要宣布下年工作(政策)重点。比如，GDP 增长率，税收政策或制度改革，支出计划等。二是(开支与用度的)授权(Authorize)。预算使得财务官僚以及公共部门经理有权使用公共资金。因为，预算将组织目标和战略囊括其中。但是这些要由具体的办事人员去实施，并且需要议会(各级人大)批准才具有法律效力。三是评估绩效的依据。通常在决算阶段，公共部门会将实际的支出与收入，与预算收入与支出相比较，评价预算执行的效果如何。四是控制。它是保障各项收支计划有序实施的规章制度和方法手段的综合。五是沟通与交流。预算也是一种组织内部与外部、组织不同层级的交流方式(Communication)。根据《中华人民共和国信息公开条例》，各级政府需要在规定时间内(通常是 14 天)以规定的手段公布其预算文件。六是激励管理者(Motivation)。虽然这一目标仍存有很大争议，但从理论上讲，预算有激励公共部门员工的作用。在绩效与收入(预算)挂钩的压力下，公共部门员工需要完成基本任务以得到下年度的预算拨款。

二、预算的形式与内容

公共部门各类组织对预算进行分类的方法和标准是不同的。如表 3.1 所示。我国公共部门预算编制与实际使用的预算方法，总体讲属于按照传统预算管理方式对公共部门的资金进行管理(如表中黑体标注的方法就是我国正在采用的一些预算方法)。但在实践中，我国预算管理改革尤其是预算编制方法及制度改革从未停止。中央及各级政府都在试行或试验各种预算方法。预算制度改革也在稳步推进(比如我国在各地区、各级政府或事业单位正在试验的一些预算编制与管理办法：北京卫生健康委员会在医院系统试行绩效预算与方案预算、河南某些部门与上海某区正在试行"三年期滚动预算"、我国自 2015 年起允许地方有条件地在公共预算中列"赤字"等)。

札记

表 3.1　　　　　　　　公共组织预算的分类

（1）按编制的形式分类，可以分为单式预算和复式预算。

（2）按预算的编制方法分类，可以分为基数预算和零基预算。

（3）按预算项目能否直接反映其经济效果分类，可以分为投入预算和绩效预算。

（4）按预算分级管理的要求分类，可以分为中央预算和地方预算。

（5）按收支管理范围和编制程序分类，可以分为总预算和分预算。

（6）按预算作用的时间长短分类，可以分为年度预算和中长期预算。

（7）按预算收支的平衡状况分类，可以分为平衡预算和差额预算。

就预算构成讲，全国预算由中央与地方预算组成。地方一级的预算，一般称为"地方本级预算"。它由地方各级一般公共预算包括本级各部门（含直属单位，下同）的预算和税收返还、转移支付预算组成。根据 2014 年《中华人民共和国预算法》第 27 条：

一般公共预算收入包括各项税收收入、行政事业性收费收入、国有资源（资产）有偿使用收入、转移性收入和其他收入。

一般公共预算支出按照其功能分类，包括一般公共服务支出，外交、公共安全、国防支出，农业、环境保护支出，教育、科技、文化、卫生、体育支出，社会保障及就业支出和其他支出。

一般公共预算支出按照其经济性质分类，包括工资福利支出、商品和服务支出、资本性支出和其他支出。

地方政府所属各部门的预算，叫作"部门预算"，由本部门及其所属各单位预算组成。单位预算由收入预算和支出预算组成，实行"大收大支"的预算收支总额控制制度。收入预算主要由以下几个部分构成：（1）预算内收入由财政部门根据社会经济增长水平，全年的 GDP 目标进行编制；（2）预算外资金收入预算由各部门根据本单位次年的业务工作量、收费项目和标准、实际增减因素进行测算；（3）经营收入根据年底确定的次年经营指标进行测算；（4）其他类型的资金（如罚没收入、捐赠收入、往来收入等）按历年经验数据进行测算。

支出预算的编制，涉及的因素较多，但一般包括以下一些内容：（1）人员经费，按编制内实有在职人数和国家确定的工资、省市出台的津贴、补贴标准和奖金数额测算；（2）公务费用，根据单位维持正常运转所必需的费用按实测算。（3）业务费、设备购置费，根据单位业务特点，按年初计划的业务项目测算编制；（4）会议费，按单位会议计划，根据会议次数、规模、人数、天数测算；（5）修缮费和基建费用，按有关部门批准的计划，根据项目进度进行测算，对年初未列入的作为备选的项目，根据年中实际执行情况分轻重缓急研究处理。

公共预算的内容与范围受到《中华人民共和国预算法》以及相关规定的约束，不能随意编制。尤其是各种收入－支出的分类，每个国家均有一定的分类方法与规定，并出台了相应的文件。比如，我国就有《政府收支分类科目》等文件。政府收支分类科目，收入分为类、款、项、目；支出按其功能分类分为类、款、项，按其经济性质分类分为类、款。

三、预算编制的过程与程序

预算的编制不会一蹴而就，通常要几易其稿。比如，我国的政府预算通常经过"两上两下"的过程，经过7~9个月的时间才能最终由各级人民代表大会批准。在此期间，预算草案将会不断调整。即使到了预算执行阶段，预算也会有很多调整（在合理合规的前提下）。比如，公共部门的员工聘用与离职、公共项目的超支或是突发事件及自然灾害等不可预见事件。

我国政府部门预算的编制实行"两上两下"，即自下而上、自上而下的程序。第一步，每年定期由财政向各部门布置预算编制工作，具体说明预算编制的有关事项。第二步，各部门在规定时间内将部门收支预算建议计划（含基层单位预算）上报财政主管部门。第三步，财政主管部门根据资金性质（比如，基本建设经费、科技三项费、离退休经费、公费医疗经费、住房基金、办案费、排污费、水资源费、城市维护费等专项支出），将部门预算建议计划分送各业务部门进行初审。业务部门审定后，报主管部门统一编制部门预算。第四步，财政部门将汇总后的分预算科目、分部门的预算报主管政府综合平衡。第五步，预算经政府平衡后，财政向各部门下达收支预算控制总额。第六步，在规定时间内各部门（含基层单位预算）将调整后的预算计划报财政部门。第七步，财政将汇总的预算建议计划，报政府、党委审定，形成的政府预算草案提交人代会审议。经人大批准的预算由财政向各部门(含基层单位预算)批复下达。

第四节　预算的编制方法与原理

一、增量预算

增量预算(Incremental budgeting)方法，又称调整预算方法，是指以基期成本费用水平为基础(Base Budget，通常是去年的预算或前年的决算数据)，结合预算期业务量水平及有关影响成本因素的未来变动情况，通过调整有关原有费用项目而编制预算的一种方法。这是一种传统的预算方法。我国公共部门一般采用增量预算法，这是《中华人民共和国预算法》(2014)第32条的明确规定。

　　第三十二条　各级预算应当根据年度经济社会发展目标、国家宏观调控总体要求和跨年度预算平衡的需要，参考上一年预算执行情况、有关支出绩效评价结果和本年度收支预测，按照规定程序征求各方面意见后，进行编制。

　　各级政府依据法定权限作出决定或者制定行政措施，凡涉及增加或者减少财政收入或者支出的，应当在预算批准前提出并在预算草案中作出相应安排。

　　各部门、各单位应当按照国务院财政部门制定的政府收支分类科目、预算支出标准和要求，以及绩效目标管理等预算编制规定，根据其依法履行职能和事业发展的需要以及存量资产情况，编制本部门、本单位预算草案。

增量预算法的基本假设是：第一，现有的业务活动是组织必需的，不会短时期内发生较大变化；第二，原有的各项开支都是合理的，换句话讲，以前的开支与未来的开支有一定的相关性，可作为编制未来(下一年度)预算的参考依据；第三，增加费用或调整支出预算是值得的。

当然，有很多因素会导致对基础预算的调整。主要有以下几种：第一，政策或规定的变化(比如，营业税改增值税等)；第二，地理或社会因素的改变(比如,由于计划生育政策,我国已经开始缓慢进入老龄化社会,因此,医疗保险和社会保险的支出将会大幅增加,政府支出预算也要有相应的调整);第三,政府雇员的工资福利调整(比如,公务员与事业单位的社保并轨等因素,各行政单位与事业单位开始为职工缴纳社保);第四,公共产品的供给调整(公共租赁房以及经济适用房的政策推行需要大量政府投入);第五,通货膨胀率以及 CPI 等;第六,政府收入的增减。

增量预算的具体编制办法有以下几个步骤:第一步,确定基础预算(基数),以外推法将过去的支出趋势(或上年支出额)延伸至下一年度(或下个预算周期);第二步,将数额酌情予以增加,以适应工资提高和物价上涨引起的人工成本和原材料成本的提高;第三步,将数额再予提高,以满足修改原计划和修改原设计方案所需追加的预算支出,通常这方面达到原预算的 30% 或更多。

例题 3.1 假设现在为 20×2 年 7 月 1 日,准备并编制某街道派出所 20×2 年全年预算支出。其他已知条件如下所示:

(1)某市某街道派出所 20×2 年 1—6 月的预算支出执行情况,如表 3.2 所示:

表 3.2 某市某街道派出所 20×2 年 1—6 月预算实际支出情况表

(20×2 年 1 月 1 日—20×2 年 6 月 30 日) 单位:元

支出科目	金额
工资	235500
业务支出	48000
办公费	29750
交通费	7600
装备费	35300
杂费	27500
租金	15000
合计	398650

（2）20×2年年底将发放奖金，为年度工资的5%；

（3）该派出所20×2年1—6月的业务支出中约有一半是水、电、采暖支出，根据经验，9—12月（第四季度）的水、电、采暖费用，将比前三季度的平均值多一倍；

（4）房租支出，每年分两次支付，上半年房租于当年6月30日已支付；

（5）由于油价调整，预计下半年交通费上涨2.5%。

解题思路：

第一步，根据基础预算，利用外推法推算出全年的趋势；第二步，根据其他条件，分别酌情调整下半年的各项支出；第三步，将数据进行汇总，并编制全年的支出预算。

表3.3 某市某街道派出所20×2年1—12月预算实际支出情况表

（20×2年1月1日—20×2年12月31日） 单位：元

科目	支出（半年）	全年支出
工资	235500	494550 471000×0.05＝23550
业务支出	48000	108000 纯业务支出＝24000×2＝48000 水电采暖费＝24000/2×5＝60000
办公费	29750	59500
交通费	7600	15390 7600×（1+1.025）＝15390
装备费	35300	70600
杂费	27500	55000
租金	15000	30000
合计	398650	833040

例题3.2 根据已知条件，编制某事业单位2021年（1月1日—12月31日）的单位预算草案（假设现在为2020年10月1日）。此外，其他已知数据如下所示：

（1）该事业单位2020年前9个月的预算执行情况如表3.4所示：

表 3.4 　　　　　某事业单位 2020 年 1—9 月预算执行情况表 　　　　　札记

单位：万元

收　　入		支　　出	
事业收入	18900	工资	18360
		事业费与办公费支出（其中有电费和取暖费 9000 万元）	54500
		房租与维修费	7500
总收入	18900	总支出	80360

（2）从 2020 年第三季度开始工资已经上涨 4%；

（3）该事业单位，前三季度的事业费与办公费中，含电费与采暖费支出 9000 万元，根据往年经验，每年最后一季度的电费与采暖费用为每季度平均费用的两倍；

（4）房租与维修费用半年一付，分别是 5 月 31 日和 12 月 31 日，每次支付年度付费的一半，7500 万元；

预测下年（2021 年）的收入与支出变动情况：

（1）2021 年度事业收入约增加 6%；

（2）2021 年度第三季度开始，工资将再次上调 6%；

（3）2021 年，事业费与办公费增加 7%；其中，电费与采暖费增加 7.5%；

（4）2021 全年租金与维护费约 12000 万元。

解题思路：

第一步，计算该事业单位的 2020 年全年的实际收入和支出（12 个月）（基础预算和基数）；第二步，根据 2020 年的基数，以及收入与支出的预测，编制 2021 年预算草案。

第一步，计算当年预算的实际执行情况（12 个月），确认基础预算（基数）

1. 事业收入的分解、计算和估算

$$18900 \div 9 \times 12 = 25200 \tag{1.1}$$

2. 工资支出的计算(7月开始，涨工资 4%)

先要计算第三季度的工资，以便计算第四季度和全年工资支出。

Q1：100%； Q2：100%； Q3：104%； Q4：104%；

因此，Q3 工资支出 = 18360/3.04×1.04 = 6280

Q4 工资支出 = 6280；

$$全年工资支出 = 18360(Q1-Q3)+6280(Q4) = 24640 \qquad (2.1)$$

3. 事业费与办公费计算(共计 54500 万元，其中电费采暖 9000 万元)

(1)前九个月的事业与办公支出 = 54500-9000 = 45500

$$每季度事业与办公费 = 45500/3 = 15166.7$$
$$全年事业与办公费 = 15166.7×4 = 60666.8 \qquad (3.1)$$

(2)采暖与电费

前三个季度共计 9000 万元，第四个季度双倍，因此，全年采暖费为：

$$9000+(9000/3)×2 = 15000 \qquad (3.2)$$

4. 房租与维护费

半年已付 7500 万元；下半年待付 7500 万元

$$总房租：15000 万元 \qquad (4.1)$$

因此，可得 2020 年某单位预算执行情况表，如表 3.5 所示：

表 3.5 　　　　　　　　　**2020 年某单位预算执行情况表**

单位：万元

收　　入		支　　出	
事业收入	25200(1.1)	工资	24640(2.1)
		办公与事业费	60666.8 (3.1)
		电费与采暖	15000(3.2)
		房租与维护	15000(4.1)
		支出合计	115306.8

净支出：115306.8-25200 = 90106.8；

第二步：计算并调整下年度预算(2021 年度)

1. 收入增加6%

$$2021 年事业收入 = 25200 \times 1.06 = 26712 \qquad (2.1.1)$$

2. 工资(从2021年7月，再次涨工资6%)

因此，全年工资支出为

$$6280 \times 2 + 6280 \times 1.06 \times 2 = 25874 \qquad (2.2.1)$$

3. 办公费和事业费涨7%

因此，全年办公费和事业费为

$$60666.8 \times 1.07 = 64913.5 \qquad (2.3.1)$$

电费和采暖费涨7.5%，

因此，2021年电费和采暖费为

$$15000 \times 1.075 = 16125 \qquad (2.3.2)$$

4. 全年租金为12000万元

因此，可得2021年某单位预算表，如表3.6所示：

表3.6　　　　　　　　　**2021年某单位预算表**　　　　　单位：万元

收　　入		支　　出	
事业收入	26712(2.1.1)	工资	25874(2.2.1)
		办公与事业费	64913.5(2.3.1)
		电费与采暖	16125(2.3.2)
		房租与维护	12000(4.1)
		支出合计	118912.5

第三步，根据相关变化，再次调整预算草案。比如，预算拨款的增长幅度，物价指数和通货膨胀等因素。

深度思考：该事业单位的2020年的总收入与总支出存在很大的"缺口"。这部分缺口如何解决？2021年的缺口是多少？与2020年相比，变动是否巨大？该变动对该事业单位的影响是什么？

增量预算的优点主要有两个：一是简单易懂；二是计算方法稳定，几乎90%的收入支出与上年相同。其缺点也很明显：第一，缺乏针对性，难以面面俱到，较为形式化(格式化)，而非政府的年度重点规划，没有侧重点。第二，效率改善难度较大，由于基于以往基础，"惯性"

较大，预算内容(收入与支出数)一直膨胀不能适应环境变化(削减预算也极为艰难，涉及各种利益纠葛)。第三，基于投入而非产出，因此最终政策效果难以考察。第四，虚报预算数，就低不就高，就多不就少，能多报就多报，以预算最大化为目标。

二、方案预算

PPBS，全称 Planning Programming Budgeting System，中文译作计划项目预算体系或方案预算，源于美国的一种预算系统。在方案预算编制中，支出按方案分类，并把各类方案尽可能和确认的政策目标相靠拢，因此可以冲破部门边界进行统一设计，同时把方案的结果和投入相联系，有利于提高预算支出的效率。总之，方案预算是在绩效预算的基础上发展起来的。它是依据公共部门确定的目标，着重按项目和运用定量分析方法编制的预算。

方案预算的主要思路有三：一是基于(运营)方案规划安排预算。预算拨款的法律控制是对职能机构进行的，但支出方案可能在职能机构交错，因此需要看到整个方案和整个计划单位。例如，安排文教支出，按照方案规划和预算体系，就需要把所有与文教支出有关的职能机构一并考虑。而通常对教育基本建设支出和教育事业费支出等是按不同部门安排的。二是在对方案规划的目标进行成本收益分析时要对成本收益进行量化评估。在成本收益分析的基础上对预算支出进行有效率的调整。三是对支出方案的评估需要确定一个适当的时限，一般考虑五年的长度。

方案预算的编制方法：第一，确定方案的目标。预算方案的目标实际上是指该方案提供的公共商品的效用。例如国防支出的目标是战斗力。战斗力又可分为核战略力量、常规力量等。文教支出的目标可以定为基础教育的发展、职业教育发展以及科学技术发展(高等教育目标是推动科技发展)等。第二，根据方案确定预算的收入与支出科目。提供怎样动用资源的信息。这类信息要有利于成本和效果之间的联系。比如目标下面要设置相应的子科目。子科目是实现目标的手段。第三，评估现行方案与目标的有关效率。第四，对实现目标的各种手段进行评估。例如运用成本收益分析方法，在各种手段中选择最优的。最后，对预算计划方案进行系统的、长期的评价。

◎案例分析 3.1   札记

英国医疗卫生系统的方案预算与边际成本管理

1. 背景介绍与目标

英国卫生部于 2002 年提出了一项关于"国家方案预算项目"的改革计划。希望通过该项计划创新出一套资源配置、预算规划和绩效评估医疗卫生的信息系统。卫生部希望通过新的系统回答两个问题：一是，医疗卫生支出将要花在哪里；二是，医疗卫生系统的投资都投入了什么，得到了什么。

2. 方案预算的基本方法和步骤

英国方案预算改革计划的首要工作是收集相关的数据信息，尤其是关于基层医疗机构和医院的各类财务支出信息。医疗机构的支出信息是按照世界卫生组织国际疾病分类标准(the World Health Organisation International Classification of Diseases，ICD-10.)进行分类，而非传统的功能或经济支出科目。

按照国际卫生组织的分类标准，英国的医院和医疗机构将所有疾病支出分为 23 类(即方案预算中的方案)，进行重新统计汇总为 23 大类医疗卫生支出。根据 23 大类疾病(方案)进行再次细分，新编且制定各款、项等支出子科目。根据各地方医疗诊所或医院提供的方案预算支出数据，进行分析对比，核算各疾病(方案)支出的结构、比重、总成本、单位成本、平均成本、边际成本等关键财务数据。

依据分析结果、全国各地方的医疗卫生支出建立医疗卫生数据的数据库，尤其是建立各类疾病诊疗支出的平均标准或定额(benchmark)；在初步建立支出标准或定额的基础上，在下一年度编制各地区或各个基层医疗机构的方案预算。

3. 采用方案预算的动机和目标

在此种情况下，方案预算既作为一种数据收集分析的方法，来分析各种疾病诊疗费用支出的统计信息数据，也作为一种财政支出规划工具，使得基层医疗机构和单位了解自身各部门的资源配置和投资需求情况，根据方案预算数据制定未来的收入、支出和投资计划，确定投资重点，确保医疗卫生服务的均等化。此外，方案预算所得到的各项指标数据，作为公共医疗卫生绩效评价的重要依据，在全国各地区各医疗机构之间进行对比分析，谁优谁劣一目了然。

4. 方案预算的编制——支出科目的设置和预算支出规划

作为方案预算编制的第一步，需要统计往年的预算支出数据（历年数据一般根据传统增量预算数据进行统计）。传统的增量预算科目一般包括：门诊、出诊、急诊以及救护活动的支出大类数据。在历年数据进行分析的基础上，需要根据方案预算支出科目（23类科目）进行再次分析、核对和分配，并根据新的方案预算支出科目进行重新编制。根据方案预算进行投资、支出分析，确认下年度支出重点和金额。把预算数据与实际执行数据进行对比，分析预算误差及其产生原因，编制下年度的方案预算。将预算草案报送英格兰地区医疗卫生部门，并获得反馈意见，重新调整方案预算并报送上级部门。

在方案预算中，最主要的工作是如何确定方案预算的医疗卫生支出科目（类、款、项、目）。英国医疗卫生体系的方案预算支出科目根据世界卫生组织的疾病分类目录进行了重新归类，并进行编制。具体23大类科目如表3.7所示：

表 3.7　　　　英国医疗卫生系统的方案预算科目分类

类别代码	类(科目)	款项代码	款(科目)
1	某些传染病和寄生虫病	A	艾滋病
		X	传染疾病
2	癌症与肿瘤	A	头部与颈部癌症
		B	上消化系统癌症
		C	下消化系统癌症
		D	肺癌
		E	皮肤癌
		F	乳腺癌
		G	妇科类癌症
		H	泌尿系统癌症
		I	血液系统癌症
		X	其他癌症与肿瘤疾病

续表　　　札记

类别代码	类(科目)	款项代码	款(科目)
3	血液及造血器官疾病和某些涉及免疫机制的疾患	X	血液病
4	内分泌、营养和代谢疾病	A	糖尿病
		B	内分泌系统疾病
		X	内分泌、营养和代谢问题
5	精神疾病	A	药物滥用
		B	器质性精神障碍
		C	精神分裂
		D	儿童青少年心理健康障碍
		X	其他精神疾病
6	学习障碍疾病	X	学习障碍问题
7	神经系统疾病	A	慢性痛
		X	神经系统问题
8	视觉系统疾病	X	视觉疾病
9	听觉系统疾病	X	听觉疾病
10	循环系统疾病	A	冠心病
		B	脑血管疾病
		C	心脏系统震颤问题
		X	其他循环系统问题
11	呼吸道系统疾病	A	阻塞性气道疾病
		B	哮喘
		X	呼吸道系统疾病
12	牙科疾病	X	牙科疾病
13	消化系统疾病	A	上消化系统癌症
		B	下消化系统癌症
		C	肝胆类疾病
		X	胃肠系统问题
14	皮肤类疾病	A	烧伤

续表

类别代码	类(科目)	款项代码	款(科目)
		X	其他皮肤疾病
15	肌肉骨骼系统和结缔组织疾病	X	肌肉骨骼系统和结缔组织疾病
16	创伤与损伤	X	创伤和损伤问题
17	泌尿生殖系统疾病	A	生殖问题
		B	肾脏问题
		C	性传染病
		X	泌尿生殖系统问题
18	妊娠、分娩和产褥期	X	生育与生殖健康
19	新生儿疾病	X	新生儿疾病
20	损伤、中毒和外因的某些其他	A	意外损伤治疗
		B	中毒
		C	暴力损伤
		X	中毒与不良反应
21	预防与保健类	X	预防与保健
22	社会看护与护理	X	社会看护与护理
23	其他	A	供应商合同支出
		X	其他杂项支出

5. 方案预算、绩效管理与标杆管理

方案预算主要由支出科目、支出类别名称、总支出构成。从英国医疗卫生系统应用方案预算的结果可以看出，方案预算可以较为精确地统计并合理规划各年度针对各种疾病的总支出和单位支出与成本。但是，其作为预算工具和投资分析工具的使用，只是方案预算的基本功能。更重要的是，方案预算可以把预算和预算执行结果、各地区的预算支出情况进行评估对比，发现不足，加以改进。英国卫生部从 2003 年开始编制方案预算。其具体方案预算的编制示意可用如表 3.8、表 3.9 所示。需要说明的是，表格中所空部分是统计数据缺失，因此暂做空格处理。

表 3.8　英国医疗卫生方案预算总支出统计表（2003—2010 年）　　

方案预算支出代码	方案预算支出类别名称	总支出（10 亿英镑）							
		2003 年	2004 年	2005 年	2006 年	2007 年	2008 年	2009 年	2010 年
1	某些传染病和寄生虫病	0.98	1.62	1.26	1.30	1.33	1.42	1.91	1.80
1A	艾滋病	—	—	—	0.50	0.54	0.65	0.76	0.89
1X	传染疾病	—	—	—	0.80	0.79	0.76	1.14	0.91
2	癌症与肿瘤	3.39	3.77	4.30	4.35	4.96	5.13	5.86	5.81
2A	头部与颈部癌症	—	—	0.15	0.14	0.14	0.17	0.27
2B	上消化系统癌症	—	—	—	0.21	0.23	0.24	0.28	0.20
2C	下消化系统癌症	—	—	—	0.33	0.34	0.37	0.41	0.37
2D	肺癌	—	—	—	0.20	0.23	0.24	0.28	0.18
2E	皮肤癌	—	—	—	0.10	0.11	0.10	0.11	0.12
2F	乳腺癌	—	—	—	0.40	0.45	0.50	0.57	0.57
2G	妇科类癌症	—	—	—	0.16	0.16	0.16	0.18	0.15
2H	泌尿系统癌症	—	—	—	0.41	0.43	0.44	0.46	0.35
2I	血液系统癌症	—	—	—	0.47	0.55	0.56	0.65	0.55
2X	其他癌症与肿瘤疾病	—	—	—	1.93	2.32	2.39	2.75	3.06
3	血液及造血器官疾病和某些涉及免疫机制的疾患	0.83	0.94	1.05	1.03	1.24	1.26	1.40	1.36
4	内分泌、营养和代谢疾病	1.52	1.60	1.90	2.13	2.43	2.53	2.89	3.00
4A	糖尿病	—	0.69	0.87	1.04	1.15	1.26	1.43	1.55
4B	内分泌系统疾病	—	—	—	0.40	0.44	0.47	0.49	0.43
4X	内分泌、营养和代谢问题	—	0.91	1.03	0.69	0.83	0.80	0.97	1.02
5	精神疾病	7.39	7.91	8.54	9.13	10.28	10.48	11.26	11.91
5A	药物滥用	—	0.63	0.76	0.72	0.83	0.93	0.99	1.09
5B	器质性精神障碍	—	0.84	0.86	0.75	0.77	0.88	1.32	1.51
5C	精神分裂	—	—	—	1.29	1.70	1.84	2.17	1.71

续表

方案预算支出代码	方案预算支出类别名称	总支出（10 亿英镑）							
		2003 年	2004 年	2005 年	2006 年	2007 年	2008 年	2009 年	2010 年
5D	儿童青少年心理健康障碍	—	—	—	0.72	0.74	0.69	0.77	0.76
5X	其他精神疾病	—	6.43	6.93	5.64	6.24	6.15	6.02	6.83
6	学习障碍疾病	2.27	2.36	2.60	2.49	2.86	2.93	3.15	2.90
7	神经系统疾病	1.57	1.78	2.12	2.99	3.44	3.69	4.14	4.30
7A	慢性痛	—	—	—	1.01	1.16	1.17	1.28	1.23
7X	神经系统问题	—	—	—	1.98	2.28	2.52	2.86	3.07
8	视觉系统疾病	1.20	1.30	1.36	1.38	1.60	1.67	1.93	2.14
9	听觉系统疾病	0.30	0.32	0.32	0.33	0.42	0.42	0.50	0.45
10	循环系统疾病	5.72	6.19	6.36	6.90	7.23	7.41	8.00	7.72
10A	冠心病	—	—	—	2.31	2.44	2.44	2.53	2.24
10B	脑血管疾病	—	—	—	0.84	0.92	1.03	1.15	0.82
10C	心脏系统震颤问题	—	—	—	0.38	0.45	0.46	0.52	0.49
10X	其他循环系统问题	—	—	—	3.37	3.42	3.48	3.80	4.18
11	呼吸道系统疾病	2.75	3.07	3.47	3.54	3.80	4.25	4.59	4.43
11A	阻塞性气道疾病	—	—	—	0.58	0.59	0.70	0.72	0.72
11B	哮喘	—	—	—	0.85	0.97	1.04	1.08	1.08
11X	呼吸道系统疾病	—	—	—	2.11	2.24	2.51	2.79	2.63
12	牙科疾病	2.37	2.42	2.76	2.64	3.02	3.10	3.30	3.31
13	消化系统疾病	3.16	3.53	3.97	3.85	4.10	4.10	4.58	4.43
13A	上消化系统癌症	—	—	—	1.08	1.07	1.07	1.16	1.16
13B	下消化系统癌症	—	—	—	1.06	1.17	1.19	1.35	1.20
13C	肝胆类疾病	—	—	—	0.56	0.63	0.65	0.77	0.68
13X	胃肠系统问题	—	—	—	1.15	1.24	1.19	1.29	1.39
14	皮肤类疾病	1.07	1.21	1.33	1.55	1.70	1.81	2.08	2.13
14A	烧伤	—	—	—	0.08	0.11	0.09	0.11	0.16
14X	其他皮肤疾病	—	—	—	1.47	1.59	1.71	1.96	1.98
15	肌肉骨骼系统和结缔组织疾病	3.14	3.58	3.77	3.53	4.09	4.21	4.76	5.06

续表　　　　札记

方案预算支出代码	方案预算支出类别名称	总支出（10亿英镑）							
		2003年	2004年	2005年	2006年	2007年	2008年	2009年	2010年
16	创伤与损伤	3.19	3.59	3.85	2.99	3.08	3.30	3.74	3.75
17	泌尿生殖系统疾病	2.81	3.10	3.51	3.76	3.65	4.00	4.63	4.78
17A	生殖问题	—	—	—	0.98	0.96	0.98	1.08	1.12
17B	肾脏问题	—	—	—	1.26	1.13	1.34	1.64	1.70
17C	性传染病	—	—	—	0.23	0.24	0.28	0.29	0.23
17X	泌尿生殖系统问题	—	—	—	1.29	1.31	1.41	1.61	1.73
18	妊娠、分娩和产褥期	2.57	2.62	2.93	2.93	2.95	3.10	3.62	3.44
19	新生儿疾病	0.66	0.78	0.79	0.80	0.96	1.11	1.28	1.05
20	损伤、中毒和外因的某些其他	0.48	0.60	0.71	0.76	0.83	0.95	1.07	0.96
20A	意外损伤治疗	—	—	—	0.54	0.64	0.68	0.78	0.64
20B	中毒	—	—	—	0.11	0.13	0.15	0.16	0.19
20C	暴力损伤	—	—	—	0.03	0.03	0.09	0.10	0.09
20X	中毒与不良反应	—	—	—	0.08	0.04	0.04	0.03	0.04
21	预防与保健	1.11	1.16	1.34	1.48	1.73	1.92	2.11	2.15
22	社会看护与护理	1.48	1.61	1.74	1.72	2.07	3.16	3.50	4.18
23	其他	17.66	16.87	20.21	22.60	25.44	24.88	23.68	25.95
合计		67.60	71.92	80.19	84.19	93.18	96.81	103.97	107.00

表 3.9　**英国医疗卫生方案预算平均支出统计表（2003—2010 年）**

方案预算支出代码	方案预算支出类别名称	平均支出（英镑/人）							
		2003年	2004年	2005年	2006年	2007年	2008年	2009年	2010年
1	某些传染病和寄生虫病	19.87	32.85	25.58	25.78	26.30	27.68	36.71	34.37
1A	艾滋病	—	—	—	9.86	10.70	12.78	14.68	16.92
1X	传染疾病	—	—	—	15.92	15.59	14.91	22.03	17.45

续表

方案预算支出代码	方案预算支出类别名称	平均支出（英镑/人）							
		2003 年	2004 年	2005 年	2006 年	2007 年	2008 年	2009 年	2010 年
2	癌症与肿瘤	68.85	76.73	87.50	86.23	97.92	100.17	112.81	110.93
2A	头部与颈部癌症	—	—	—	2.90	2.80	2.68	3.30	5.13
2B	上消化系统癌症	—	—	—	4.10	4.58	4.68	5.32	3.78
2C	下消化系统癌症	—	—	—	6.46	6.77	7.27	7.88	6.98
2D	肺癌	—	—	—	4.05	4.58	4.69	5.31	3.46
2E	皮肤癌	—	—	—	1.91	2.09	2.00	2.21	2.27
2F	乳腺癌	—	—	—	8.00	8.90	9.67	10.93	10.93
2G	妇科类癌症	—	—	—	3.10	3.10	3.03	3.55	2.80
2H	泌尿系统癌症	—	—	—	8.20	8.42	8.63	8.80	6.71
2I	血液系统癌症	—	—	—	9.33	10.85	10.84	12.53	10.46
2X	其他癌症与肿瘤疾病	—	—	—	38.18	45.82	46.67	52.97	58.39
3	血液及造血器官疾病和某些涉及免疫机制的疾患	16.82	19.21	21.38	20.50	24.40	24.58	26.98	25.88
4	内分泌、营养和代谢疾病	30.82	32.52	38.54	42.26	47.91	49.38	55.59	57.35
4A	糖尿病	—	13.98	17.61	20.66	22.71	24.62	27.50	29.63
4B	内分泌系统疾病	—	—	—	8.01	8.74	9.08	9.45	8.26
4X	内分泌、营养和代谢问题	—	18.54	20.93	13.59	16.46	15.67	18.63	19.45
5	精神疾病	150.20	160.75	173.64	180.79	202.75	204.55	216.73	227.35
5A	药物滥用	—	12.87	15.39	14.19	16.42	18.09	19.00	20.91
5B	器质性精神障碍	—	17.04	17.39	14.92	15.16	17.14	25.31	28.86
5C	精神分裂	—	—	—	25.65	33.61	35.91	41.73	32.66
5D	儿童青少年心理健康障碍	—	—	—	14.20	14.52	13.41	14.86	14.43
5X	其他精神疾病	—	130.84	140.85	111.83	123.03	119.99	115.82	130.49
6	学习障碍疾病	46.22	47.91	52.78	49.41	56.34	57.18	60.53	55.30

方案预算支出代码	方案预算支出类别名称	平均支出（英镑/人）							
		2003 年	2004 年	2005 年	2006 年	2007 年	2008 年	2009 年	2010 年
7	神经系统疾病	31.92	36.19	43.12	59.18	67.82	72.14	79.72	82.20
7A	慢性痛	—	—	—	19.96	22.80	22.86	24.69	23.57
7X	神经系统问题	—	—	—	39.21	45.02	49.28	55.03	58.63
8	视觉系统疾病	24.47	26.49	27.58	27.37	31.53	32.57	37.17	40.90
9	听觉系统疾病	6.12	6.48	6.54	6.53	8.32	8.28	9.59	8.65
10	循环系统疾病	116.22	125.83	129.37	136.67	142.57	144.59	154.03	147.44
10A	冠心病	—	—	—	45.72	48.14	47.56	48.63	42.70
10B	脑血管疾病	—	—	—	16.58	18.13	20.01	22.17	15.61
10C	心脏系统震颤问题	—	—	—	7.60	8.89	8.99	10.07	9.38
10X	其他循环系统问题	—	—	—	66.77	67.42	68.03	73.17	79.76
11	呼吸道系统疾病	55.96	62.47	70.54	70.12	75.01	82.92	88.42	84.55
11A	阻塞性气道疾病	—	—	—	11.41	11.69	13.63	13.95	13.70
11B	哮喘	—	—	—	16.82	19.08	20.21	20.87	20.57
11X	呼吸道系统疾病	—	—	—	41.89	44.24	49.07	53.60	50.28
12	牙科疾病	48.18	49.31	56.12	52.38	59.52	60.50	63.48	63.12
13	消化系统疾病	64.35	71.70	80.80	76.30	80.86	79.97	88.12	84.63
13A	上消化系统癌症	—	—	—	21.34	21.08	20.92	22.38	22.19
13B	下消化系统癌症	—	—	—	21.04	23.01	23.15	26.04	22.91
13C	肝胆类疾病	—	—	—	11.15	12.37	12.70	14.80	13.06
13X	胃肠系统问题	—	—	—	22.77	24.40	23.21	24.89	26.47
14	皮肤类疾病	21.76	24.69	27.14	30.76	33.50	35.28	39.96	40.76
14A	烧伤	—	—	—	1.55	2.08	1.83	2.19	3.04
14X	其他皮肤疾病	—	—	—	29.21	31.42	33.44	37.77	37.72
15	肌肉骨骼系统和结缔组织疾病	63.79	72.74	76.64	69.96	80.58	82.29	91.52	96.62
16	创伤与损伤	64.81	73.01	78.36	59.28	60.66	64.39	72.04	71.57
17	泌尿生殖系统疾病	57.13	62.99	71.33	74.40	71.92	78.17	89.11	91.36
17A	生殖问题	—	—	—	19.49	18.99	19.12	20.87	21.43
17B	肾脏问题	—	—	—	24.93	22.31	26.10	31.56	32.53

续表

方案预算支出代码	方案预算支出类别名称	平均支出（英镑/人）							
		2003 年	2004 年	2005 年	2006 年	2007 年	2008 年	2009 年	2010 年
17C	性传染病	—	—	—	4.50	4.83	5.46	5.63	4.37
17X	泌尿生殖系统问题	—	—	—	25.48	25.79	27.49	31.04	33.03
18	妊娠、分娩和产褥期	52.26	53.22	59.58	58.09	58.20	60.44	69.63	65.63
19	新生儿疾病	13.32	15.79	15.99	15.88	18.84	21.68	24.62	20.10
20	损伤、中毒和外因的某些其他	9.83	12.18	14.39	14.98	16.45	18.58	20.56	18.33
20A	意外损伤治疗	—	—	—	10.62	12.57	13.27	14.94	12.17
20B	中毒	—	—	—	2.22	2.53	2.86	3.07	3.59
20C	暴力损伤	—	—	—	0.54	0.55	1.76	1.93	1.71
20X	中毒与不良反应	—	—	—	1.60	0.80	0.69	0.63	0.86
21	预防与保健	22.54	23.55	27.26	29.36	34.11	37.39	40.70	40.96
22	社会看护与护理	30.17	32.79	35.48	34.08	40.82	61.61	67.34	79.73
23	其他	359.08	343.15	410.92	447.66	501.75	485.83	455.64	495.50
合计		1374.68	1462.55	1630.58	1667.98	1838.08	1890.16	2001.00	2043.23

从上面的案例可以看出，方案预算的优点十分明确。一是注重产出，有主有次，明确重点。二是全面测算，而非拘泥于部门的条块限制。三是注重远景与长期目标，而非短期利益。但是，其缺点也较为明显。第一，对于明显条块分割的部门，使用起来非常困难。第二，预算的编制严重依赖组织的运营方案，尤其是对组织的政策目标以及次级目标要十分明确，并严格地层层分解，然而该种方法对于某些成本与支出的测算有一定的局限性，往往漏算、少算。

三、零基预算

零基预算法（Zero-base budgeting，ZBB），其全称为"以零为基础编制计划和预算的方法"，简称零基预算。该方法是指在编制预算时对于所有的预算支出，均以零为基底，不考虑以往情况如何，从根本上研究分析每项预算是否有支出的必要和支出数额的大小。这种预算不以历史为基础作修修补补（没有基本预算），在年初重新审查每项活动对实现组织目标的意义和效果，并在成本—效益分析的基础上，重新排出各项管理活动的优先次序，并据此决定资金和其他资源的分配。其编制有以下五个基本步骤。

第一步，划分和确定基层预算单位。第二步，编制本单位的费用预算方案（Expenditure Budget）：由组织提出并确认总体目标，逐级分解，然后各基层预算单位根据总目标和自身的责任目标，编制本单位为实现上述目标的费用预算方案，在方案中必须详细说明提出项目的目的、性质、作用以及需要开支的费用数额。第三步，编制项目或资金预算，并进行成本—效益分析：基层预算单位按下达的"预算年度业务活动计划"，确认预算期内需要进行的业务项目及其费用开支后，管理层对每一个项目的所需费用和所得收益进行比较分析，权衡轻重，区分层次，划出等级，挑出先后。基层预算单位的业务项目一般分为三个层次：第一层次是必要项目，即非进行不可的项目；第二层次是需要项目，即有助于提高质量、效益的项目；第三层次是改善工作条件的项目。进行成本效益分析的目的在于判断基层预算单位各个项目费用开支的合理程度、先后顺序以及对本单位业务活动的影响。第四步，审核分配资金：根据预算项目的层次、等级和次序，按照预算期可动用的资金及其来源，依据项目的轻重缓急次序，分配资金，落实预算。第五步，预算资金分配方案确定后，就可以制定零基预算正式稿，经批准后下达执行。执行中如有偏离预算的地方要及时纠正，除特殊情况及时修正外，遇有预算本身问题要找出原因、总结经验并加以改进。

零基预算的编制办法与思路，和企业中常用的"全面预算的管理"较为类似。其根本思想是，确认目标，将目标分解，根据各部门分得的任务计算所需要的资源，而后根据实施情况及时调整。我国在20世纪90年代就已经开始在政府预算中试行零基预算的编制办法，并作出了有益的尝试。但是，零基预算在中国政府部门的实践经验并不完全成功，甚至并未完全按照零基预算的基本方法，而是结合传统增量预算与零基预算进行了尝试。牛美丽（2008）认为，我国地方政府的零基预算实质上是增量预算与零基预算的混合体。零基预算实施的基本步骤与国外相比有较大区别，实施目的也不尽相同，且受到我国传统"三定方案"等其他规定的制约。

◎案例分析 3.2

中国地方政府零基预算编制步骤与思路——以某省为例（节选部分内容）

二、零基预算编制方案的基本思路

零基预算编制方案的基本思路是：以当年财力为资金分配基础，以当年社会经济和各项事业发展的实际需要为分配依据，效益优先，兼顾公平，以"零"为基数全面核定和分配各项财政开支。其中：正常经费的核定在机构"三定"方案的基础上实行分类定额管理；专项经费的核定采用年度评议法，在预算参考范围内，逐项审定。

成立省本级支出预算草案综合评审组，作为省本级预算编制的政府审议机构。由分管财政的省长担任组长，协管财政的副省长担任副组长，各分管副省长、政府秘书长和分管副秘书长、财政厅厅长担任成员，并按副省长的分工设立基建工交、贸易流通、民族政法、综合、农业、文教、外经外事、行政等分口评审小组。分管副省长或秘书长担任组长，财政厅分管厅长担任副组长，财政厅和有关厅局的业务负责人担任成员，由组长负责召集小组评审会议。

省本级支出预算草案综合评审组负责提出省本级预算草案的编制和落实意见。省本级支出预算草案综合评审组的基本职能是：1. 审议财政厅上报的当年财务情况和分口预算参考线；2. 审议各分口评审小组提出的专款项目排序及资金额度；3. 按照《预算法》的规定，审议年度预算追加和调整项目；4. 向省政府常务会议和省委常委会议提出支出预算草案编审意见。

各分口评审小组的基本职能是：1. 在预算参考线下，调整安排省财政厅上报的该口各个专款预算项目；2. 评审省财政厅上报的年度预算执行追加、调整项目并报综合评审组。

从 1999 年起，省本级预算编制和预算指标下达以主管厅局为单位，厅局下属的处室、分支机构和事业单位，省财政不单列预算。

三、零基预算编制的主要内容

省本级支出预算由正常经费预算和专项支出预算（专款预算）两部分组成。

正常经费预算是指财政用于个人的工资性开支和用以维持机构正常运转所需的必要开支。正常经费预算包括人员经费(含差额补助费)、公用经费、学校生均经费(生均定额计算的教学经费和人民助学金)、汽车燃修费、公费医疗经费、社会保障经费、会议费、非编内补助人员经费、劳改劳教人员生活费补助、税务系统经费补助十项内容。

专项支出预算是指当年确定或以前年度当年仍需安排的具有专项用途的经费。在年度执行中一次性补助或追加安排的具有正常经费性质的款项,也列入专款预算,作为专款项目核定。

(一)正常经费预算的编制

正常经费预算采用"划分档次、确定定额、不作基数、逐年审核"的办法编制。省财政厅每年公布当年正常经费定额标准,各预算编制单位依照定额标准和有关数据如实填报当年正常经费预算。确定正常经费定额标准的指导思想是:

1. 以确保预算平均为前提,贯彻"适度从紧,厉行节约"的财政政策。

2. 体现"一要吃饭,二要建设"的原则,在兼顾需要和可能的前提下,确保省本级人员工资发放和机构正常运转。

3. 根据省本级财政供养人员及保证工作开展的实际需要,本着节约的精神,拟定科学合理的定额标准。

4. 按照零基预算编制的要求,严格区分正常经费和专款,坚持正常经费按编制内实有人数定额足额核定,不能列入正常经费定额的项目一律纳入专款核定。

省本级正常经费预算的具体项目是:

1. 人员经费

人员经费是指用于个人开支的经费,包括基本工资、补助工资、其他工资、职工福利费。

2. 公用经费

公用经费包括单位正常运转所需的公务费、业务费、设备购置费和修缮费。

以省委、省政府名义组织或指派省级综合部门牵头组织,抽调省级有关部门人员参加的大型或专题调研活动所开支的差旅费、业务费等由参加的各部门解决，确实无法分摊的公用开支按工作性质在归口的分口不可预见费中开支。

监狱局、劳教局、文化部门、卫生部门等所属的财政补助单位（原差额预算管理单位）按照预算管理要求，原则上不核给公用经费。对个别单位的特殊问题酌情给予适当的专项业务费补助。

省财政厅根据各行业、部门的特点，制定相应的业务费、购置费、修缮费和会议费等公用经费的管理办法，监督单位合理使用该项资金。

3. 汽车燃修费

汽车燃修费包括汽车的燃料费、修理费、养路费、保险费等车辆必需的开支。核定汽车燃修费要与1999年公务用车改革方案相配套。1999年暂按照各单位汽车编制内实有数量和1998年综合定额确定经费预算。

4. 学校生均定额经费

学校生均经费是指按在校学生人数计算的教育经费，含教师三项补贴因素，不包括教育专款。

5. 公费医疗经费

公费医疗经费指在职人员、离退休人员公医费；武警、大学生、中央驻滇单位人员公费医疗补助费。

公费医疗管理办法出台后，涉及调整相关定额的，按其规定办。确有特殊情况的，在年度新的医改政策出台后，按医改政策确定的国家应负担的筹集比例重新核定该项预算。

6. 社会保障经费

社会保障经费指离退休人员的个人经费、公用经费。

7. 会议费

会议费主要指各部门、单位召开的会议，包括以省委、省政府名义召开的会议所需经费，省级一、二类会议所需经费列入专款预算，单独核拨。省级宏观经济管理部门一年原则上可召开两次工作会议，其他单位和部门原则上一年召开一次工作会议，一般只开到地州。年初会议费核定后，超支不补、结余留用。

8. 非编内补助人员经费

该项经费指编制不在省本级，但在省财政直接列支给予补助的人员经费。由省财政负担的地县两级非编内补助人员经费按专款方式下达。

9. 劳改劳教人员生活费补助

10. 地税系统经费补助

地税系统按收入比例核定的经费补助。

以上十类经费合计即为正常经费预算。正常经费预算指标年初由省财政厅一次性下达各主管部门，按进度分月拨付。在年度执行过程中不办理任何预算追加手续。

为调动各部门、各单位节支积极性，正常经费年末结余部分40%可用于单位职工福利和奖励，60%转入次年公用经费使用，并不冲抵次年经费。

（二）专款预算的编制

专款预算的编制根据当年财务和社会经济发展需要，统筹合理安排；要遵循"效率优先"的原则，注重资金的使用效益；要坚持预算内外统筹安排，增量资金与存量资金统筹安排，在符合资金使用方向的前提下，首先安排使用预算外资金、部门掌握的资金、存量资金。

1. 专款评审的依据及项目优选顺序：

1）与国家资金配套的项目；

2）国家和地方法律法规确定的支出项目；

3）省委常委会、省政府常务会、省长办公会决定事项；

4）全省长远规划（计划）确定的项目；

5）纳入全省长远规划、有市场、有效益的续建项目，优先安排将要竣工投产的项目；

6）省级以上领导建议的项目；

7）部门建议的项目。

2. 专款预算的编制程序：

1）省级各行政、事业单位必须按照省财政厅制发的专款预算编制表格填报年度专款预算。在向省财政厅报送的专项项目表中，按照本单位研究的意见，依项目的轻重缓急顺序排列，同时按照省财政厅制发的格式报送分项目的项目评估文件，提供具体项目简要的实施依据、实施计划，资金使用和分配意向，资金使用效益分析等情况说明。项目评估文件是省财政厅初审预算的依据。

2）省计委和省经贸委须对其分管的基建和技改项目预先进行初审论证，并按规定进行排序和汇总后再报省财政厅。省财政厅对各部门所报的所有专款项目进行审核后重新排序，并按省长分工汇总专款预算，同时根据当年财力情况提出分口预算参考线意见，报省本级支出预算草案综合评审组评审。

3）省本级支出预算草案综合评审组根据当年财务情况及预算年度的社会经济发展情况、宏观经济调控政策等要求确定分口的预算参考线。

3．专款预算评审的程序：

1）分口评审。由各分口评审小组组长主持，在该口预算参考线下评审专款项目和项目资金数额。

2）综合评审。由省本级支出预算草案综合评审组组长或副组长召集主持综合评审分口的专款项目和资金数额。

3）省财政厅将评审意见报省政府常务会议讨论后，提交省委常委会议讨论，最后提交省人代会审议。

各评审小组可在不突破预算参考线的前提下，预留分口不可预见费1000万元，由各口统筹安排，用于解决该口年初预算未编列，但年度预算执行中确需安排的项目开支。

四、年度预算执行过程中的调整、追加和次年预算的编制

预算项目一经确定，不得随意变更，如有调整，需按预算编制程序重新审批。但遇特殊情况（救灾、国家有关政策变动等）确需追加预算的，经省级财政部门提出意见后，报省政府批准，按《预算法》的有关规定办理。

次年预算的编制不再以上年数为依据，但上年有关数据可以作为参考。

通过以上案例可以发现零基预算的优点主要有四个：一是有利于提高员工的"投入—产出"意识。零基预算以"零"为起点观察和分析所有业务活动，不考虑过去的支出水平，因此，需要动员组织的全体员工参与预算编制。这样，不合理的因素不能继续保留下去，从投入开始减少浪费，通过成本—效益分析，提高产出水平，从而能使投入产出意识得

以增强。二是有利于合理分配资金。成本—效益分析对每个业务项目是否应该存在、支出金额若干进行分析计算，精打细算，量力而行，能使有限的资金流向富有成效的项目，资金分配更加合理。所有计算都是基于组织的计划与相关活动（Activity），其计算依据更加精确。三是有利于发挥基层单位参与预算编制的创造性。在零基预算的编制过程中，组织内部情况易于沟通和协调，组织整体目标更趋明确，多业务项目的轻重缓急容易形成共识，有助于调动基层单位参与预算编制的主动性、积极性和创造性。四是有利于提高预算管理水平。零基预算极大地增加了预算的透明度，预算支出中的人头经费和专项经费一目了然，各级之间争吵的现象可能得到缓解，预算会更加切合实际、更好地起到控制作用，整个预算的编制和执行也能逐步规范，预算管理水平会得以提高。

当然零基预算也有较大的不足。主要表现在：第一，由于一切工作从"零"做起，因此采用零基预算法编制工作量大、费用相对较高；第二，分层、排序和资金分配时，可能受到主观影响，容易引起部门之间的矛盾；第三，任何单位工作项目的"轻重缓急"都是相对的，过分强调项目，可能使有关人员只注重短期利益，忽视本单位作为一个整体的长远利益（比如，基于预算压力，公共部门有可能解雇大批员工，但是第二年，又开始招聘员工，不利于组织结构的稳定性）；第四，零基预算有可能忽视前人的经验，导致重复犯错。

四、产出或结果预算（绩效预算）（Outcome-Based Budgeting）

绩效预算，就是公共部门首先制定有关的事业计划和工程计划，再依据单位或部门职能施政计划制定计划实施方案，并在绩效产出目标和成本效益分析的基础上确定实施方案所需费用，进而编制预算的一种方法。绩效管理的目的就是要实现成果和效率，在绩效预算管理中，公共部门作为整个社会经济运行体系中的一员，不仅要实现经济利益，而且要实现社会效益，以完成其社会使命。

理查德·艾伦（2013）将绩效预算定义为：公共部门以正式绩效信息为基础，联系拨款和产出结果进行预算编制的一种方法。其目的在于改善组织或部门的绩效。绩效预算也分为多种类型。其中一类关注政府支出，在预算资源有限的条件下，通过分析部门或产出指标，来确定组织的产出和资源分配，删除效率不高的公共项目或支出科目，将有限资源用于重点项目。另外一种绩效预算侧重效率和效益的改进，尤其注重现有政策、项目或运营机制的效率提升。无论是何种绩效预算编制方法，共性特点在于绩效产出或结果与绩效指标挂钩，且反映在预算编制的过程中。产出—结果预算(绩效预算)的编制核心在于几个关键概念。这些概念主要包括：

投入(Input)：为提供公共产品或服务(产出)所使用的资源。包括劳动力、原材料、机器、设备、土地等资源。

活动/作业(Activity)：为了进行生产或提供产品、服务所进行的工作。

产出(Output)：公共部门或单位提供了多少数量单位的公共产品或服务。

结果(Outcome)：公共部门的投资或支出为社会、公众、家庭带来了何种变化或长期影响。

经济性(Economy)：一般是指从经济和成本的角度衡量公共部门的产出或结果的成本是多少。

有效性(Effectiveness)：一般是指衡量公共部门政策或项目在多大程度上实现了预期的政策目标。

效率(Efficiency)：一般是指公共部门的投入与产出比。

评估(Evaluation)：对公共部门政策、方案或项目的成本—效益进行系统性评价和分析的活动。

在绩效预算的实施步骤上，可以考虑分三步走：第一步，对部分项目支出实行"项目绩效预算"试点改革。在全面推行绩效预算之前，可以先从部分具体项目支出的效益考核开始，并通过项目支出绩效评价来优化部门预算。为此，财政部门必须制定项目绩效预算编制办法、建立项目支出绩效考评制度及其框架体系、建立项目库并实行滚动管理。各部门根据项目绩效预算编制办法和项目库编制年度项目预算。政府委托财政与审计部门对政府各部门的支出项目进行绩效考评。由政府根据绩效考评结果作出奖惩，对于年度项目绩效较好的部门给予奖励，对于年度项目绩效不好的部门，根据情况削减直到取消该项目的预算。第二步，部门全面推开项目绩效预算。第三步，全面推行部门绩效预算。

实施部门绩效预算，就是要树立一种"绩效"理念，以"绩效目标+部门+绩效成果"为对象，按效果和效率拨款，既强调绩效目标订立的效率，也强调绩效成果考核的效果，是一个"过程"与"结果"相结合的预算模式。

札记

绩效预算的编制方法不仅可以应用于公共部门部门预算的编制，也可以用于项目预算或资本预算的编制。其过程一般如图 3.6 所示。

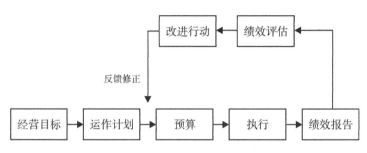

图 3.6　绩效预算/产出预算编制原理与过程

如上所述，绩效预算的实施并非一日之功，仅仅前期的准备工作可能就需要 2~3 年的时间。绩效预算不仅要与组织的运营计划相匹配，更要探索、选取、制定适合的绩效评价体系、指标体系和标准体系。在很多案例中，公共部门单位现有绩效评价体系可能与本单位的职能不匹配，或是绩效评价指标与实际工作内容不符合。因此，在绩效预算实施和编制过程中，需要各部门和单位结合自身单位和行业特点，在前期调研的基础上合理确定其绩效评价指标，根据绩效评价指标分析产出结果—过程—投入之间的关系。绩效预算作为一种产出/结果导向型的预算编制方法更侧重于产出结果与投入、组织运营方案优化和改进的问题。

◎**案例分析 3.3**

某省部门项目绩效预算的编制
——前期准备工作：预算支出的绩效评价

1. 项目背景

为提高财政项目资金的使用效率，建立健全激励约束机制，及时发现和整改预算执行过程中存在的问题，为绩效预算的实施进行前期准备和数据收集工作，H省财政厅拟于20×4年扩大省级财政项目资金绩效评价的范围和资金规模(参看《省财政厅关于印发〈H省绩效预算管理工作方案(20×3—20×5)〉的通知》)。根据这一通知的精神，H省财政厅进一步明确了20×4年各部门绩效自评的范围，包括各部门确定的20×3年度省级财政项目支出绩效评价项目、20×3年实施的以奖代补竞争性分配项目以及20×3年已经开展了财政支出绩效评价的项目(参看《关于开展20×3年度省级财政项目支出绩效自评工作的通知》)。根据上述要求，H省人民政府办公厅经研究决定选择H省人民政府公报专项经费项目开展绩效自评工作。

2. 部门特点与职能

根据2000年《中华人民共和国立法法》第九十七条"地方政府规章签署公布后，及时在本级人民政府公报和中国政府法制信息以及在本行政区域范围内发行的报纸上刊载"的规定，在原有《H省政报》的基础上，由省政府办公厅主办的《H省人民政府公报》(以下简称《公报》)正式面向全省公民出版发行。《公报》主要职责在于传达政令，解释政策，公开政务，指导工作，服务社会。《公报》刊登的内容主要包括：省人民代表大会及其常务委员会通过的地方性法规；《政府工作报告》；省人大选举和省人大常委会决定的人事任免；省政府公布的行政规章、决议、命令及其他文件；省政府办公厅文件；省政府职能部门制发的规范性文件；选载国家法律法规、国务院发布的行政法规和决议。从2008年起省政府各部门的规范性文件统一在《公报》上刊发，进一步提高行政的透明度。

根据省政府文件精神，《公报》从2003年起全部赠阅，不以创收为目的，因而也就不刊登商业性广告，也不向主管单位上缴管理费，出版经费由财政厅根据印数、刊期及各项有关开支具体测算之后划拨。

3. 预算支出的绩效评价：绩效评价指标的确定与分析

第一步，统计上年的财政支出金额及明细如表3.10所示。

表 3.10　　　　　　　　《某公报》项目经费支出明细　　　　　　　　札记

项目	数量	金额 （万元）	备　　注
印刷费	24×55000	207	1.57 元/本
邮电费	24×55000	185	（邮资 1.1+信封 0.3）元/本
劳务费 （稿费）	24	20	每期稿费 8335 元
公务用车 运行维护费		9	车辆保险 20000 元、油料 40000 元、 路桥和维修费 30000 元
差旅费		7.4	外省调研 4.5 万元、省内调研 2.9 万元
办公费		6	工具书籍 1 万元、日常办公用品 5 万元
培训费	130 人×4 天	14	260 元/人/天
会议费	100 人×4 天	14	350 元/人/天
其他工资 福利支出	2 人	9.6	4000 元/人/月
合计		472	

第二步，确定关键绩效指标，设计绩效指标体系框架。

（1）产出指标：①赠阅点个数；②便民阅读点个数；③直报点个数；④全年发行期数；⑤全年赠阅数；⑥宣传活动平均次数；⑦寄送及时率；⑧覆盖人群数；⑨印刷成本；⑩邮寄成本

（2）社会效益指标：①《公报》阅读比例；②《公报》信息发布及时率；③《公报》信息有用率；④《公报》信息利用率；⑤《公报》满意度；⑥政务信息公开的提高程度

第三步，开展绩效评价调研活动，包括定量分析的问卷调查以及定性评价的访谈和焦点人群访谈等。

第四步，根据调研结果分析、确定关键绩效指标和基础数据，为来年绩效预算的编制收集信息。如表 3.11 所示。

表 3.11 《H 省政府公报》产出和社会效益指标及指标值

产出指标	数量指标	直报点个数	21
		全年发行期数	24 期
		全年赠阅数	56438
		覆盖人群数	4000 万人
	质量指标	达到国家一级刊物出版水平	是
		阅读点和直报点平均举办宣传或组织学习活动	3 次/年
	时效指标	每月发行两期	是
		寄送及时率	95%
	成本指标	印刷成本	1.57 元/本
		邮寄成本	1.47 元/本
社会效益指标	《公报》阅读比例	阅读过《公报》的群众的比重	98%
	《公报》信息发布及时率	认为《公报》信息发布及时的群众的比重	93%
	《公报》信息有用率	认为《公报》信息有帮助的群众的比重	97%
	《公报》信息利用率	利用过《公报》信息的群众的比重	75%
	《公报》满意度	对《公报》满意的群众比重	87%
	政务信息公开的提高程度	认为《公报》有助于提供政务信息公开和透明度的群众比重	98%

第五步，撰写绩效评价报告并提出政策建议。

从以上案例可以看出，预算支出的绩效评价只是绩效预算的初始阶段，更重要的是如何将预算支出的绩效评价结果与奖惩制度、下年度或未来年度预算规划、组织运营方案的改进挂钩并体现在预算编制中。湖北省财政厅《湖北省省级财政支出绩效评价结果应用暂行办法》(鄂财绩发〔2016〕17 号)中明确指出：

第十七条 省财政厅和省直预算部门应将绩效评价结果作为以后年度编制预算和安排财政资金的重要依据。

第十八条 省财政厅和省直预算部门应针对不同的评价对象和不同的评价结果，在预算安排中相应进行应用。

（一）对项目支出绩效评价结果的应用。对于省级常年性项目支出和省级延续性项目支出，绩效评价结果为优或良的，下一预算年度应优先保障该项目资金预算；绩效评价结果为中的，下一年度预算安排时应控制新增项目资金预算；绩效评价结果为差的，下一年度预算安排时应采取调整支出方向或支出结构、适当减少项目资金预算、取消该项目等方式进行应用。对于省级一次性项目资金，绩效评价结果为差的，下一预算年度原则上不安排同类新增项目资金。对于中央对地方专项转移支付资金，应将绩效评价结果作为专项资金预算申请、安排、分配的重要因素。

（二）对部门（单位）整体支出，绩效评价结果为优或良的，下一预算年度应优先保障该部门（单位）资金总预算；绩效评价结果为中的，下一预算年度应严格控制新增项目支出总预算，原则上不增加预算；绩效评价结果为差的，下一预算年度应适当减少该预算部门（单位）项目支出总预算。

（三）对财政资金支出政策绩效评价结果，应作为政策延续、调整、撤销等的重要依据。

第一，我国中央及地方政府针对绩效预算的改革无论从理论还是实践的角度，都已经进行了有益的探索。但是，根据相关研究（何达基，2016），如果发展中国家要推行绩效预算改革，要先做好财政监管，知道政府的钱花在什么地方，收入来源是否清楚。如果这些条件还不够健全，发展中国家不应推行复杂的绩效预算改革。

第二，政府的财政管理能力构建，必须看重人事和信息系统两方面。能不能收集可靠、有效的绩效数据，并作出适当、准确的数据分析，取决于这两方面的发展。公共部门的财务管理实质上就是一套财务决策系统（Decision-making Support System，简称 DSS）。

第三，指标的设计和厘定，要分不同层次的需要，不能一刀切。最高层次的指标通常注重社会和经济发展的总目标及人民生活水平的需要；第二层指标通常关注重要政策上的大目标；第三层指标落实到每个部门的重要绩效目标；第四层指标再落实到部门内部不同的项目绩效目标；最后一层厘定基层官员在操作层面的绩效目标。这五层指标层层相扣，但每一层有自己独特的关注要点和实践者的需要。

第四，绩效预算的表达方式，也要因决策层次和受众需要的不同而有所变化。传统的绩效预算报告，通常都用很多文字、一大堆数据，几百页的报告来说明政府绩效的情况。这种表达方式对于一般的民众太繁琐，可以简化内容，图文并茂，也可以用互联网站和公开数据网与市民互动。不过，绩效预算和单项预算不一定是替代关系，部门有了绩效目标和结果评估指标后，在预算过程中，有时还要附上繁琐的单项预算。

第五，不同国家的经验显示出绩效预算并不是一个严格意义上的优赏劣罚的体制，而是一个组织学习和改进的过程。欧美和发展中国家过去推动绩效预算改革时，往往希望用绩效来考核部门，做得不好要削减经费，从奖罚的角度把预算和绩效挂钩。提到绩效预算的作用首先要提高政府部门内部的能力，提高绩效监管体制的能力，然后才利用绩效来奖罚部门。在绩效预算的过程中，要更多地强调与部门沟通，鼓励创新改进。

第五节　小　　结

所有的预算均是从计划开始。预算不仅是公共决策、资源配置的核心，更是公共部门财务和财政管理的关键。预算的主要功能有：一是规划，为决策者事前决策提供依据和计划；二是控制，为管理者事中和过程管理提供依据。预算形式和内容多种多样，根据时间、编制方法、目的和管理对象的不同，可以有不同的分类。预算形式和方法需要根据所处情形和组织类型谨慎选取。对公共部门而言，最常用的预算编制方法仍旧是增量预算编制法，零基预算、绩效预算和方案预算等其他预算编制方法也有使用。在预算编制方法的选择中，较为重要的一个原则是"没有最好的，只有合适的"，需要根据组织目标、职能、特点合理选取、设计预算编制方法，从而有效提升公共部门的财务管理效能和公共治理能力。就我国的政策实践而言，总体来看我国公共部门在预算编制过程中采取了"有益探索、稳步推进、新旧结合"的基本模式，积累了较多经验和教训。地方政府的预算编制改革也有一些创新，但是现阶段中国公共部门预算编制的特点应该是属于"绩效/产出导向型的增

量预算"。预算制度改革属于公共财税体制改革的一部分，需要有配　　　　　　札记
套制度建设与政策时机的把握，更重要的是要符合我国公共部门的工
作特点。

第四章　管理会计中的成本管理、成本决策与变动成本法

◎学习内容和目标

本章的学习将侧重公共部门成本管理和成本会计的基本概念、变动成本法和量本利分析。

通过本章节的学习，学习者需要掌握成本会计、成本管理的基本概念与原理，能够运用变动成本法、量本利分析和盈亏平衡点等技术进行决策。

第一节　公共部门管理会计与成本会计的基本概念

一、引言：管理会计与成市会计

管理会计是会计的一个分支，是适应单位或组织内部管理需要，运用会计、统计方法和现代管理科学理论，进行历史资料和经济预测资料的搜集、整理、计算和分析，据以对组织及其某部分或某项经济活动进行评价，并参与决策、制定目标、实施目标控制的一种会计。事实上针对管理会计的定义，现行的教科书中并未统一。但是一般认为，管理会计是计量、分析和报告财务和非财务信息，以帮助管理人员进行决策，实现组织目标。通过利用管理会计信息，管理人员不仅可以指定、传达和实施战略，还可以协调生产、营销并进行绩效评价。

管理会计的基本目标是帮助管理人员进行决策。其主要使用者是组织内部的管理人员。相对于财务会计而言，其更关注以历史数据推测分析未来的发展趋势和资源配置等核心问题。管理会计属于组织内部的管理活动。因此其主要基于成本—效益分析等方法手段，而非会计准则。管理会计涵盖的信息从内容和时间上看，信息的时间跨度和内容广度较大。从日常管理信息到年度预算或决算；从单个服务的成本，到整个组织或部门的整体运行，均是管理会计需要关注的对象。国际会计师联合会（IFAC）认为，"管理会计是对管理当局所应用的信息（财务和经营的）进行鉴定、计量、积累、分析、处理、解释和传播的过程，以便在组织内部进行规划、评价和控制，保证其资源的利用并对它们承担经管责任。"从技术的角度讲，管理会计使用的工具方法主要包括战略分析、预算管理、成本管理、量本利分析、平衡计分卡等技术模型。但从具体应用领域而言，主要涵盖了战略管理、预算管理、成本管理、投融资管理、绩效管理、风险管理等内容。

- 战略管理：战略地图、价值链分析、环境分析与行业分析等。
- 预算管理：全面预算管理、增量预算管理、零基预算管理、绩效预算管理等。
- 成本管理：主要有标准成本管理、变动成本管理、作业成本管理、生命周期成本管理、量本利分析、敏感性分析、边际分析、标杆管理等。
- 投融资管理：贴现现金流法、投资分析、资本成本分析等。
- 绩效管理：关键指标法、经济增加值、平衡计分卡等。

作为管理会计的重要组成部分，成本会计的主要目的是，为管理会计和财务会计提供信息。其主要作用是进行成本的计量、分析和报告，反映组织内部获取资源或使用资源成本相关的财务和非财务信息。

成本会计是公共部门管理的一部分，也是管理会计的一部分。无论是行政机关还是事业单位都较为关心其部门的收入和成本。公共部门的管理人员往往需要深入了解其单位或是部门的成本构成、成本类别和成本特点，以便合理决策、控制成本、减少浪费、提升效率、确认价格或向上级申请补贴等。公共部门的管理人员需要收集以往的成本信息和成本数据，并加以分析、预测，从而进行权衡判断进行战略规划、资源分配、编制预算、提供服务和确定价格。成本会计既包括了组织内部管理信息的收集、分析和处理，也是公共部门进行决策和具体工作实施的重要辅助工具。例如，在高校中，培养一个人文社科类的本科生需要花费多少成本？培养一个理工科的本科生呢？培养一个研究生或是博士生呢？因此核算服务成本，是成本会计的一项重要功能。在大数据和信息化的背景下，成本会计往往用来辅助决策，尤其是行政机关、事业单位或国有企业，其需要成本信息来编制预算、确定公共服务价格、合理进行公共资源的配置等。基于以上因素，成本会计这一概念理论上属于管理会计的一部分。但在实践中，成本会计与管理会计这两个概念也存在交替使用的情况。有部分实践者或研究者认为管理会计就是指成本会计。

在国内和国外的一些教材中也提及了"成本管理"这一概念。该概念是指管理人员为增加产品或服务价值、实现组织目标所采取的有关方法和行动。其包括了成本会计活动的决策、组织、实施、控制和评估等环节。比如，某高校为了节约行政运行成本中的电费，会在晚上十点统一将办公楼的电闸关闭，同时在日常教学和校内生活中大力提倡随手关灯的行为。这就属于利用拉闸限电、随手关灯行动，来削减行政运行成本，从而实现单位管理目标的一种成本管理活动。因此成本管理往往是指针对成本而进行的相关活动或措施。当然，成本管理并非仅仅是指削减成本。在某些情况下，公共组织或部门想要提升服务对象的满意度，这就需要增加某个环节或是某项服务的成本支出，而非纯粹地减少。又比如我国地方政府开展的电子政务优化工作，对政务服务原有体系的信息化、数字化改造必然要发生额外的改造成本，但等该系统投入使用后，必将减少政务的运行成本、市民的办事成本、企业的行政审批成本，从而整体提升政府的管理效率。

综上所述，本章节的目的在于介绍管理会计在公共部门和公共组织中应用的基本原理，从成本管理与成本会计的基本术语和概念开始，简述成本规划与决策的主要工具，重点介绍成本管理的有关成本规划和经济分析，即变动成本法与量本利分析，并举例分析以上方法在公共部门中的应用。当然，由于管理会计和成本会计涵盖的内容较为广泛，单依靠本章和下一个章节的内容就将所有知识点介绍清楚，既不现实也不可能。因此本书中关于成本会计的内容仅起到抛砖引玉的作用，要深度学习和研究还需要参看其他专业文献。

二、管理会计与成市管理：理论基础与实施路径

管理会计是现代公共战略管理与预算管理的基础。随着新公共管理理念以及公共部门改革在中国的发展，政府有关部门不仅需要改革现有的财务管理体系来满足外部利益攸关方的需求披露财务信息，如，预算与决算，政府综合财务报告等，更需要建立内部管理系统、提供内部管理信息，以便满足公共决策的需要。公共部门内部的管理会计信息是公共部门内部绩效评估的依据和标准。成本管理活动是组织战略管理的重要组成部分，是一个组织为实现其战略目标而具体实施的管理路径，更是取得竞争优势的重要工具和手段。

从战略管理和成本管理的角度看，一个组织如果能够以较低的价格提供同一质量水平的公共服务或产品，那么该组织就可以取得较大的竞

争优势。其管理效率、成本控制、供给能力和社会影响会成为该组织的核心竞争力，并在工作成效上得以体现。比如，2019—2021 年，湖北经济学院被评为湖北省公共机构节能减排和行政运行成本控制的典型。其校内的节水、节电、节能活动，既响应了国家机关和事业单位节能减排号召，也实现了其成本管理和战略管理的目标。此外，组织成本管理的也可能是差异化、特色化服务或核心技术的研发。通过其他组织不能提供的特色服务或产品，来提升本组织的成本加成（组织利润或公共价值），从而实现组织的战略目标。譬如武汉市同济医院、协和医院通过不断地打造特色科室和提升医疗水平，在行业中取得了较为明显的竞争优势和行业地位。

一方面，新公共管理运动要求管理会计研究向公共部门尤其是政府机构延伸，从而进一步丰富了管理会计的内容。另一方面，公共部门的管理由部门行政向国家治理转变，迫切要求公共部门在程序化和合规性的基础上更多地关注绩效，从而赋予了公共部门目标管理新的内涵。这要求公共部门更加注重决策的民主化和科学性以及执行过程的严格控制，从而更需要成本和管理会计信息系统给予支持。因此从这个角度来看，政府、事业单位及非营利组织迫切需要加强管理会计研究和方法技巧的应用。

财政部财会〔2014〕27 号文的观点认为，行政事业单位会计中存在管理会计。因此，可以说，该政策中隐含着新观点，即管理会计是单位会计中的重要组成部分，也是公共部门组织管理体系中的重要管理方法，更是公共部门财务管理的核心内容。当然，对于公共部门而言，管理会计应用主体视管理决策主体确定，可以是单位整体，也可以是单位内部的责任中心。

（一）战略决策与管理会计

一个组织的战略决策需要管理会计提供信息支撑。但管理会计需要提供什么样的信息呢？首先，管理会计需要明确：一个组织的服务对象是谁，该组织提供什么样的服务或产品，采用什么样的方式，以什么样的成本提供服务或产品，该组织的核心竞争力或能够创造什么价值。其次，该组织同类型的竞争者是谁，竞争者提供的产品或服务的价格（成本或预算）与本组织的相比有什么不同。再次，本组织与其他类似单位相比有什么特别之处，组织的核心竞争力是什么，怎样利用组织的核心竞争力取得行业领先地位和竞争优势。此外，组织是否有足够的资金、资源来实现其战略规划目标，是否需要申请预算或是外部融资来支撑该组织的战略实施。基于以上分析，管理会计和成本会计将提供的相关信息来帮助组织进行战略制定和目标确定。

（二）价值链分析与供应链分析

在战略目标和战略规划确定后，如何实现组织目标和战略，成为公共部门要考虑的核心问题。换言之，即通过何种途径、采用何种方法来实现目标。从管理学的角度有几种分析工具：一是价值链分析，二是供应链分析，三是关键成功要素分析。

价值链分析的基础是回答这样一个问题，即，一个组织能为顾客或公众创造什么样的价值。企业管理中的价值链分析将组织的管理活动分为两类：第一类是业务职能活动。包括研发和设计，生产、营销、分销与售后服务。第二类是行政辅助活动。主要有会计、财务、人力资源管理、信息技术等。管理者追踪每个价值链环节发生的成本，其目的在于降低企业各个环节的成本，从而提高效率。管理会计有助于管理人员进行成本收益权衡。通过分析业务职能活动和辅助活动所发生的成本，可以有选择有重点地降低各环节不必要的成本和费用，来提升效率和减少浪费。

图 4.1 分析了不同职能活动的一般顺序。但不同行业的组织在不同时期的业务职能活动会有较大差异。同时，同一类型的组织也可能在计划和管理活动时也不一定按照价值链的先后顺序进行，也可能几项活动一并展开，或主要针对某几个活动重点。

公共部门是否可以采用价值链分析的思路来进行成本管理分析，从管理的角度应该是可以的。尤其是以行政机关、事业单位等类型的以服务为主的公共组织。通过分析公共组织的业务职能活动和行政辅助活动，以及公共服务价值增值过程，来探索公共产品或服务的成本构成和费用发生的成因，从而降低成本和提升公共部门的运营效率。比如，自 2019 年以来，我国政府持续对行政辅助活动进行压缩，对"行政运行成本"进行削减和加强管控，以实现降低成本、减少浪费的战略目标。又比如，我国事业单位也开始试用以价值链为基础的作业成本法以及作业

札记

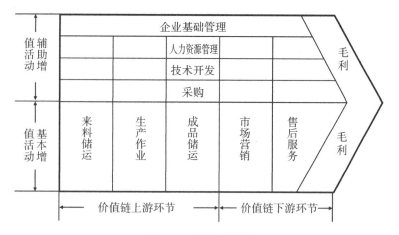

图 4.1　价值链分析

管理模式，以便更好地管控成本、提升效率。

　　但公共部门的特点与企业管理仍有很大不同。最大不同之处可能在于公共部门的预算资金是限定且封顶的。同时公共部门或单位自身并不能完全依照"市场需要"（社会需要）来确定预算资金。这就意味着公共部门的价值链分析可能处于预算（收入）封顶的情况下，尽力减少成本，来提升效率。此外，公共部门的创新（价值创造与成本管控的另一途径）也可能受制于预算限制或其他条件的制约，因此公共组织管理和公共部门成本管理中价值链分析的应用可能会更加复杂和多变，且受到公共部门特点的约束。比如：我国各级政府正在开展的电子政务与行政服务改革，这一改革从信息技术改造的角度，基于价值链分析对行政机关的各项业务职能和行政辅助活动进行了整合改造，有效地降低了服务成本，提升了服务效能。但该项改革过程持续时间较长，各地的改革进度和成效也受到各类内外部因素的制约。比如，信息化改造项目的预算拨款需要在立项、论证、评估、申报的基础上才能正式拨付，项目立项和预算审批的时间较长。此外，信息化建设和运营维护的人才引入仍受制于行政机关人员编制的制约。信息化建设和运行需要遵照国家有关技术标准、安全标准、保密规定、网络安全制度执行等。它不同于企业进行的类似信息化改造。公共部门的价值链分析与应用的复杂性、综合性和程序性等内外部制约因素更多。

　　在价值链分析的基础上，组织更为关注的是从原材料（输入）到服务提供(产出)的整个环节,以及整个过程中的各个流程管理,并将其称之为"供应链管理"。从企业管理的角度来看,供应链管理是价值链管理的一部分。主要涉及了生产、销售、配送与售后服务的环节。供应链管理反映了从原材料或劳务服务开始到产品、服务、信息交付到服务对象(消费者或公众)手中的流动过程。供应链中的这些流动过程,并不一定发生在一个企业或组织内部,多数情况下,可能发生在多个企业或是组织的业务活动中。比如,对汽车制造厂而言,从零部件开始到机动车辆交付给最终消费者,这一整体的流程就可以称之为供应链。但这一供应链涉及了零部件供应商、汽车总装、汽车运输、4S 店等不同的企业组织。换言之,供应链涉及跨部门、跨行业、跨企业的流程管理。

如果放在公共部门的语境下,供应链更多涉及的是公共产品、公共服务和政务服务的生产与提供的流程管理。比如,现行的地方政府一站式政务服务中心或市民之家,看似是一个单位或一个部门来负责市民或企业的政务服务事项,由一个单位来负责从政务申请到核准颁发的整个流程管理。但实际上政务服务中心是由政府的多个部门多个单位合署办公,其后台是跨部门、跨行业、跨层级的不同单位协同运作。另外,供应链的物流管理在公共管理中的作用尤为明显。物流链的管理是管理会计或成本会计的重要研究内容,也关乎到公共财物管理与公共管理的目标是否能够达成。

(三) 关键成功要素分析

基于以上价值链和供应链的介绍可以看出,以上的方法作为战略管理与分析的工具对私营部门和公共部门均有重要的指导意义。结合管理会计的实践,通过对整个工作流程的梳理,对价值增值的过程分析,能够初步判定一个组织、一个部门或是某个项目的主要成本构成、成本产生的原因以及如何进行成本优化的大致思路。因此,对于一个组织的成本管理而言,要想实现有效的管理,就需要对以下几个要素重点把握,有效监控,才能实现组织的战略目标。

1. 成本

成本对于公共组织而言是重要的考察指标。公共部门也面临着越来越大的成本压力,尤其是在宏观经济、财政税收等财政指标不理想的情况下。在实践中,主要体现在削减预算的压力,以及地方政府、事业单位有限的资源分配上。对成本的有效管理，首先要调研成本产生的原因，理解产生成本的环节和步骤，分析现有成本的构成，进而分析降低成本的现实路径。2017 年以来，削减行政成本是我国中央及地方政府的工作重点，"让政府过紧日子，让老百姓过好日子"正是这一思路的体现。一方面，对政府行政运行成本进行技术性分析和压缩，通过减少浪费和资源整合，建立节约型机关；另一方面，通过政府外包、委托运营等方式来进行结构性的成本削减，将政府或事业单位的非职能业务或职能业务对外采购、整体外包，也是当前成本削减的重要路径之一。但需要注意的是，作为公共服务和公共产品而言，成本并非越低越好，在很多情况下当成本压缩至一定程度时，其服务质量或产品质量的标准可能会受到较大的影响，因此成本(经济性)还需要结合其他因素综合考虑。

2. 质量

质量是公共产品和服务的另一重要考察指标。脱离质量来讲成本是不可取的。因此质量也是公共部门成本管理的重要内容。对于制造业、建筑业等行业的公共组织而言，有很多质量管理工具，比如较为普遍的全面质量管理(Total Quality Management，TQM)，可以用来管控产品质量。但对于以服务为核心的行政机关和事业单位，则需要有针对性的管理工具与方法，譬如 SERVQUAL 模型(译为服务质量评价模型)，需要从服务对象的主观感知与对服务单位的期望标准两个方面比较考察，从提供服务的有形性、可靠性、响应速度、信任度和移情作用五个维度考察服务的总体质量。公共服务质量评估的复杂性、多维性、客观性、科学性等问题，仍是公共部门评价其服务质量的重点与难点。但总体而言，公共部门的服务质量和成本需要全面权衡。既要成本低，又要服务好，是当前公共部门面临的难点问题。

3. 效率

对于公共部门而言，效率一词有两种含义。一是资源的配置"效率"，换言之有限的资金是否用于该用的地方。二是组织管理的运营"效率"，也就是该组织该部门的投入—产出比。效率既是一个绝对的概念，又是一个相对的概念。比如，在某些情况下，可以将效率简单地理解为"成本—效益"比的问题。在总成本预算一定的条件下，哪个单位的产出(包括数量、质量、速度等指标)越高，那么就可以认为这个单位的总体运营效率越高。在成本管理中，如果一个部门以较低的成本，以同一水平质量标准，提供了更多服务数量，则也可以认为该部门的服务效率较高。效率是综合评判公共部门或组织的最为重要的指标之一。

4. 速度或时间

对于公共部门而言，如何提升服务响应速度，提升公共产品时效性，进而满足公众及企业的满意度，也属于成本管理的重要组成部分。在当前的财政预算支出绩效评价指标中，公共服务或公共产品提供的响应速度属于共性的考核评价指标。公共服务的时间或速度一般有两种意义。第一，公共服务本身所耗费的时间。譬如，在行政审批中心或市民之家，都有一项服务承诺，即办理一项业务的限定时间是多长，无特殊原因超过该时间标准则会导致投诉。又比如，公立医院的看病问诊这一过程的时间，如果问诊时间过长或过短，也会导致病人的质疑。第二，公共部门对于相关业务的响应时间或公众为办理某项业务而花费的等待时间。以上面提到的问题为例，虽然市民之家的业务办理时间较短，医院医生的问诊时间较短，但是群众为了办理相关业务花费的等待时间过长，这也会导致群众的投诉、运营成本的上升以及运营效率的降低。对公共部门、公众和公共管理研究者而言，都想在现实中能够找到"多、快、好、省"的公共产品或公共服务的优化路径。但公共部门的决策者和执行者需要在这四者之间找到一个平衡，寻求一个相对均衡或折中的处理方案。

5. 创新

提供一个最优的"多、快、好、省"的公共产品或公共服务供给方案并非不可能，但需要从供给方法、生产过程、组织方式、标准管理以及信息技术等方面进行重大创新。大数据、互联网+、物联网、云计算等信息科技的发展，在公共部门的管理会计和成本会计中已广泛应用，且取得了阶段性的成效。

就具体的职能业务而言，专业技术领域的创新也能带动更为有效的公共服务与产品供给。因此近年来公共部门的成本管理与成本会计的深化改革，也将信息化技术融入公共部门的财务管理改进中，财业融合已经成为公共部门的创新方向。

有效的成本管理与管理会计活动，是基于战略目标和工具而实施的。但影响公共管理成效的因素主要有，成本、质量、效率、时效和创新等关键成功因素。通过对关键因素的把控以及相应的价值管理和流程管理工具，公共部门可以制定战略规划、优化工作流程、有效实施运营计划，从而实现成本、财务和业务的可持续协调发展，并在与同类型的组织竞争中取得优势。

（四）五步决策法与成本会计

对于成本会计的决策有两种看法。一种认为成本会计或成本管理是基于历史数据和历史信息的一种分析活动，另一种则认为成本会计是对未来成本费用支出的一种计划预测活动。事实上，成本管理及管理会计既有对历史数据的分析，也有对未来的成本规划或预测。为了更加有效地和科学地进行成本管理，现实中往往采用了所谓的五步决策法。

第一步，提出并明确问题。在成本管理的实践中，提出问题并分析产生问题的原因是较为关键的第一步。在某些情况下，公共部门或单位并非自愿地去对成本进行管控或压缩，往往是迫于财政预算压力，不得已而为之。

第二步，收集并分析现有数据。为决策提供支持，首先要有数据和信息支撑。因此，在明确相关问题之后，需要具体问题具体分析，尤其是要分析产生问题的原因，同时找到不确定的影响因素。比如，在地方政府削减预算时，可能会关注某些优先度不高的公共开支或项目，或是短期内不那么急迫的、且还未开工的建设项目，也有可能聚焦行政运行辅助性的成本费用和开支的压减，以节约用度、减少浪费。这就需要相关部门提供相关的数据信息，比如已经发生的或即将发生的财政支出数据或费用信息，同时调查年度剩余资金支出的构成、资金使用计划和剩余年度资金具体额度。

第三步，预测规划。对于公共部门而言，对下个期间的成本预测与规划主要分为两个方面。一是对预算收入的预测，二是对相应费用支出的预测。公共部门的成本管理不仅仅参照下个期间的业务量来衡量对应成本费用支出，还要遵循"以收定支""量入为出"的基本原则对下个周期的成本进行规划调整（参见本书第二章、第三章的相关内容）。

第四步，方案比选。从实践的角度看，公共部门的成本管理不仅是财务管理部门的职权范围，更是业务部门与职能部门共同决策、共同计划的成果。基于多部门、多角度、多层级的反复沟通，将有关成本、收入等数据反复调研后统一汇总，并形成多个方案供决策者参考必选。在此过程中，是公共部门或单位内部的由上至下、由下至上的一个沟通整合环节。虽然各部门或基层单位都出于自身的考虑，有不同的诉求或成本优化建议，但决策者需要从组织整体战略的角度，作出最终决定。

第五步，执行决策并进行事后评估。基于以上四步，且经组织决策者的统一审核确认后，将最终形成公共部门或单位的预算及财务管理文件，由上级机关批准后方可实施。在实施过程中，各业务单位及职能部门需要依照公共部门的相关管理制度、法律法规进行有效成本管理或费用支出管理，并进行事后评估。事后评估的形式有多种，一般是内部检查核对，以及由财政部门或审计部门及其聘用的第三方机构对公共部门的相关经费支出、预算执行情况进行绩效评价(又称为绩效审计)。从而对未来的成本决策和成本管理提供反馈和经验学习。

第二节　成本管理与成本会计：术语与关系

不同时期公共部门对于成本管理的重点有所不同。当经济形势发展良好，财税收入不断提高的情况之下，公共部门通常较为关注于资本性支出、转移性支出，对于行政管理等消费性支出的关注度相对较低。但在经济发展并不如人意时，公共部门财税收入下降较为明显时，政府便开始把视线转移到公共部门的成本管控或成本削减上来。成本是公共部门效率的评价指标之一。什么是成本，如何对成本进行分类，哪些因素会影响成本的高低，成本如何计量，公共部门的成本管理是如何进行的，本节将重点阐述。

一、成本的概念

成本的定义是，为达到某一特定目标而牺牲或放弃的资源。一项成本通常是以取得商品或服务而支付的货币来衡量的。成本分为实际成本和预算成本。实际成本是指一个组织或单位已经发生的成本，又称为历史成本；预算成本是指预期或预计发生的成本，通常是指未来成本。如前所述，成本管理既有过去也有未来。将预算成本和历史成本相比较，有助于管理者和决策者评估管理绩效进而提升决策水平。

札记

当我们提到成本时，往往指的是针对具体的事物进行成本的度量。也就是说，在进行成本计算之前要明确成本衡量的具体目标。这个目标又称作"成本对象"。成本对象可以是多种形式的事物，可以是一种服务，可以是具有固定性态的产品，也可以是某种生产或服务活动。比如，当要考察高校开办一门专业课程的成本时，这门课程就是一个成本对象；当外科医生做一台阑尾炎手术时，也可以将一台阑尾炎手术作为成本核算的对象。当然，更简单的是，如果某个单位需要购置一台打印机，则这台打印机设备也可以作为成本对象。

对于公共部门而言，一个单位或一个部门可能有各种各样的成本对象。如何对不同成本对象进行成本核算，一般来讲可以分两个步骤展开。一是成本归集（cost accumulation），二是成本的分配（cost assignment）。比如，以某高校开办一门专业课程为例，就需要将开办专业课程所耗费的各类成本费用进行分类，将不同类型的成本数据有组织地收集起来。这可能会包括教室租赁（使用）成本、粉笔等耗材费用、设备耗费的电费、电教化设备使用成本、任课教师课时费、改卷费、学院教学秘书辅助教学的管理成本（排课、监考等）、学校教学管理部门的人工、设备费用（选课、信息系统管理费用）等。而后，将归集好的成本分配到具体的特定成本对象（比如，该门专业课）。又例如，某学院在教学年度第一学期开办 25 门专业课，当把所有专业课所涉及的成本费用归集好以后，按照学分数（或学时数）将各类成本分摊或分配到具体的某门专业课中去。这样一个过程可以叫作成本的分配。

二、成市的分类及其影响因素

如前文所述，要进行成本管理及成本核算，就需要对成本的类型进行划分，以便更加精准科学地进行。成本按照不同的核算目的、业务特点，以及经济性质可以划分为不同类别。主要如下：直接成本和间接成本（来源追溯）；变动成本与固定成本（成本性态）；平均成本和边际成本（经济性质）；显性成本和隐性成本（成本特点）；社会成本和私人成本（社会性质）。

在进行成本归集、分配和核算的过程中，成本分类实际上代表了不同的计算方法和思路。其成本核算的目的是不同的。一般而言不同目的核算方法不能混用。因为对于同一个成本对象，若采用了不同的成本分类标准，使用了不同的成本计算方法，其成本核算的结果是不同的。即使计算结果相同，其结果代表的含义也是不同的。

按照成本对象的成本是否可以追溯来源进行分类，可以分为直接成本和间接成本。如果某一类成本可以直接追溯到某个具体的成本对象，而且可以直接以货币或经济核算的方式来衡量，则可以将此类成本称为直接成本。比如，在归集、分配或核算某门专业课程的开办成本时，可以发现教师每个教学课时的酬劳与该门课程的开办总成本直接相关，不仅可以直接追溯，还可以用货币度量，则可以将专业课教师的课时费作为开办专业课（成本对象）的直接成本之一。此外，某一类成本虽然与成本对象有关联，但不容易直接追溯其来源，或难以以货币或经济分摊的形式来衡量的，则可以称之为间接成本。比如，高校中的负责教学管理部门行政工作人员的工资，各学院负责排课、考试等行政辅助工作人员的工资等。虽然，该类费用确实与专业课的开办成本相关，但较难确定到底该类成本应当分摊多少到某门专业课的开办成本中。这类成本的核算并不能一目了然地追溯并分摊到某个成本对象，就可以称之为间接成本。间接成本的分配和核算难度较大，是成本核算的重点和难点问题。

按其短期内服务或产品的成本是否随产量的变动而变动，可以把成本归类为固定成本和变动成本。固定成本是指短期内不随产量的变动而变动的成本。例如，使用期限较长的、不容易调整的机器、设备、土地、建筑物等所引起的费用。此外，根据固定成本的定义，比如学校的图书馆或教学楼的建设成本，不管是否有课、不管是否有学生使用图书馆或教室（服务量或产量），都不随使用人数变化而变化，因此对学校的教学总成本而言可以称作固定成本。变动成本，又称"可变成本"，是指一定时期内随组织产量或服务量变动而变动的成本。如一次性包食宿的学术会议其总的会议成本会随着参会人数的增加而增加。又比如学校校车的总运行成本，随着其运行里程数增加，加油成本与总成本会随之增加而增加。一般而言，固定成本与变动成本之和，称为"总成本"。总成本是生产或提供一定量产品的全部费用。按照这种计算方法计算，组织的总成本会随产量或服务量的增加而增加，且通常也会以线性的增长速度而增加。但在不同产量或服务水平上，总成本增加的速度是不一样的。当生产规模小于最佳生产能力时，总成本的增加速度慢于产量的增加速度；当生产规模已达到最佳规模时，总成本的增加速度比产量的增加速度快。最后，也有学者将变动成本和固定成本的不同特征和性质称为成本的性态。

按成本的经济学性质进行分类，看其是以平均量计算还是以增量计算，可以把成本分为平均成本和边际成本。平均成本是平均每单位产量的成本。平均总成本是每单位产量的总成本。平均固定成本是每单位所包含的固定成本。平均变动成本又称"平均可变成本"，是每单位产量所包含的变动成本。边际成本又称"增量成本"，是指新增加一个单位产量所引起的成本增加量，即组织每增加一单位产量所支付的追加成本。

按是否实际支出可分为显性成本和隐性成本。显性成本是会计账目中实际支出的成本。如工资成本、原材料成本等。在显性成本中又有一种成本叫作沉淀成本（又称"沉没成本""滞留成本"），是指一经支出，就不能再加以调整和改变用途的成本。如地方政府为打通穿城而过的河流交通运输线，特别建设的公路或铁路大桥，或是学校专门为某个学科定制的科研试验设备和器材。这种为了专门用途的设备、设施或建筑物等而发生的成本费用，一旦投入只能用作一种用途，而不能或难以再转作其他用途，且在市场上难以转手，这类成本可以称作沉淀成本。以上所提到的资产特点，可以归纳为资产的专属性。与显性成本对应，隐性成本是指在会计账目中没有实际支出的成本，如机会成本。机会成本是指将一种资源用于某种用途，而未用于其他更有利的用途所放弃的最大预期收益。

按生产对社会环境的影响，分为社会成本和私人成本。社会成本是指整个社会因组织生产或提供服务而需承担的成本。私人成本是指组织生产或提供服务的过程中其自身所承担的成本。总体而言，社会成本范畴较广，包含了私人成本。在某些情况下，需要综合评判公共部门有关交易的社会总成本和综合收益，而不仅仅是经济或财务成本。例如，某些地方政府为了削减地方公路的养护成本，将类似工程以外包的方式发包给私人承包商，这就造成了原有的公路养护队工人的失业和再就业等社会问题，导致政府的失业救济金、离职赔偿等一系列的社会成本上升。在这个案例中，有可能外包带来的财务成本节约，远远不能抵消对养护队工人的离职赔偿、失业救济和再就业培训等社会成本。

三、成本动因与成本的相关范围

成本动因(cost driver)是指在一定时期内能够引发成本变动的变量，也可以理解成为引起成本发生变动的主要原因。当在计算某个成本对象的成本时，管理者会发现某个因素与总成本之间存在着某种因果关系。例如，总成本随着作业量、服务人数、服务时间等因素变化而变化时，那么我们可以称以上因素是一个成本动因。当然这种因果关系可以是线性关系，也可以是非线性的，需要具体问题具体分析。比如，开授一门专业课的总成本会与这门课的学时数或学分数相关。一门 2 学分(32 学时)的课程和一门 3 学分(48 学时)的开课成本是不一样的。因此，我们可以将学时数或学分数作为一门专业课的成本动因。对一个成本对象而言，其成本动因可能不止一个，需要结合价值链、物流链和作业活动的过程进行分析。

同时，在进行成本测算时，其成本动因、作业活动、服务数量等因素或相关范围发生改变，尤其是当工作业务量或服务数量超过了正常的范围时，总成本与成本动因原有的因果关系可能会发生重大变化。比如，选一门专业课的学生人数有 20 人，则可以选用小型案例分析教室。其教室使用成本会较小。但如果选课人数较多，有约 150 人，超出了一门专业课的正常选课人数，则需要较大的阶梯教室。其教室使用成本会成倍增加。即使将该门课程分班授课，教室的使用成本也会成倍增加。因此，在调查一项服务或产品的成本时，还需要详细了解其相关范围，或提前假设其"相关范围"，即正常的工作业务范围或服务范围是什么。在正常范围区间内，成本动因与总成本之间存在某种因果关系，如若超出该范围，则该种关系会不适用。

四、公共部门的成本会计与政策推动

20 世纪 70 年代末 80 年代初兴起的新公共管理运动，引发了政府会计的根本改变。社会公众对政府财务信息的需求明显增加。他们开始注重评价政府绩效，要求政府充分披露财务信息、不断提高财政透明度。政府成本会计作为政府管理的一个有效工具，在绩效衡量和项目评价方面发挥了重要的作用，已为不少国家所采用。

从 20 世纪 80 年代之后新公共管理运动中政府会计报告改革的历史

札记

经验看，成本会计的目的在于对公共部门的绩效衡量和项目评价，进而推动公共管理目标实现。国际会计师联合会中的公共部门委员会(IFAC PSC，以下简称 PSC)，自 1991 年以来发布了 14 个专题研究报告。其中，2000 年 11 月发布的第 12 号研究报告《政府成本会计的前景》专门就政府成本会计问题做了深入全面的介绍和探索，并对应用政府成本会计的典型国家进行了介绍和评价。根据公共部门成本会计的功能定位和重要特征，我国正在构建符合实际的政府成本会计概念框架、明确现实可行的改革路径。

公共部门的成本会计应服务于各级政府及公共部门的综合治理活动，以公共管理活动和项目为核算主体，提供公允的、贴近于经济实质的成本信息，为公共部门的决策提供依据，进而提升国家的治理能力。早在 2014 年 12 月，国务院、财政部在《权责发生制政府综合财务报告改革方案》中就提出在 2018—2020 年研究推行政府成本会计制度。有关单位的成本会计作为政府会计①的一部分，要充分考虑国家治理活动对政府成本信息的需求，提供能够在政府绩效考核、成本管控、科学预算中发挥积极作用的相关信息。

而后，2016 年底财政部会计司也发布了《会计改革与发展的"十三五"规划纲要》，再次指出将研究制定政府成本会计制度，适时推行政府成本会计。待条件成熟后推进的政府成本会计应"在规定政府运行成本归集和分摊方法基础上，反映政府向社会提供公共服务的支出和机关运行成本等财务信息"。

现阶段，我国国家治理体系和治理能力现代化进程迅速推进，对政府各类支出及成本信息提出了全新的、更高的要求。构建符合这一要求的政府成本会计制度将是理论者和政策制定者需要注意的核心问题。当然，以财政支出衡量政府职能履行情况存在诸多弊端。收付实现制的支出难以和产出效果进行有效配比，不能确定政府行为或完成事项的成本底线，无法对政府的投入进行衡量，无法将产出与投入成本进行对比，无法衡量政府绩效。因此，有关部门需要对政府成本进行研究，完善政府成本会计信息系统，为政府报告受托责任评价绩效提供依据。

---

① 该处的政府会计并非仅指"行政机关"会计，还包括了事业单位及由财政支出供养的有关公共单位。

第三节　成本规划决策、变动成本法与量本利分析

一、变动成市法及其特点

(一)定义

变动成本法是管理会计根据管理实践而产生的一种会计核算方法。其最早在 20 世纪三十年代起源于美国。管理者在实践中发现，影响组织的总成本的动因可以分为固定成本和变动成本，尤其是组织的某些重要成本总额和业务量有着某种线性关系。随着进一步研究，经济学家和管理实践者发现，在总成本中，有一类成本随着业务量成正比例变动的成正比例变动的成本，便将其称为变动成本。而有一类成本并不随业务量变动而变动，就将其称为固定成本。该方法将成本按照性态(成本总额与业务量的关系)分为变动成本与固定成本。换言之，此分类有别于按是否随产量变动而变动对成本的分类。这种会计核算方法，在一定程度上将总成本中的变动部分和固定部分区分开来，便于财务和管理人员对组织发展中各类成本的预测和控制，使其从错综复杂的成本数据中独立出来，进一步能够保证所作出的生产成本数据更为科学和准确。因此，变动成本法不仅成为成本核算的一种基本方法，也是成本规划和经济分析的一种有效手段。

(二)固定成本、变动成本与成本核算

如上所述，固定成本的主要特点是其发生额不直接受业务量变动的影响。业务量在一定范围内变动，其总额仍能保持不变。固定成本产生①的原因一般有两种情况：第一，提供和维持生产经营所需设施、机构而发生的成本。譬如固定资产折旧费、各类财产保险、管理人员工资、取暖照明费用等。其金额取决于一个组织或单位的设施和机构的规模和质量，短期之内难以改变，不能通过当前的管理决策行动加以改变

---

① 会计术语中一般称为"成本发生"而不是"产生"，本处为便于理解暂称作产生，后文中将统一归于发生。

的固定成本，又称为约束性固定成本。比如，武汉大学第一附属小学每届新生入学人数控制在 400 人左右，其原因在于其约束性固定成本（教室、操场等设施）。第二，有另外一种固定成本，是为了完成特定活动而发生的固定成本。这类成本可以通过管理决策行动而改变数额，称为酌量性固定成本。比如，科研经费、职工培训费、学术交流费用等。酌量性固定成本一经确定，其支出额可能与时间较为相关，而与业务数量或服务数量无关，也通常被视为"期间成本"。

固定成本一般是指不随产品产量或服务数量的增减发生变化的各项成本费用，包括但不限于固定月工资、固定资产折旧费、无形资产及其他资产摊销费、修理费、办公费、管理费、水电费、照明费、取暖费等。固定成本的特征可用图 4.2 表示。

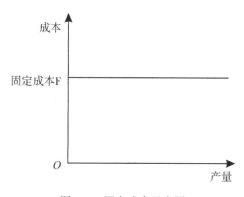

图 4.2　固定成本示意图

从"利用效率"或"充分利用率"的角度看，固定成本在一定期间内和一定业务范围内的总额保持不变，但从产品或服务的单位成本来看，则恰恰相反。随着产量的增加，每单位产品或服务分摊的成本将相应地减少。因此，从单位成本的角度看，某项业务活动数量的增加会摊薄固定成本，该项固定成本（如固定资产）的利用率会大大提高。例如，高校内部运行的校内班车，一个车次的运营成本基本是固定的或大致不变的。但乘客数量越多，其固定成本分摊到每位乘客的成本就越低，校车的利用率就越高，这项服务的运行效率就越高。

与固定成本的特点不同，变动成本则是指其发生总额会随着服务或产品数量的变动而变动的成本。主要包括原材料、燃料、动力消耗、包装费和生产人员工资等。比如在高校专业课的授课中，多一位学生，教

师的批改作业或试卷的工作量就增加一个单位，对应其耗费的时间和变
动成本就对应增加一个。在医疗机构中，普外科医生多做一台手术，其
耗费的医疗耗材、药品、手术器械以及医生酬劳就相应增加，其总成本
中的可变成本会随着手术数量的增加而增加。变动成本的特征可用图
4.3 表示。

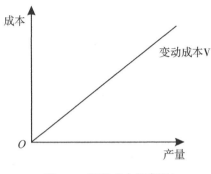

图 4.3　可变成本示意图

当然，也存在某些类型的成本，其成本中的一部分随产量变化而变
化，剩余部分并不随产量变化而变化。这类成本可以称作"混合成本"
或"半可变成本"。

此外，还有一种类型成本随产量变化而成阶梯型变化，当服务或产
品产量达到某一规模水平时，该类产品或服务的固定成本将有一个阶梯
型的上升。我们将该类成本成为阶梯成本。阶梯成本也是混合成本的一
种。其主要特点如图 4.4 所示。

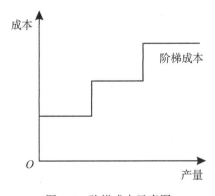

图 4.4　阶梯成本示意图

二、变动成本法的核算方法

变动成本法是将全部成本按成本习性来分类，区分为变动成本和固定成本。根据变动成本法的原理，总成本的具体构成如图4.5所示。

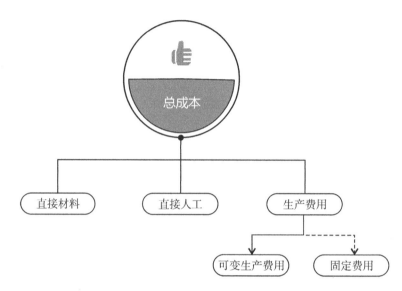

图4.5　变动成本法：总成本的构成

在变动成本法下：

$$总成本=固定成本+直接材料+直接人工+变动生产费用$$
$$=固定成本+变动成本$$

（公式4.1）

因此，在某个会计期间（比如，一个月内），某个组织的产出商品或服务的总成本就是，

$$总成本=变动成本+固定成本$$
$$=单位变动成本×数量+固定成本$$

（公式4.2）

$$单位平均成本=总成本÷产量$$

例题4.1　变动成本法的成本核算

某省妇女儿童保健医院，每年夏季6—8月均对婴幼儿、中老年妇女提供三伏贴服务，每人收费200元。但是，该医院并非专业的中医院必须从省中医院外聘两位专家，每位专家固定付费为15000元/人·季

（6—8月）；此外，三伏贴每贴一人次的药剂费、人工费成本、外聘医生提成合计为50元/人次。根据以上成本信息（暂不考虑其他成本费用），估算本年度省妇女儿童保健医院三伏贴服务需要付出的总成本是多少？总收入是多少？假设：如果有1000人预定了三伏贴服务？如果有2000人？如果有3000人呢？

解：根据变动成本法相关公式，

$$总成本 = 变动成本 + 固定成本$$

可得：当1000人预订服务时，

$$总成本 = 变动成本 + 固定成本$$
$$= 单位变动成本 \times 服务人数 + 固定成本$$
$$= 50 元/人 \times 1000 人 + 15000 元 \times 2 人$$
$$= 50000 元 + 30000 元$$
$$= 80000 元$$
$$总收入 = 服务单价 \times 人数（销量）$$
$$= 200 元/人 \times 1000 人$$
$$= 200000 元$$

当2000人预订服务时，

$$总成本 = 变动成本 + 固定成本$$
$$= 单位变动成本 \times 服务人数 + 固定成本$$
$$= 50 元/人 \times 2000 人 + 15000 元 \times 2 人$$
$$= 100000 元 + 30000 元$$
$$= 130000 元$$
$$总收入 = 服务单价 \times 人数（销量）$$
$$= 200 元/人 \times 2000 人$$
$$= 400000 元$$

当3000人预订服务时，

$$总成本 = 变动成本 + 固定成本$$
$$= 单位变动成本 \times 服务人数 + 固定成本$$
$$= 50 元/人 \times 3000 人 + 15000 元 \times 2 人$$
$$= 150000 元 + 30000 元$$
$$= 180000 元$$

$$总收入 = 服务单价 \times 人数（销量）$$
$$= 200 \text{ 元}/\text{人} \times 3000 \text{ 人}$$
$$= 600000 \text{ 元}$$

例题 4.2　变动成本法与服务能力

某县疾控中心每年有 10 万元的专项预算资金用于辖区内艾滋病人的咨询、治疗、用药等服务。每年为以上病人提供服务的变动成本为 400 元/人·年。当病人人数在 50~150 人的区间范围内，疾控中心用于该服务的固定成本是 60000 元/年。如果该县疾控中心将 10 万元专项预算资金全部花完，每年最多可以为多少人提供相应的医疗服务？

解：根据变动成本法相关公式，

$$总成本 = 变动成本 + 固定成本$$
$$= 单位变动成本 \times 服务人数 + 固定成本$$

可以变换得出

$$服务预算支出 = 变动成本 + 固定成本$$
$$= 单位变动成本 \times 服务人数 + 固定成本$$

则：

$$变动成本 = 服务预算支出 - 固定成本$$
$$单位变动成本 \times 服务人数 = 服务预算支出 - 固定成本$$
$$服务人数 = \frac{服务预算支出 - 固定成本}{单位变动成本}$$
$$服务人数 = \frac{100000 \text{ 元} - 60000 \text{ 元}}{400 \text{ 元}/\text{人} \cdot 年} = 100 \text{ 人}$$

例题 4.1 与例题 4.2 的不同之处在于，医院作为可以收费的事业单位，可以向服务对象收取费用，在某些情形下可以获取一定的事业收入。但是作为行政机关的疾控中心，在免费提供某些公益服务时，其收入全部来自预算拨款，以收定支，以支出确定服务量，因此其提供服务的数量是由预算支出、固定成本和单位变动成本决定的。在预算封顶的情况下，公共部门可以利用变动成本法初步推算出提供服务的数量，也即是公共服务的供给量或供给能力。

例题 4.3　变动成本法、预算削减与服务能力

基于例题 4.2 的已知条件以及计算结果，请试分析：当政府对该县疾控中心的预算拨款减少 10% 时，其服务人数减少的比例是多少？

根据变动成本法相关公式，

$$总成本=变动成本+固定成本$$

$$=单位变动成本×服务人数+固定成本$$

疾控中心用于艾滋病人的预算支出，由 10 万元，减少至 9 万元/年，固定成本不变，单位变动成本不变，则服务人数是：

$$服务预算支出=变动成本+固定成本$$

$$=单位变动成本×服务人数+固定成本$$

则：

$$变动成本=服务预算支出-固定成本$$

$$单位变动成本×服务人数=服务预算支出-固定成本$$

$$服务人数=\frac{服务预算支出-固定成本}{单位变动成本}$$

$$服务人数=\frac{90000\ 元-60000\ 元}{400\ 元/人·年}=75\ 人$$

由此可见，该项预算支出虽然只下降了 10%，但疾控中心能够服务的人数与之前相比，却下降了 25 人，降幅为 25%。

例题 4.4 变动成本法与成本性态

某大学每年 10 月均会举办"大学生戏剧节"，戏剧节由该校学生会负责组织进行，迄今为止已经举办过五届。学生会正在准备下届戏剧节，并准备预算及相关成本数据，但是发现前 5 年的大多数财务数据与财务凭证均已丢失。经过寻找、收集、估计，校学生会主席与学生会财务总监，仅仅收集到以下数据，如表 4.1 所示。

表 4.1 　某大学大学生戏曲节财务数据：总成本与参会人数

年份	总成本(元)	参会人数(人)	备注
20×4	101000	500	
20×5	102000	1000	
20×6	104000	2000	
20×7	110000	5000	
20×8	116000	8000	
20×9	?	10000	

已知：每次该大学大学生戏曲节的总成本由固定成本与变动成本两部分构成，且总成本与参会人数存在一定的关系。

要求：试着测算大学生戏曲节的固定成本与可变成本的关系是什么样的？试着计算 20×9 年大学生戏曲节如果有 10000 人参加，则学生会需要编制的总成本大概是多少？

解：根据已知条件，

$$总成本=固定成本+单位变动成本×产量$$

$$Y=a+bX$$

可以得出以下方程：

$$总成本=固定成本+单位变动成本×产量$$

$$Y=a+bX$$

$$101000=a+500x$$

$$102000=a+1000x$$

$$104000=a+2000x$$

$$110000=a+5000x$$

$$116000=a+8000x$$

求解可得：

$$a=100000$$

$$x=2$$

因此可以看出，大学生戏曲节这一活动的固定成本与可变成本的关系可以由以下函数来表示，即：

$$总成本=固定成本+单位变动成本×产量$$

$$Y=100000+2x$$

当然，例题 4.3 也可以根据已知数据，使用 Excel、SPSS 或 Eview 等软件进行求解，进行回归分析。

三、量本利分析的关系表达式

在例题 4.1 中，可以得出省妇女儿童保健医院三伏贴服务需要付出的总成本和总收入数据。因此，总收入和总成本之间的差额是什么呢？利润！① 那么，根据例题 4.1 可以分别计算出，不同服务量下的利润是

———————————

① 此处的利润是从经济学的角度的定义，是指总收入减去总成本的差额。经济利润的概念与会计利润不同，请注意不要混淆。主要原因是不同成本核算方法，其目标、归集、分配方法不同，代表的含义也不同，参看本章"成本分类"小节。

多少，比如：

在当 1000 人预订三伏贴服务时，该医院的利润是 12 万元，

即：总利润 12 万元＝总收入 20 万元－总成本 8 万元

在当 2000 人预订三伏贴服务时，该医院的利润是 27 万元，

即：总利润 27 万元＝总收入 40 万元－总成本 13 万元

在当 3000 人预订三伏贴服务时，该医院的利润是 42 万元，

即：总利润 42 万元＝总收入 60 万元－总成本 18 万元。

也就是说，随着服务量的增加，总成本增加，但总收入也增加了，因此总利润增加了。也可以发现，总成本增加的原因主要是由于变动成本的增加，因为固定成本是不变的。此外，业务量、利润、总成本、总收入、单位成本、固定成本这几个变量似乎存在某种关联，本小节将讨论以上几个概念之间的关系，即量本利分析。

变动成本法下把总成本分解成固定成本和变动成本两部分后，再把收入和利润的概念引入进来，成本、销量和利润的关系就可以统一成一个数学模型(或经济模型)，即量本利模型。量本利模型具体由以下几个公式构成：

$$利润＝总收入－总成本 \qquad (公式 4.3)$$

$$总成本＝固定成本＋变动成本$$

$$＝固定成本＋单位变动成本×产量(服务量)$$

$$(公式 4.4)$$

$$总收入＝单价×销售量(服务量) \qquad (公式 4.5)$$

假设在产量和销量相等的情况下，则可以得到以下公式，即基本损益方程式

$$利润＝总收入－总成本$$

$$利润＝单价×销量－单位变动成本×销量－固定成本$$

$$(公式 4.6)$$

公式 4.6 就是明确表达量本利之间数量关系的基本方程式，它含有 5 个相互联系的变量，在给定 4 个变量的情况下，就可以求出第 5 个变量的值。因此在使用该公式时，通常把单价、单位变动成本和固定成本视为稳定的已知量，只有销量和利润两个自由变量。在给定销量(服务量)时，可利用方程式直接计算出预期利润，给定目标利润时，可直接计算出应该达到的销量。此外，在实践中对于有实物形态的商品，生产

札记

部门或厂商需要准备一定的存货，这时产量和销量很大程度上是不一致的；但是对于大多数以服务为主的公共部门而言，往往提供的服务量与服务的销售量是相等的。因此，在利用量本利模型时，其中重要的一条假设是，当产量和销量相等。

最后，根据公式 4.6，经过变换，可以得到以下公式：

利润＝总收入−总成本

利润＝单价×销量−单位变动成本×销量−固定成本

利润＝（单价−单位变动成本）×销量−固定成本

利润＝单位边际贡献×销量−固定成本

（公式 4.7）

在公式 4.7 中，引入了一个新的概念，即单位边际贡献或单位毛益贡献，是指的单价（单位销售收入）和单位变动成本之间的差额，该指标对于组织的服务生产能力规划和盈利分析有着重要意义。

量本利分析是基于成本性态分析的基础上，运用数学模型以及图表形式，对成本、业务量、利润与单价等因素之间的依存关系进行具体的分析，为组织经营决策和目标控制提供有用信息，广泛应用于企业的预测、决策、计划和控制活动中。[①] 一般来说，量本利分析主要基于以下三个假设前提。

第一，总成本由固定成本和变动成本两部分组成。该假设要求组织、部门或是某项业务所发生的全部成本可以按其性态区分为变动成本和固定成本，并且变动成本总额与业务量成正比例变动，固定成本总额保持不变。按成本习性划分成本是量本利分析的基本前提条件。

第二，组织收入（预算金额）与业务量呈完全线性关系。该假设要求销售收入必须随业务量的变化而变化，两者之间应保持完全线性关系，因此，当销售量在相关范围内变化时，产品的单价不会发生变化。相关范围是指一定时期和一定产销量的变动范围。相关范围假定是假定在一定的时期和一定的产销量范围内，固定成本和变动成本保持其成本特性，前者固定不变，后者正比例变动；另外假定单价水平不因产销量的变化而改变。

由于相关范围的作用，成本和收入可以分别表现为一条直线，收入

---

① 中国注册会计师协会. 财务成本管理[M]. 北京：中国财政经济出版社，2017.

模型为：

$$总收入 = 单价 \times 销售量(服务量)$$

$$Y = p \times X \qquad (公式4.8)$$

成本模型为：

$$总成本 = 固定成本 + 单位变动成本 \times 产量$$

$$Y = a + bX \qquad (公式4.9)$$

第三，产销平衡。假设当期产品的生产量与业务量相一致，不考虑存货水平变动对利润的影响。即假定每期生产的产品总量总是能在当期全部销售出去，产销平衡。

管理者之所以需要研究成本、数量和利润之间的关系动因，是因为传统的成本分类和信息失去了"相关性"，传统会计成本信息和分类不能满足决策、计划和控制的要求。组织需要对生产和销售数量作出决策时，必须考虑相关成本和销量对利润的影响，尤其是收入和成本。相对总收入而言，成本较难确定，无论是总成本或单位成本。因此，管理者需要建立一个业务量和利润之间存在关系的函数。利用这个函数，可以在业务量变动时估计其对利润的影响，或是在目标利润变动时计算出完成目标所需要的业务量。按照该种逻辑，为了研究成本和业务量之间的关系，需要按照成本性态对成本进行分类，然后在此基础上明确成本、数量、利润之间的相互关系。

四、盈亏平衡点分析及其在公共部门的应用

根据上个小节的内容，以及公式4.8和公式4.9，可以试想，如果当一项服务或产品的总成本和总收入相等时意味着什么？也即是在某个销量时，该项服务的总收入正好弥补总成本，其利润额为0，也就是既不亏损也不盈利的状态：

$$利润 = 总收入 - 总成本 = 0$$

(一)盈亏平衡点分析

盈亏平衡分析(Break-Even Analysis)又称保本点分析或损益分析法，是根据产品服务的业务量(产量或销量)、成本、利润之间的相互制约关系的综合分析，用来预测利润，控制成本，判断经营状况的一种数学分析方法。盈亏平衡分析主要研究如何确定保本点，以及有关因素变动

的影响,为决策提供超过哪个业务量的产品会有盈利,或者低于哪个业务量会亏损等信息。

因此,

利润=收入-成本=单价×销量-单位变动成本×销量-固定成本=0

此时的销量就是盈亏平衡点时保本量

$$保本量=\frac{固定成本}{单价-单位变动成本}$$ (公式4.10)

又因为,单价-单位变动成本=单位边际贡献,

所以,

$$保本量=\frac{固定成本}{单位边际贡献}$$ (公式4.11)

就例题4.1来说,省妇幼保健院的三伏贴服务,其固定成本为30000元,三伏贴服务的单价为200元/人,单位变动成本为50元/人,因此该服务的保本量为

收入-成本=单价×销量-单位变动成本×销量-固定成本=0

=200元/人×销量-50元/人×销量-30000元=0

$$销量(保本量)=\frac{30000}{(200-50)}=\frac{30000}{150}=200 人$$

换言之,当有200人预订三伏贴服务时,该项服务的总成本等于总收入,当有200人预订该服务时,其收入已经能够覆盖所有成本了。

(二)盈亏平衡分析在公共部门的应用

再看例题4.2,作为行政机关的疾控中心,其并不以盈利为主。该部门提供服务的资金全部来自预算拨款,以收定支,以支出确定服务量。其预算拨款全部用于提供公共服务和公共产品,利润为0。这也就意味着,全部拨款收入等于公共服务的总成本,也即是公共服务的供给量或供给能力的测算利用了盈亏平衡分析的主要思路和方法。

例题4.5 盈亏平衡分析与服务人数

某大学的公共管理学院,每年均会举办全国性的研究生学术论坛,该论坛会邀请全国各大学及高校的博士和硕士学生参加。每次会议举办方不收取会务费,同时会补贴参会学生差旅费与住宿费500元/人,且每年举办论坛的场地租赁、水电费用、服务人员工资合计为30000元

（各年基本不变）。

要求：（1）假设 20×1 年，参加论坛的学生人数为 300 人，则该学院所要支出的总成本是多少？2）假设 20×2 年，该学院再次举办学术论坛，但是发现预算支出非常紧张，用于论坛的总预算只有 150000 元，在固定成本仍然不变，对参会学生的补贴标准不变的情况下，请确认能有多少学生可以得到大会的补贴？请分析：预算减少了多少比例？可以资助学生参会的人数下降了多少比例？3）如果，总预算只有 150000 元，固定成本不变，对参会学生的补贴标准改为 400 元/人，则又会有多少学生可以得到会议的补贴？

解：

（1）根据变动成本法相关公式，

$$总成本 = 变动成本 + 固定成本$$

$$= 单位变动成本 \times 服务人数 + 固定成本$$

学术会议总成本 = 变动成本 + 固定成本

$$= 每人补贴金额 \times 参会学生人数 + 固定费用支出$$

学术会议总成本 = 变动成本 + 固定成本

$$= 500 元/人 \times 300 人 + 30000 元$$

$$= 150000 元 + 30000 元$$

$$= 180000 元$$

因此，20×1 年，当参加论坛的学生人数为 300 人，则该学院为举办学术论坛所要支出的总成本是 180000 元。

（2）根据公式。

学术会议总成本 = 变动成本 + 固定成本

$$= 每人补贴金额 \times 参会学生人数 + 固定费用支出$$

$$150000 = 变动成本 + 30000 元$$

$$= 500 元/人 \times N + 30000 元$$

$$N = \frac{(150000 - 30000)}{500} = \frac{120000}{500} = 240 人$$

因此，20×2 年，该学院再次举办学术论坛，在总预算只有 150000 元，在固定成本仍然不变，对参会学生的补贴标准不变的情况下，有 240 人可以得到补贴，补贴人数下降 60 人，与 20×1 年相比下降 20%。

（3）根据已知条件及公式。

$$150000 = 变动成本 + 30000 \ 元$$

$$= 400 \ 元/人 \times N + 30000 \ 元$$

$$N = \frac{(150000 - 30000)}{400} = \frac{120000}{400} = 300 \ 人$$

因此，当总预算只有 150000 元，固定成本不变，对参会学生的补贴标准改为 400 元/人，则会有 300 名参会学生可以得到会议的补贴。

第四节　小　结

管理会计的核心内容是成本管理。成本管理又包括成本归集、成本分配、成本核算、成本控制、成本预测等环节。公共部门的成本管理问题，是国家治理体系和治理能力现代化的重大议题，是"经济新常态下"公共部门"减支增效"、政府财会体系改革、预算绩效管理的现实基础，更是人民群众及人大代表持续关注的热点。2020 年以来，中共中央、国务院提出了要"让政府过紧日子、让百姓过好日子"的指导思想，大力压减"行政运行成本"、压缩"非急需非刚性支出"成为常态。本章介绍了管理会计的基本概念、内涵与相关功能作用，结合公共部门的特点，介绍了政府公共部门成本会计的基本目标、主要功能和基本原理。尤其是基于变动成本法，本章对其基本原理进行了介绍。我国的政府管理会计改革仍在进行。财政部 2019 年公布了《事业单位成本核算基本指引》，阐明了我国公共部门成本会计的适用范围，对成本归集、分配与核算原则和方法进行了规范，但针对政府机关的相关办法仍未出台。下面本书将继续对全部成本法与作业成本法，这两种较为常用的成本核算方法及其在我国公共组织的应用进行介绍。

第五章　公共部门的成本核算：
完全成本法、制造成本法与作业成本法

◎学习内容和目标

本章节的学习内容主要涵盖了公共部门成本核算的基本概念以及几种常用的核算方法。同时本书将详细探讨完全成本法、制造成本法和作业成本法这三种常用的成本核算方法。包括其原理、应用场景和计算步骤。另外，本章还将介绍政府行政成本和医疗成本的核算方法，其中医疗成本将涉及 DRG(诊断相关分组)和 DIP(直接支付)两种方法。

通过学习本章，希望学习者能理解公共部门成本核算的基本概念，包括成本的定义、分类和重要性，理解完全成本法、制造成本法和作业成本法这三种常用的成本核算方法的原理、应用场景和计算步骤。此外，在学习完本章之后，学生应了解如何准确计算和管理行政成本，理解医疗成本的核算方法，包括 DRG 和 DIP 两种方法的原理和应用。

如前所述，我国公共部门的成本管理问题是推进国家治理体系和治理能力现代化的重点难点问题。我国公共部门成本管理的主要核心改革聚焦于行政和事业单位的成本核算。针对行政单位的成本核算和成本管理，2013 年中共中央、国务院颁布了《关于印发党政机关厉行节约反对浪费条例的通知》(中发〔2013〕13 号)文件，号召进一步推进政府(含事业单位等公共部门)会计体系改革，加强对机关运行成本的核算，科学全面客观地反映公共部门的行政成本。此外，在 2014 年，国务院进一步在《财政部权责发生制政府综合财务报告制度改革方案》的批复文件(国发〔2014〕63 号)中强调，适时推行政府成本会计，规定政府运行成本归集和分摊方法，披露政府向社会提供公共服务支出和机关运行成本等财务信息。针对事业单位的成本核算，2019 年财政部印发了《事业单位成本核算基本指引》(财会〔2019〕25 号)，2021 年、2022 年财政部又相继出台了《事业单位成本核算具体指引——公立医院》(财会〔2021〕26号)、《事业单位成本核算具体指引——高等学校》(财会〔2022〕26 号)和《事业单位成本核算具体指引——科学事业单位》(财会〔2022〕27号)。2019 年 1 月 1 日，我国正式引入权责发生制为基础的新政府会计准则制度。这也为我国以行政事业单位为主体的公共部门实施全面科学的成本核算，提供了必要条件和实践基础。本章将围绕公共部门的成本核算议题展开，包括公共部门成本核算的基本概念，成本核算的主要方法与程序，2019 年以来我国公共部门成本核算的具体实践，进行小结并对未来我国公共部门成本核算改革方向进行展望。

第一节 公共部门成本核算的基本概念

一、引言：公共部门成本核算的目的

公共部门的成本核算是国际国内政界和学界关注的重点问题，也是传统行政管理研究的难点问题。在全球经济形势不甚乐观的情况下，加强公共部门的成本核算，既有现实的需要，也有重要和长远的理论意义。

结合我国的情况，从公共管理实践的角度而言，加强公共部门成本核算工作是"节约公共资源的需要"。通过加强成本核算，有助于揭示公共部门的各类成本费用发生和形成过程，辅以价值链分析和成本追溯，探究成本费用的动因及资源耗费的主要环节和作业活动，以便有针对性地开展成本控制，减少公共资源不必要的浪费，最终实现行政事业单位"减支增效"的管理目标。

从公共产品的管理和决策而言，成本核算为公共服务或产品定价、补贴提供了决策依据。我国政府对绝大多数的公共服务或产品实施了价格管制、补贴，部分公共产品或服务由行政事业单位直接或间接提供。因此，以何种价格或收费标准向使用者提供服务或产品，成为公共管理的重要问题。比如，各级博物馆、艺术馆均采用了免费开放的方式。我国义务教育阶段的公立学校也采取了免收学费、由财政全部供给的方式。另一方面，部分公共服务或产品虽向使用者收取一定费用，但该类收费仅仅能覆盖一部分服务成本，其经费缺口须由政府补贴或补助来弥补。例如，地铁收费、公交收费、大学学费、污水处理费、自来水费等。公共产品或服务的成本核算成为政府监管、产品定价、政府补贴的基本依据和参考数据。加强行政事业单位成本核算有助于补充完善相关方法，提高定价成本核算的准确性，为定价和成本补偿提供更为科学的决策参考。

从绩效管理的角度看，公共部门需要全面科学评价部门或单位的整体工作成效，成本作为重要的绩效评价指标之一，需要成本核算数据的有力支撑。自 2018 年以来，各级政府开始加强预算绩效管理和大力推进绩效评价工作。成本指标作为公共部门的主要产出指标，是衡量部门和单位整体及核心业务实施效果的重要手段。尤其是要用来综合评价政府政策和项目预算资金使用效果，绩效目标是否实现。这就需要核算清晰衡量公共部门、单位、政策和项目等的实际运行成本、间接费用等。此外，从单位内部管理角度，也需要对内部组织部门、业务团队等的成本相关绩效指标加以评价。

成本核算作为行政事业单位的基础工作，一方面可以提升单位内部管理水平和运行效率，另一方面也可以增强成本核算技术能力、合理有效分配资源、提升预算管理水平。此外，国外学者认为，成本核算最重要的作用在于提供成本信息，以便进行有效的公共部门财务管理，其主要目的在于对公共组织或公共部门进行作业活动分析、战略财务规划、有效控制预算支出、公共服务定价、加强绩效和标杆管理等。

二、成本核算的对象、范围与原则

(一)成本核算与成本核算对象

根据《事业单位成本核算基本指引》(财会〔2019〕25 号)，成本核算是指，单位对实现其职能目标过程中实际发生的各种耗费按照确定的成本核算对象和成本项目进行归集、分配，计算确定各成本核算对象的总成本、单位成本等，向有关使用者提供成本信息的成本管理活动。

在成本核算工作中，这一过程是对象化或具体化的。因此就引出了另一个概念，即成本对象。成本对象，从另一个角度来说，就是在成本核算之初我们将要明确对什么事物进行成本核算，到底要算什么成本。例如，制造一架飞机需要多少成本，为某大型工程建设集团进行一次 3 小时的入职员工培训需要多少成本，一位急诊外科的主任医师看一次病的成本是多少，做一项大学生创业创新项目的成本是多少。成本对象(cost object)指的是进行成本计量和分配的客体，可以是产品、生产线、项目、部门和作业活动等。对于我国的公共部门而言，行政事业单位的成本核算对象主要包括主要业务活动、某项政策或项目、公共服务或产品等。例如对于高等学校而言，其主要业务活动可以分为教学活动或科研活动。在教学活动中，又可以分为院系教育活动和学生教育活动。因此，成本核算对象就可以分为院系教育成本、学生教育成本等。又比如，对于医院而言，从组织结构和层级划分，其成本对象主要包括了其专业业务活动。这包括医疗、教学、科研、预防活动。这些活动均可以作为成本核算的对象。成本对象也可以以单位整体作为成本核算对象，按内部组织部门确定的成本核算对象、按业务团队确定的成本核算对象。譬如，某医院整体作为一个成本核算对象，也可以将某个科室作为成本核算的对象等。

在确定成本对象的基础上，就需要对成本进行收集和分配。换言之，在确定需要核算什么事物后，就需要收集相关信息数据，并根据一定原则进行分配或分摊。通常，一个组织或单位在核算成本时，并不是在事前就精确知道其耗费多少资源或付出多少代价。虽然在生产或提供服务前，各个组织或单位都会拟定一个成本预算。但这并非真正的成本，而是预计或估算的成本。成本核算的程序反而是在所有生产或服务已完成时，在已有总成本或是总消耗费用数据的基础上，才回过头来核算一下总共花了多少钱（总成本），提供服务或产品的"单位成本"是多少。比如，一个三甲医院的普外科医生在进行一台阑尾炎手术之前，并不清楚自己要花费多少成本。虽然外科大夫可凭经验大致能估算出一台阑尾炎手术的"费用"，但到底花多少钱，需要在事后根据手术费清单来核算这台手术的成本数据。

"不同的目的，不同的成本。"为满足不同管理目的和要求，成本有不同的分类，成本核算方法也有较大不同。也就是说，若采用不同的成本核算思路，对同一个成本核算对象进行核算，其结果也是不同的。如前所提到的，所有类型组织的成本均可以分为业务活动成本（制造成本）与非业务活动成本（非制造成本）。业务活动成本包括直接材料成本（原材料、辅助材料等）、直接人工成本（员工薪资、福利奖金等）和制造费用（销售费用、管理费用或财务费用等）三大类。如图 5.1 所示。

此外，按照计入成本对象，也可以把成本划分为直接成本与间接成本。直接成本是与成本对象直接相关的、可以用经济合理的方式直接追溯到成本对象的那一部分成本。相对的，间接成本是指与成本对象相关联的成本中不能用一种经济合理的方式追溯到成本对象、不适宜直接计入的那一部分成本。具体如图 5.2 所示。

以上分类，对于常用的成本核算方法极为重要，代表了成本核算的

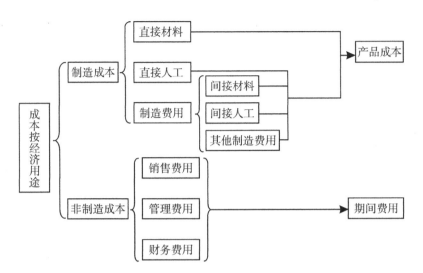

图 5.1　成本分类与构成：经济性质分类

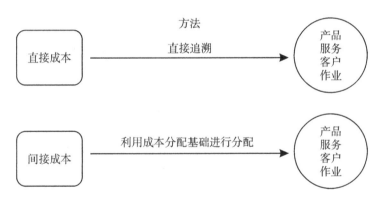

图 5.2　成本分类与构成：计入方式分类

基本思路。成本核算是基于一个组织或单位的会计体系所收集的，针对某类产品、某个部门或某个服务的实际成本耗费数据进行的汇总（cost accumulation），并根据汇总成本计算分配至（assignment）一个成本对象的过程。成本核算，就是对各类汇总成本进行追溯（tracing）、分配（allocation）的过程，通过分析研究这些成本到底耗费在哪个产品或服务，或发生在公共服务的哪个环节，哪个步骤。同时，有些汇总成本是不能直接追溯其去向的（间接成本），这时就要根据其成本对象按照一定比例或标准进行分摊或分配。

（二）成本项目和核算范围

1. 成本项目

根据《事业单位成本核算基本指引》（财会〔2019〕25 号），成本项目是指将归集到成本核算对象的成本按照一定标准划分的反映成本构成的具体项目。通常体现为行政事业单位履职过程中发生的各项支出，用于获取或生产产品、提供服务以及维持组织经营活动的一切资源耗费。行政事业单位的成本项目往往是由该单位的财务部门所提供的财务数据而对应设置。因此其不同单位或部门的成本项目一般是与财务会计中的对应会计科目或预算决算数据所对应的项目。例如，根据《事业单位成本核算具体指引——公立医院》（财会〔2021〕26 号）第十二条规定，医院医疗活动的成本项目应当包括人员经费、卫生材料费、药品费、固定资产折旧费、无形资产摊销费、提取医疗风险基金和其他医疗费用等。事实上，以上成本项目均属于医院的财务会计中的"业务活动费用""单位管理费用"会计科目及其涵盖的明细科目。又比如，根据《事业单位成本核算具体指引——高等学校》（财会〔2022〕26 号）第十六条规定，高等学校业务活动的成本项目应当包括工资福利费用、商品和服务费用、对个人和家庭的补助费用、固定资产折旧费、无形资产摊销费和其他业务费用。高等学校应当根据"业务活动费用""单位管理费用"科目下的相关明细科目归集获取各成本项目的费用。对于金额较大、发生频繁或重要性程度较高的成本项目，高等学校可以根据需要在上述成本项目下设置明细项目或进行辅助核算。例如，高等学校可对学生住宿相关费用增设明细项目进行核算，在对个人和家庭的补助费用下增设学生奖助费用项目等。

由此可见，成本项目实际上意味着成本主要组成部分，主要来自财务会计科目数据或财政预算决算数据（如，行政运行成本数据就来源于行政单位或事业单位的"行政运行"预决算数据）。同时，为了更加清晰的归集成本数据，各单位或各部门也可以针对具体的业务活动自主决定设置成本项目，用来辅助核算业务活动或项目成本。

对于公共部门而言，常见的成本项目包括几个方面，如表 5.1 所示。

表5.1　　　　　　　　　　　　成本项目示例及成本构成　　　　　　　　　　　札记

序号	类别1	类别2	成本项目名称	一般解释	公共部门示例
1	完全成本	制造成本（业务活动费用）	直接材料成本	指直接用于产品制造或服务提供的原材料的成本，如原材料采购费用、仓储费用等。	医院用于诊疗的耗材、药品等。如一次性输液器具、针管、橡胶手套、口罩、医用酒精等。
2			直接人工成本	指直接参与产品制造或服务提供的人员工资、社会保险费用、福利费用等。	医院用于直接开展医疗业务活动的医护人员工资、社保、福利、补助等。
3			制造费用（业务费用）	指为产品制造而发生的费用。包括生产设备的折旧费用、设备维护费用、能源消耗费用等。	医院用于开展业务活动的电费、燃气费，相关检查仪器的折旧、维护和运营费用等。
4		期间费用	销售费用	指企业为销售产品而发生的费用。包括广告宣传费用、销售人员工资、运输费用等。	医院用于引导患者就医而发生的有关费用。如用于方便患者就医而开发的APP或小程序费用、宣传部门工作人员的工资等。
5			管理费用	指企业日常管理运营过程中发生的费用。如办公室租金、行政人员工资、差旅费用等。	医院行政辅助部门（人事、后勤等）的人员工资、差旅费用等。
6			财务费用	指企业的财务活动所发生的费用。如利息支出、汇兑损益等。	医院用于购买设备、新建设施等固定资产而进行的债务融资所产生的利息等。

以上只是一些常见的成本项目，不同公共部门或单位的成本项目会有所不同，具体的成本项目须根据组织的经营活动和行业特点来确定。需要说明的是，如果采用要素费用法，则主要成本项目如表5.2所示。

札记　　　　要素费用法下其成本核算一般不包含"期间费用"。

表 5.2　　　　　　　　　　成本项目示例（要素费用法）

序号	类别1	成本项目名称	一般解释	公共部门示例
1	制造成本/要素费用	外购材料	指企业为了生产产品和提供工业性劳务而消耗的由外部购入的原料及主要材料、辅助材料、外购半成品、外购周转材料（如包装物和低值易耗品）等。	医院用于诊疗业务活动而对外采购的医疗耗材、药品等。如一次性输液器具、针管、针头、口罩、医用酒精等。
2		外购燃料	指企业为生产产品和提供劳务而耗用的一切外购的各种固体、液体、气体燃料。	医院用于开展业务活动的对外采购的汽油、柴油、煤炭等。
3		外购动力	指企业为生产产品和提供劳务而耗用的一切由外部购入的电力、蒸汽等各种动力。	医院用于开展业务活动的电费等。
4		职工薪酬	指企业为生产产品和提供劳务而发生的职工工资、福利费、各项社会保险及住房公积金等。	医院用于开展业务活动的医护人员工资、社保、福利、补助等。
5		折旧	指企业的生产单位（车间、分厂）按规定计提的固定资产折旧费，如机器设备、厂房、车辆等。	医院业务活动部门的固定资产、通用设备、专用设备的折旧费用等。
6		其他支出	指企业为生产产品和提供劳务而发生的不属于以上要素的费用支出。如车间发生的办公费、差旅费、水电费、保险费等。	医院业务活动部门的公用经费、差旅费、保险费等。

2. 核算范围

成本核算对象确定后，也决定了成本核算的范围。一般情况下，成本核算的范围与成本核算对象是相适应的。换言之，行政事业单位哪些费用支出应该计入成本，哪些不应该计入成本，需要按照政策法规具体问题具体分析。

当行政事业单位整体作为成本核算对象的，则其成本核算范围相对较广，包含的成本项目较多。例如，在高校整体作为成本核算对象的情形下，其成本范围包括高校发生的全部费用，即业务活动费用、单位管理费用、经营费用、资产处置费用、上缴上级费用、对附属单位补助费用、所得税费用、其他费用等。

当成本核算对象为业务活动类型的，其成本范围包括业务活动费用、单位管理费用。与业务活动无关的费用，一般不计入成本。比如，高校的业务活动在进行成本核算时，其成本范围仅仅包括业务活动费用、单位管理费用。

成本核算的范围与成本对象直接相关。其范围的确定原则在于相关资源的耗费及成本对象的相关性、重要性、因果关系和受益性。也即，有关单位或部门的资源耗费是否真实地投入了该种服务、产品、项目、部门、政策活动中，哪些业务活动或辅助活动是总成本费用的主要构成部分。当然，成本对象的业务活动或辅助活动内容越广泛复杂，其涉及的成本项目越多，成本核算工作的难度和复杂程度越高。

(三) 成本核算的原则

在进行成本核算活动时，一般应当遵循以下原则。

一是相关性原则。单位选择成本核算对象、归集分配成本、提供成本信息应当与满足成本信息需求相关，有助于成本信息使用者依据成本信息作出评价或决策。具体而言，在进行成本核算时，将可以明确归属于特定项目、产品或服务的成本归类为直接成本，并明确与特定项目、产品或服务的产生和提供有直接的因果关系。同时，针对间接成本等无法直接归属于特定项目、产品或服务的成本，即与整体运营活动相关的成本，通过适当的分配方法进行，确保合理的成本分配。此外，相关性原则也包含了成本—收益匹配原则。即根据成本—收益匹配原则，成本应当与其所引起的收益在时间上相匹配。这样可以确保成本和收益的关系紧密相连，准确反映经济活动的成果。

二是可靠性原则。单位应当以实际发生的经济业务或事项为依据进行成本核算，保证成本信息真实可靠、内容完整。成本核算的可靠性原则是指成本核算过程和结果必须具备可靠性，即能够提供真实、准确、可信的成本信息。可靠性原则在成本核算中非常重要。因为只有可靠的成本数据才能为管理者提供正确的决策依据。具体而言，可靠性原则又包括了完整性原则。即无论直接成本或间接成本，所有与项目、产品或服务相关的成本项目都应当被记录和计算，确保核算结果的完整性。其次，成本核算的数据应当准确无误，反映真实的成本情况。这要求核算人员在收集、记录和计算成本时，要依据事实和准确的数据源，并使用合适的核算方法和技术。再次，成本核算应当保持一致性。即在相同的情况下使用相同的核算方法和标准。这样可以确保不同时间段、不同项目或不同产品之间的成本数据具有可比性，并避免因为方法的改变而导致数据的不一致性。最后，成本核算应当能够被验证和审计。核算过程应当可追溯，数据应当有来源，并且能够通过审计或其他验证手段进行验证。这样可以增强成本数据的可信度和可靠性。通过遵循可靠性原则，成本核算可以提供真实、准确、可信的成本信息，为管理者提供可靠的依据，支持合理的决策制定和资源配置。

三是适应性原则。单位进行成本核算，应当与单位行业特点、特定的成本信息需求相适应。这就意味着，成本核算应当具备一定的灵活性，以便根据不同的情境和业务特点进行调整和适应。同时，成本核算体系应当具备可扩展性，能够适应企业发展和业务变化的需求。随着组织或业务规模的扩大、业务范围的增加，成本核算应当能够随之扩展，确保能够准确反映新的业务活动和成本结构。另外，成本核算应当具备敏捷性，能够及时响应管理需求和决策支持的要求。此外，成本核算应当具备可操作性。即成本数据的收集、记录和计算过程应当具备可操作性，方便核算人员进行操作和管理。成本核算方法和技术应当简洁明了，易于理解和实施。最后，成本核算体系应当具备可维护性，能够方便进行日常的数据维护和管理。这包括对成本数据的更新和调整、对成本核算系统的维护和升级等活动，以保持成本核算的准确性和及时性。

四是及时性原则。单位应当及时收集、传递、处理、报告成本信息，便于信息使用者及时作出评价或决策。此外，通过成本核算，管理者应当能够及时获取和监控成本数据，以便及时采取措施进行成本控制和效益改进，并对成本核算体系的运行进行反馈和调整。

五是可比性原则。同一单位不同期间、相同行业不同单位，对相同或相似的成本核算对象进行成本核算所采用的方法和依据等应当保持一致，确保成本信息相互可比。这需要统一核算方法和标准，确保成本数据的一致性，以便进行有效的比较和分析。

六是重要性原则。单位选择成本核算对象、进行成本核算应当区分重要程度。对于重要的成本核算对象和成本项目应当力求成本信息的精确，对于非重要的成本核算对象和成本项目可以适当简化核算。其核心思想在于"抓主要矛盾""抓大放小"，同时遵循"成本—收益"和经济性原则，避免出现"面面俱到""主次不清""只见树木不见森林"的问题，进而协助决策者提升决策效率。

第二节　成本核算的程序与方法

一、成本归集与分配的程序

成本核算程序是指对组织在提供公共产品、公共服务、公共项目或履行职能过程中发生的各项生产费用和期间费用、按照成本核算的要求，逐步进行归集和分配，计算出各种成本对象应分担业务员活动成本和各项期间费用的过程。例如，一般情况下，产品或服务的生产成本（业务活动成本）的成本核算过程包括四个步骤，如图5.3所示。

图5.3　成本核算的一般程序

换言之，成本核算的程序实际上就是一步步收集成本数据信息，并进行相应的汇总、分摊，核算出各种成本对象的成本。图5.1也可以视为这一核算过程的主要思路。针对公共部门的成本核算，以高校为例其基本核算步骤如下：第一，收集成本数据。组建或构建成本核算工作小组，召集各部门(如财务部门、业务院系、科研单位、人事部门、后勤单位等)，分别采集收入、教职工和学生等各类人员相关信息；房屋面积、设施设备、原材料、业务活动费用、公用经费、项目支出等成本相关基础数据。第二，结合业务活动和管理需要，合理确定成本核算对象。第三，确定成本核算范围或成本项目，对各类成本费用进行分类。第四，直接费用归集至成本核算对象；根据管理要求和成本核算对象特点，选择科学、合理的成本动因或分配基础，将间接费用分配至成本核算对象；计算确定各成本核算对象的成本。如采用完全成本法，则需要分别计算生产成本和期间费用；若采用制造成本法，则仅需要核算材料成本、人工成本、制造费用即可。第五，根据成本核算结果编制成本报告。以便决策者或管理者进行成本分析，找出成本高低的原因和影响因素。也可以采用成本比较、成本结构分析、成本趋势分析等方法，为成本控制和成本规划提供决策依据。

需要注意的是高校在开展成本核算时，通常将内部机构划分为以下几类。业务部门，是指高校开展教学、科研等业务活动的机构，高校的业务部门一般采用院系的形式进行设置。辅助部门，是指为教学、科研等业务部门提供服务或产品的机构，如图书馆、信息技术中心等部门。行政及后勤管理部门，是指开展行政管理和后勤保障等管理活动的机构，如学校办公室、人事部门等行政部门，以及餐饮管理部门、公寓管理部门等后勤部门。高校可根据成本核算需要进一步将行政及后勤管理部门划分为行政部门和后勤部门。

此外，根据《事业单位成本核算具体指引——公立医院》(财会〔2021〕26号)的规定，业务活动成本归集和分配的一般流程如图5.4所示。

一般情况下，首先，将业务活动费用(如按业务活动或科室为核算对象)，直接归集至相关业务科室和辅助部门。以上费用主要包括直接卫生材料费用、药品费用、人员经费等。同时，将单位管理费(如财务部、人事部、宣传部、后勤部等行政部门发生的材料、人工、燃料动力费用等)归集到行政与后勤管理部门。其次，再将行政后勤部门的单位管理费、辅助部门的业务活动费，分配至业务部门。最后，经过分配、计算与分析可以得到业务部门的总成本和单位成本。

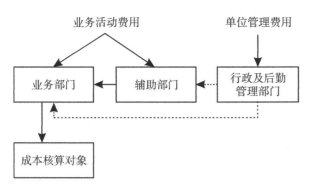

图 5.4　医院业务活动成本归集和分配的一般流程

二、完全成本法

完全成本法，是指将行政事业单位所发生的全部耗费按照成本核算对象进行归集和分配，计算出总成本和单位成本的方法。完全成本法是将某个部门、单位、项目、业务活动过程中发生的所有费用，都分摊到产品成本中去，形成产品的完全成本的一种成本核算方法。成本核算对象为单位整体、主要业务活动的，可以采用完全成本法。这里所说的所有费用包括两大类，即直接成本与间接成本。一般而言，成本有直接材料费用、直接工资费用、制造费用、管理费用、财务费用和销售费用等。完全成本法的成本核算思路，如图 5.5 所示。

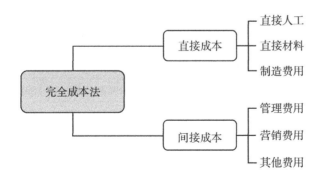

图 5.5　完全成本法：成本项目与构成

完全成本法是我国事业单位成本核算方法之一。其一般针对成本核算对象是单位整体、主要业务活动。完全成本法的具体应用可以参见案例分析 5.1。

◎**案例分析 5.1**

某高校某分校区物业管理办公室成本核算

2020 年 8 月，某高校在所在地远城区的分校区正式投入使用。在正式开学前，该校领导要求后勤保障部下属的分校区物业管理办公室进行成本核算，依照以往经验和主校区的成本信息数据，编制物业办公室开展一个月的物业管理工作的成本预算表。该物业管理办公室负责约 133759.05 平方米的学校物业管理，包括安保、设备设施维修维护、保洁、绿化等具体工作。新学期开学后，将有约 400 名新生与 50 名教师在新校区开展教学科研活动。

物业管理办公室在与建设单位进行了验收交接手续后，开始着手调查摸底，并与其他教学、科研和行政部门一道收集、汇总、分析了相关成本数据和信息，并编制了以下成本核算(预算)表，提交后勤保障部与校长办公室审核。

表 5.3　　　　　**某高校某分校区物业管理办公室**

成本核算(预算)表　　时间周期：每月

序号	计容建筑面积(单位：平方米)						133759.05	
	部门	岗位	人数	工资标准：元/月	计算公式	金额/月	元/m²/月
一　人工成本	项目管理人员	项目经理	1.0	4500.00	4500.00× 1.00	4500.00	
		财务内勤	2.0	3000.00	3000.00× 2.00	6000.00	
	工程	主管	1.0	3500.00	3500.00× 1.00	3500.00	
		维修员	2.0	3000.00	3000.00× 2.00	6000.00	
	保安	安保主管	2.0	3500.00	3500.00× 2.00	7000.00	
		门卫	8.0	2500.00	2500.00× 8.00	20000.00	
		停车场	4.0	2500.00	2500.00× 4.00	10000.00	
		中控室	4.0	2500.00	2500.00× 4.00	10000.00	
	保洁	保洁员	4.0	3000.00	3000.00× 4.00	12000.00	
	小计		28.0			79000.00	0.59
	加班费(按日工资的300%发放)	法定节假日共 11 天			79000÷21.75×11×200%÷12	9988.51	

续表　　　　**札记**

	部门	岗位	人数	工资标准：元/月	计算公式	金额/月	元/m²/月
一 人工成本	福利			餐费(管理/工程/保洁一餐,150元/月,保安两餐,300元/月)	150元/月/人×10人	6900.00	
					300元/月/人×18人		
	保险			2018.7—2019.6缴费标准学校承担981.81,个人承担357.16	981.81×28人	27490.68	
	体检费			经理及主管400元标准,其他员工200元标准	400元×4人	6400.00	
					200元×24人		
	制服			按两年折旧	人均800元/人	933.33	
	工会经费			工会经费,工资总额1%缴纳		790.00	
	小计		费用/面积(m²)			52502.52	0.39
二 物业共用部位及共用设施设备的日常运行、维护费用	材料费			按每平方0.025元摊销	133759.05×0.025	3343.98	
	电费	照明		按每平方0.01元摊销	133759.05×0.01	1337.59	
	化粪池清理费、清掏、管道疏通			综合测算	400.00	400.00	
	清洁用料费			(清扫工具)	3200.00	3200.00	
	小计					8281.57	0.06
三 物业管理区域绿化养护费用	绿化物料费			综合测算	按每平方0.025元摊销	3343.98	
	补苗费				按每平方0.01元摊销	1337.59	
	绿化维护用水				按每平方0.025元摊销	3343.98	
	小计					8025.54	0.06

札记   续表

四	物业管理区域秩序维护费用	物料费	消防系统	综合测算	按每平方0.01元摊销	1337.59	
			监控系统	综合测算	按每平方0.02元摊销	2675.18	
		安全用品		综合测算	按每平方0.02元摊销	2675.18	
		灭火器年费		综合测算	按每平方0.02元摊销	2675.18	
		小计				9363.13	0.07
五	办公管理费用	办公费		综合测算	(一)×10%	13150.25	
		交通费		综合测算			
		水电费		综合测算			
		通讯费		综合测算			
		小计				13150.25	0.10
六	宣传活动费用	宣传品		综合测算		2000.00	
		宣传活动		综合测算		5000.00	
		小计				7000.00	0.05
七	固定资产折旧					4000.00	0.03
	小计					181323.01	
八	税金及附加			6.00%		10879.38	0.08
	总计					192202.40	1.44

案例分析讨论问题：根据以上信息，请试着分析该高校分校区的成本对象是什么，主要成本项目有哪些，哪些属于直接成本，哪些属于间接成本，哪些属于制造成本，哪些属于非制造成本。如果要进行成本核算，其主要成本构成是什么。如果采用完全成本法，其物业管理活动一个月的总成本是多少。平均每平方米约为多少钱。在使用完全成本法的前提下，其主要成本项目是什么，是怎么归集分配的。

例题5.1 完全成本法的应用：某大学文印中心——宣传单打印订单的成本与收入

某大学文印中心属于大学后勤保障集团，为各学院提供文件报告的打印、装订服务。文印中心财务独立核算。向各学院按照成本价加一定利润，收取费用。2022 年文印中心收到某学院订单一份，主要任务是打印 1000 份宣传单。经初步估算，完成该任务需要打印纸 4 包(70 元/包)，激光墨盒一个 110 元/个，一个工作人员工作 2 小时，机器折旧与生产费用约为 40 元。另经核算房租、照明费用、管理费用、营销费用以及送货费用，摊销至本次工作约为 40 元。以完全成本法为基础，试核算，本次任务订单的总成本是多少。如果，在总成本的基础上，收取 10% 的利润，则总收入是多少。

解：

$$生产成本=直接材料+生产费用$$
$$=打印纸(280\ 元)+墨盒(110\ 元)+工资(30\ 元)$$
$$+40\ 元(折旧与生产费用)$$
$$=460\ 元$$
$$完全成本=生产成本+期间费用$$
$$=460\ 元+40\ 元(房租、照明与送货)$$
$$=500\ 元$$
$$收费=总成本×110\%=500×1.1=550\ 元$$

三、制造成市法

按照《事业单位成本核算基本指引》(财会〔2019〕25 号)，《事业单位成本核算具体指引——公立医院》(财会〔2021〕26 号)、《事业单位成本核算具体指引——高等学校》(财会〔2022〕26 号)和《事业单位成本核算具体指引——科学事业单位》(财会〔2022〕27 号)等政策规定，我国事业单位的成本核算另一种"通用"核算方法是制造成本法。该种方法与完全成本法有一定关系，但核算的范围相对较小。所谓制造成本法是指只将与产品制造或业务活动有联系的费用计入成本核算对象，不将单位管理费用等向成本核算对象分配的方法。成本核算对象是公共服务或产品、项目、内部组织部门、业务团队的，可以采用制造成本法。结合事业单位或公共部门的特点，制造成本法使用时，主要关注表5.1中的直接材料成本、直接人工成本和制造费用(部分间接成本)。具体而言，一般包括了表5.2中的成本科目。主要有外购材料、外购燃料、外购动力、职工薪酬、折旧和其他费用支出。制造成本法在公共部门中的应用目的在于核算公共服务或产品、项目、内部业务部门的业务活动费

札记

用(主要履职活动费用)。单位的管理费用则不计入制造成本(业务活动费用)。

例题5.2　制造成本法计算与制造费用分摊：学校食堂的成本核算

某高校有三个食堂，专门为学生提供一日三餐及膳食服务。高校后勤部负责三所食堂的管理。后勤部相关主管经理，被上级要求调查上个月三个学校食堂的运营成本情况等细节。基本已知成本信息和数据如表5.4所示。

表5.4　　　　　　　　　某高校三个食堂的成本信息　　　　　　(单位：元)

项　目	食堂1	食堂2	食堂3
食品原材料采购成本	32000	32250	12700
电费、煤气费	3600	4100	2200
食堂员工(数量)			
——主厨	1	1	1
——二厨	1	2	1
——帮厨	8	9	5
食堂设施运维成本	5400	2700	9720
机器设备折旧	3240	3480	8400
上月提供餐食份数	72000	78000	32000

此外，其他已知条件如下，(1)主厨工资每月6500元，二厨5500元，帮厨4000元；(2)后勤部有一位专职食堂经理负责管理三个食堂事务，月工资7500元(分配率：可平均分配至3个食堂的费用支出中)；(3)三个食堂的其他制造费用约为总工资成本的10%；4)其他辅助活动费用是每份餐食抽取1分钱(0.01元)。

要求：(1)分别计算三个食堂的上个月的制造成本是多少？(2)三个食堂每份餐食的平均成本各是多少？(3)哪个食堂成本最高？哪个食堂成本最低？

解题如表5.5所示：

表5.5　　　某高校三个食堂的成本核算——制造成本法

序号	成本项目	科目	食堂1		食堂2		食堂3		合计	
			成本/元	单价/分	成本/元	单价/分	成本/元	单价/分	成本/元	单价/分
1	直接材料	食材采购	32000	44	32250	31	12700	40	76950	42
2	动力燃料	水电煤气	3600	5	4100	4	2200	7	9900	5
3	直接人工	主厨	6500	9	6500	6	6500	20	19500	11
4		二厨	5500	8	11000	10	5500	17	22000	12
5		帮厨	32000	44	36000	34	20000	63	88000	48
6		主管	2500	3	2500	2	2500	8	7500	4
7	制造费用	设施维护	5400	8	2700	3	9720	30	17820	10
8	折旧	机器折旧	3240	5	3480	3	8400	26	15120	8
9	制造费用	制造费用1	4650	6	5600	5	3450	11	13700	8
10	制造费用	制造费用2	720	1	780	1	320	1	1820	1
11	制造成本	合计	96110	133	104910	100	71290	223	272310	150
		餐食份数	72000		78000		32000		182000	

因此，上个月三个食堂的制造成本分别是96110元、104910元、71290元，总计272310元。此外，三个食堂每份餐食的单位成本分别是1.33元、1元、2.23元。从总成本来看，二食堂的总成本最高，但是单位成本最低。就投入—产出（运行效率）而言，二食堂的效率最高。最后，就工作强度而言，一食堂（10人）平均每位员工提供了7200份餐食，二食堂（12人）平均每位员工提供了6500份餐食，三食堂（7人）平均每位员工提供了4571份餐食，一食堂的工作人员的工作强度较大。

四、作业成本法

在我国《事业单位成本核算基本指引》（财会〔2019〕25号），《事业单位成本核算具体指引——公立医院》（财会〔2021〕26号）、《事业单位

札记

成本核算具体指引——高等学校》（财会〔2022〕26 号）等政策规定中，作业成本法（Activity-Based Costing，简称 ABC）也是允许采用的一种成本核算方法。其重点在于如何分配间接成本或非制造费用。直接成本由于可以较为清晰明了地追溯其资源去向和归集，因此可以直接分配至各成本对象。但间接成本则较难追溯和分配。

作业成本法的思路则主要针对这一问题而产生。其思路是所谓的"作业消耗资源、产出消耗作业"。换句话讲，只要为了提供公共产品或服务而进行的"作业活动"均会耗费的资源。因此只要从"价值链"或"活动过程"角度出发，以"作业活动""作业动因"为成本核算对象，就可以相对精确地追溯、归集、分配各类成本费用，进而更为准确地计算成本核算对象的总成本或单位成本。此外，作业成本法的另一特点在于方便对管理决策形成支撑。在作业成本法的"作业活动"分析过程中，需要针对公共部门的工作流程进行研究，明晰整个的服务或项目包括多少个流程，每个流程包括的具体作业活动，每项作业活动耗费了什么资源，耗费资源的成本费用具体是多少。这样一来，就可以较为清晰确定整个过程中的作业活动、作业动因、成本动因、成本项目等，哪些作业活动耗费了公共组织大量的资源，哪些资源耗费是可以节约优化的，哪些作业活动可以提升服务对象的满意度和节约成本费用的。这就能够节约成本费用、创造更多的收入、提升服务速度、提高服务质量，进而提高公共服务或公共产品的运行效率。作业成本法的理论基础之一就是价值链分析和流程分析。如果结合企业管理来看，其主要分析过程如图5.6 所示。

通过价值链分析，可以就主要的作业活动展开成本核算。主要包括两个部分，一是基本增值活动，二是辅助增值活动。基本增值活动显示出组织主要业务活动而耗费的成本，辅助增值则类似于公共部门事业单位中的单位管理费用成本。通过对以上作业活动、成本费用的分析核算，就可以计算总成本、制造成本、单位成本，并加强成本规划。

综上所述，作业成本法是将间接成本和辅助费用更准确地分配到产品和服务中的一种成本计算方法。依据作业成本法的思路，组织的全部业务活动是由一系列相互关联的作业组成的，每进行一项作业都要耗用一定的资源。与此同时，产品（包括提供的服务）被一系列的作业生产出来。产品或服务成本是全部作业所消耗资源的总和，产品是消耗全部

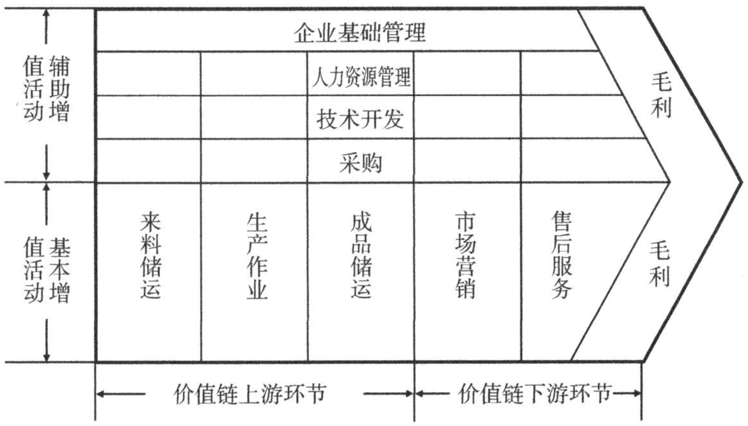

图 5.6　价值链分析与作业成本法：作业活动与成本核算

作业的成果。在计算产品成本时，首先按经营活动中发生的各项作业来归集成本，计算出作业成本；然后再按各项作业成本与成本对象（产品、服务或顾客）之间的因果关系，将作业成本分配到成本对象，最终完成成本计算过程。

《事业单位成本核算具体指引——公立医院》（财会〔2021〕26 号）、《事业单位成本核算具体指引——高等学校》（财会〔2022〕26 号）均提及作业成本法的应用。例如，在公立医院中，使用该方法时，直接费用可以直接计入各类医疗服务项目。但在服务过程中，发生的间接费用应首先根据资源动因分配至有关作业，然后计算出作业成本，再将作业成本根据作业动因分配至医疗服务项目成本。

作业是指基于特定目的重复执行的任务或活动，是连接资源和成本核算对象的桥梁。医院应当在梳理医疗业务流程基础上划分作业，可以是提供某医疗服务项目过程中的各道工序或环节，例如诊断、治疗、检查、手术、护理等行为。资源动因计量某项作业所耗用的资源数量，是将各项资源费用归集到不同作业的依据。作业动因计量某个成本对象所耗用的作业量，是将不同作业中归集的成本分配至医疗服务项目的依据。间接费用一般采用参数分配法进行分配。资源动因、作业动因参数可以选择工时、工作量、人员数量、房屋面积等（《事业单位成本核算具体指引——公立医院》（财会〔2021〕26 号），第二十六条）。结合公立医院的具体情况，作业成本法在医疗服务项目的核算程序如图 5.7

所示。

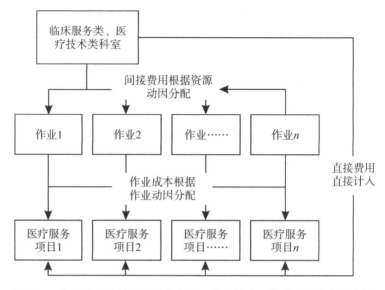

图 5.7　作业成本法与医疗服务项目：作业活动、作业动因与费用分配

在高校的院系教学成本中，也可以按照作业成本法的思路，将资源耗费分配至有关作业，然后再将作业成本分配至课程。比如，要核算某高校的公共管理学院公共部门财务管理课程的总成本，就首先应当在梳理教学流程基础上划分作业活动。例如授课备课、课程论文作业、实践活动、考试改卷等。资源动因、作业动因参数可以选择学分数、课时、人次、房屋面积、课后作业次数等。根据这些作业活动，可以一一具体核算其成本费用，进而确定成本核算的对象的总成本和单位成本。当然，一个学院不可能只开一门专业课。因此学院在核算教学成本时，也需要根据各类教学活动、课程开设情况，来进行成本归集、分配和成本核算工作。

第三节　公共部门的其他成本核算议题

一、政府机关行政运行成本

自 2012 年十八大以来，我国有关部门对行政机关的行政成本和行政运行成本的核算开始引起重视，在 2013 年提出了行政成本和行政运行成本的概念，同时加快对行政运行成本的核算技术问题进行研究。我国对于行政成本的重视基于历次政府机构改革的目标达成情况和节约型机关概念的提出。一方面，自 1982 年以来，历经 9 次政府机构调整，但政府规模和行政成本仍存在居高不下、成本结构不尽合理和费效较低的现象。另一方面，自国务院提出了"节约型社会""节约型政府"的号召后，公共部门也开始注重行政成本的问题。一是，如何控制政府行政成本增长。具体对策而言，国内学界（如：何翔舟，2011；王璐璐、唐大鹏，2021）认为管控政府成本需要针对政府预算、国家审计、绩效评价、政府运行机制进行改革，实施政府职能转变、机构瘦身、推行大部制、改进预算监督机制、推动政府会计建设、引入电子政务系统进而在一定程度上抑制行政成本上升的趋势。二是，行政成本的产生动因研究。有关学者认为机构臃肿、成本管理缺失、部门扩张、决策失误、监督与绩效评价缺位、成本意识淡薄等是政府行政成本扩张的主要动因。三是，对我国行政成本的分析（如：卓越，2001；张康之，2007；郭婕，2007；郭健强、蒙登干，2019），从成本会计、财政预算的角度以省级或县域行政单位为研究对象，在理论与微观层面展开相关实证或经验研究，总结地方政府行政成本管理的经验与教训，探讨我国行政成本的关键变量及其经济影响（顾昕，宁晶，2018；张曾莲，2019）。

2016 年以来，随着机关事务管理改革的深入，相关运行成本核算与统计指引的颁布，我国机关运行成本的研究开始涌现。研究成果集中于机关运行成本管控的技术路径。主要涉及运行成本管理的权责匹配，事权法定等议题；也有关于机关事务管理的资金保障、专业化推进的政策建议；尤其是国家机关事务的管理者，开始注重完善运行成本统计、规范管理资金的问题；对机关事务的成本标准制定，成本信息公开、信息披露、加强监督的机制议题的研究虽少，也开始逐步展开（刘锋，2020；王德，2020；王德、沈荣华，2021）。之所以对行政机关的行政成本核算开展研究，主要原因有以下几个方面。

一是财政压力和效率问题。政府行政成本通常是由财政资金提供的，因此政府机构的行政成本直接关系到财政压力和资源配置效率。研究政府行政成本可以帮助评估政府机构的经济效益，优化资源配置，提高行政效率。尤其是当中央及地方政府的财政收入出现较大缺口时，如何加强对行政成本、机关运行成本的核算和管控，成为政府的重要议题。"让政府过苦日子、老百姓过好日子"正是这一思想的体现。

二是治理和监督需求。政府机构在行政活动中产生的成本需要得到合理的管理和监督。研究政府行政成本可以帮助深入了解政府机构在制度设计、人员管理、经费使用等方面存在的问题，从而改进治理机制，增强监督能力。

三是绩效评估和透明度要求。政府行政成本是公共财政的重要组成部分，需要进行绩效评估和公开透明。研究政府行政成本可以为绩效评价提供依据，帮助政府机构定量评估绩效，加强预算控制和公众监督，增加政府决策的透明度。

四是有助于政府改革和治理体系现代化的建设。为了推动政府机构的改革和现代化建设，研究政府行政成本可以对政府机构的结构、职能、人员编制等方面进行优化，提出改进方案，推动政府机构的转型升级。

结合国内外学者的研究与论述（如：樊燕，2014，张光，2015；Hood& Dixon，2013），开展对政府行政成本的研究有益于政府行政成本的减少和资源的有效利用。政府行政成本指的是政府机构为履行职责和提供公共服务所支出的费用。包括人员工资、办公设备、办公场所租金、办公用品采购等。政府行政成本通常是政府运作的基本支出，用于维持政府机构的正常运转。但，行政运行成本是为了维持政府机关的存续发展和正常运转，而耗费或牺牲的资源总和。

2020 年以来，我国出台的有关政府成本费用核算的主要文件或法规有两个。一是《事业单位成本核算基本指引》（财会〔2019〕25 号）。该文件在其附则中规定行政单位成本核算可以在实际工作中参照执行。二是《机关运行成本统计调查制度》。在该制度中规定了行政机关的运行成本项目与构成。国管机关成本基 2 表，规定了"部门的机关运行成本"统计时应该包含的具体科目和内容。具体统计内容如表 5.6 所示。

表 5.6　　　　　　　　　　国管机关成本基 2 表

指标名称	计量单位	代码	金额
甲	乙	丙	丁
二、全年机关运行经费支出总额	万元	104	

续表　　　　**札记**

指标名称	计量单位	代码	金额
甲	乙	丙	丁
(一)按照功能分类科目	—	—	—
行政运行	万元	151	
事业运行	万元	152	
一般行政管理事务	万元	153	
机关服务	万元	154	
离退休人员管理机构	万元	155	
其他功能分类科目	万元	110	
(二)按照经济分类科目	—		—
办公费	万元	111	
印刷费	万元	112	
水费	万元	113	
电费	万元	114	
邮电费	万元	115	
物业管理费	万元	116	
差旅费	万元	117	
因公出国(境)费用	万元	118	
维修(护)费	万元	119	
会议费	万元	120	
租赁费	万元	121	
其中:办公用房租赁费	万元	12101	
网络租赁费	万元	12102	
培训费	万元	122	
取暖费	万元	123	
公务接待费	万元	124	
其中:国内公务接待费	万元	12401	
其中:外事接待费	万元	1240102	
国(境)外接待费	万元	12402	
公务用车运行维护费	万元	125	
其他交通费用	万元	126	
房屋建筑物购建	万元	127	

札记

续表

指标名称	计量单位	代码	金额
甲	乙	丙	丁
办公设备购置	万元	128	
大型修缮	万元	129	
信息网络及软件购置更新	万元	130	
公务用车购置	万元	131	
咨询费	万元	132	
手续费	万元	133	
劳务费	万元	134	
委托业务费	万元	135	
其他商品和服务支出	万元	136	
专用设备购置	万元	137	
其他交通工具购置	万元	139	
其他资本性支出	万元	140	
(三)向社会购买机关运行服务支出	万元	141	

按照经济分类科目标准，当前我国的行政机关运行成本的核算方法要求，部门的行政机关运行成本为本年一般公共预算基本支出中的全年机关运行经费支出总额等于公用经费支出、资本性支出之和。也即是表5.6中，科目111至科目140的金额之和。另外，机关行政运行成本则是，全年机关运行成本(201) = 104项－211项(非机关运行类项目支出)－212项(改革性津贴支出)＋213项(当年应付预提款)＋214项(往年预付款项)－215项(当年补缴款项)－216项(当年预付后年度款项)－217项(固定资产、无形资产购入款项)＋218项(机关运行固定资产折旧)＋219项(无形资产摊销)。

我国机关运行成本的核算实际也遵从了成本核算的基本原理和思路，均包括了成本归集、追溯、分配，既有制造成本等各类成本科目，也包括了单位管理费等非制造成本科目。但其核算数据来源与成本核算的内容与事业单位的成本核算而言略有差别。

◎案例分析5.2　　　　　　　　　　　　　　　　　　　　　　札记

我国行政机关的运行成本核算

阅读材料——摘自 H 省 ST 厅 2022 年机关的基本经费支出表

表5.7　　　　　　　　　**一般公共预算基本支出表**

填报部门：[302]H 省 ST 环境厅　　　　　　　　　　（单位：万元）

部门预算支出经济分类科目		本年一般公共预算基本支出		
科目编码	科目名称	合计	人员经费	公用经费
	合计	23346.09	20067.09	3279.00
301	工资福利支出	18611.99	18611.99	
30101	基本工资	4057.56	4057.56	
30102	津贴补贴	2307.56	2307.56	
30103	奖金	6035.34	6035.34	
30107	绩效工资	1899.47	1899.47	
30108	机关事业单位基本养老保险缴费	1448.51	1448.51	
30109	职业年金缴费	15.60	15.60	
30112	其他社会保障缴费	661.11	661.11	
30113	住房公积金	1642.20	1642.20	
30114	医疗费	544.64	544.64	
302	商品和服务支出	3278.00		3278.00
30201	办公费	196.62		196.62
30202	印刷费	28.90		28.90
30205	水费	25.90		25.90
30206	电费	180.86		180.86
30207	邮电费	67.69		67.69
30209	物业管理费	67.61		67.61
30211	差旅费	107.80		107.80
30212	因公出国(境)费用	66.50		66.50
30213	维修(护)费	12.28		12.28
30214	租赁费	11.35		11.35
30215	会议费	47.80		47.80

札记

续表

| 部门预算支出经济分类科目 | | 本年一般公共预算基本支出 | | |
科目编码	科目名称	合计	人员经费	公用经费
30216	培训费	295.50		295.50
30217	公务接待费	54.55		54.55
30218	专用材料费	4.62		4.62
30226	劳务费	37.50		37.50
30227	委托业务费	15.50		15.50
30228	工会经费	389.84		389.84
30229	福利费	534.74		534.74
30231	公务用车运行维护费	419.09		419.09
30239	其他交通费用	335.36		335.36
30299	其他商品和服务支出	378.00		378.00
303	对个人和家庭的补助	1455.10	1455.10	
30301	离休费	11.00	11.00	
30302	退休费	1267.30	1267.30	
30399	其他对个人和家庭的补助	176.80	176.80	
310	资本性支出	1.00		1.00
31002	办公设备购置	1.00		1.00

思考问题：

首先，根据阅读材料，按照经济分类科目标准，试计算并统计 H 省 ST 厅机关的 2022 年全年机关运行经费支出总额是多少。如果要核算该部门的全年运行成本，则需要扣除或加上哪些成本科目。请分析该单位行政运行成本中占比最高的 5 项是什么，分别占比是多少。

其次，根据阅读材料，假定：H 省 ST 厅开始着手编制下年度（2023 年）一般公共预算基本支出表及行政运行成本计划表，接上级要求该厅基于 2022 年的行政成本运行预算金额削减 5%，作为下年度行政运行经费计划数。你作为该厅财务处负责人，你认为在下年度应压减哪些运行成本科目，分别压减的金额是多少，请给出具体理由。

再次，根据阅读材料请试分析上级要求该厅持续压减"一般公共预算基本支出""机关行政运行成本"的原因是什么，哪些支出或成本科目是我国政府"行政成本"的主要"成本动因"。

最后，你认为该部门机关的"人员经费"应该属于行政运行成本吗，为什么？对比《机关运行成本统计调查制度》和《事业单位成本核算基本指引》（财会〔2019〕25 号）的有关规定，你觉得对行政运行成本如何计算。

二、医疗服务项目的成市核算与付费机制改革

国家医疗保障局分别于 2019 年和 2020 年启动了按疾病诊断相关分组（Diagnosis Related Groups，DRG）和总额预算下按病种分值（Diagnosis-Intervention Packet，DIP）付费改革试点，并在 2021 年出台《医保支付方式改革三年行动计划》。计划在三年内将医保支付方式改革从 101 个试点城市推向全国。《关于印发 DRG/DIP 支付方式改革三年行动计划的通知》（医保发〔2021〕48 号）要求从 2022 年到 2024 年，全面完成 DRG/DIP 付费方式改革任务，推动医保高质量发展。这是针对患者的住院医疗费用，按照疾病诊断相关分组付费（DRG），或者按病种分值付费（DIP）方式结算的付费改革。

医保支付方式改革改变了以往以项目付费的方式。即从以项目付费转变为以按疾病诊断相关分组、病种的付费方式，从而促使医院的医疗服务向精细化发展。对医疗机构而言，其收入来自医保局付费（医保基金）和患者的自费部分，其利润主要是收入与实际医疗服务成本的差额。医疗机构的医疗服务实际发生的成本如果高于医保局规定的付费标准或区域内平均的诊疗成本，则医疗机构的成本大于其收入，这就需要承担相应的亏损。DRG 和 DIP 两种医保支付方式是平行推进的。二者的技术基础原理相同，但在分组方法上有所差异。

DRG 基于疾病诊断大类和手术操作属性分组，按诊断和治疗方式的共性特征主观区设置为不同病例组合。按照"多病一组"或"多操作一组"的方式，提前设定了病组的支付价格。医疗机构要想不亏损，必须控制诊疗成本不超额。相同诊断下，这种方法利于激励医疗机构采取低资源消耗的治疗方式。换言之，医保局会对疾病严重程度相近、临床治疗过程相似、资源消耗相似的住院类似病例组合成一个分组，每个组的诊疗付费根据住院期间的药品、耗材、诊疗服务等因素，事前给出一个约定的付费标准（打包付费）。当医疗服务项目完成后，医保基金进行

主动"埋单"。在这种付费方式下，患者确诊之后住院之前就可以做到心中有数。比如说，按传统成本核算方法（完全成本法、制造成本法或按成本项目核算的明细清单），一般需要分别计算诊疗服务的材料、人工、制造费用等。每所医院的诊疗成本可能有一定差异。但施行 DRG 付费后，只要疾病程度、诊疗方法、资源消耗类似，则医保局就直接按类打包付费（分类结算清单）。不管实际医疗成本，付费一样且封顶。例如，针对阑尾炎患者其诊断和手术的各项程序和作业流程基本是相似的，不管是在哪个级别的医院，哪个医生或护士的诊疗服务都应该是基本一致的。在这种情况下，医保局会统计阑尾炎的诊断、检查、手术、护理、住院等一系列的标准作业活动成本，并进行成本核算，统一打包对提供阑尾炎诊疗服务的医疗机构进行付费。如果某个医院的阑尾炎诊疗成本高于医保局的付费（如：在过度检查、过度用药等过度医疗情况下），其医院就应承担相应的"亏损"。但在某种情形下，如果患者对医疗服务、材料和病房服务标准有更高需求，也可以自费选择更好诊疗服务项目。

DIP 基于疾病诊断和手术操作穷举聚类分组，病种少，相对客观、精准反映同一疾病不同手术操作资源消耗水平，利于鼓励医疗机构合理诊治、合理控制（物耗）成本，规范医疗服务行为。DIP 付费方式的最基本特征是标准化、信息化和规范化。其成本核算的指导思想与作业成本法、价值链分析有较大相似之处。以医院门诊和住院服务活动为核算对象，分析病患从进入医院大门开始的成本费用的发生情况，以及医护人员的作业活动，从而精益化地分析核算医疗服务成本。DIP 作为一项付费方式，也是医疗服务领域的信息化改革，以及医疗医保编码的统一、规范、标准化改造的改进优化，将成本核算与大数据信息管理结合起来，也为科学分析、精细的成本管理提供了无限空间。DIP 付费方式最主要的两个基本原则是：第一，同一区域内"同病同治同价"的基本原则，即同一病种在同一统筹区内病种费用大致相近。第二，"一病一操作一组"的原则。即通过对真实、大量的病例进行聚类分组和统计分析，形成自然客观分组，确认各个诊疗环节的资源耗费标准。在 DIP 付费方式前提下，仍然采用按项目收费标准。患者在出院时，支付个人承担的部分，其余则成为医疗机构与医保待结算款项。待结算款项如果高于 DIP 下的付费标准，则医院需要承担相应的亏损，反之将会有一定的

"结余"或"盈利"。

根据《事业单位成本核算具体指引——公立医院》(财会〔2021〕26号)的规定，当前我国医院医疗活动的成本核算对象主要关系示意图如图5.8所示。

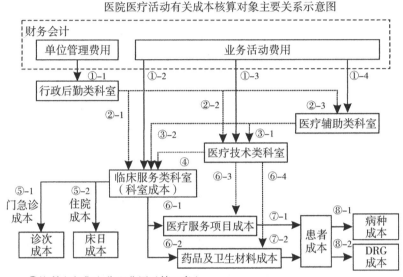

①按科室归集和分配费用（第18条）
②将行政及后勤管理部门归集的费用分配到辅助部门和业务部门（第19条）
③④将辅助部门归集的费用分配到业务部门（第20条）
⑤诊次、床日成本的核算（第23、24条）
⑥医疗服务项目成本核算，药品及卫生材料成本单列（第25、26条）
⑦患者成本的核算（第29条）
⑧病种、DRG成本的核算（第27、28条）

图5.8　我国医院医疗活动的成本核算对象主要关系示意图

其中，DRG和DIP的成本核算基本思路如图5.9所示。

这项改革直接影响三方的利益。一是以医疗机构为代表的医疗服务部门，引导医疗机构管控成本，推进医疗费用和医疗质量"双控制"；二是以医保局为代表的医保基金管理单位，提升医保资金使用绩效，调节卫生资源配置总规模和结构；三是以普通患者为代表的医患群体，在享受标准规范医疗服务的同时，减轻治疗的经济负担。

从成本核算和成本管理的角度而言，DRG和DIP付费方式改革，是我国2018年以来的公共部门支出和成本核算的较大改革之一。主要原因在于，这项改革是针对医疗卫生系统的一项系统性改革，分别涵盖

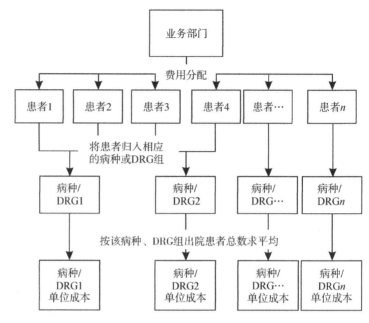

图 5.9 病种、DRG 成本核算流程图

了组织结构、业务活动管理、组织控制体系、信息化改造等多方面的重大改进，虽然名义上是付费制度改革，但实际上核心焦点是公共服务的成本核算与成本管控问题。如图 5.10 所示。

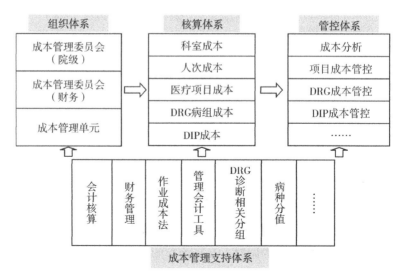

图 5.10 DRG/DIP 付费改革下：成本核算与控制体系的构建

图片来源：河南省人民医院，2022，DRG&DIP 赋能公立医院提升运营绩效的探讨

最后值得注意的是 DRG 和 DIP 付费方式改革涉及的利益群体和要解决的实际问题较多。一方面，该项改革要依赖于医疗卫生系统的专业人士；另一方面，也要引入成本核算、成本管理和预算管理技术，同时与医疗服务业务管理相结合，改革的难度较大。医疗卫生领域的改革全面推开，在实践中不可避免要产生一些难题。如何平衡医疗服务成本、有限的医保基金以及医疗服务质量，让人民群众满意，是当前我国公共领域财务管理的重点难点问题。在相关问题的解决对策和路径上，如何构建有中国特色的医疗服务付费与成本管理模式，需要学界进一步探究。

第四节 小 结

本章简要介绍了公共部门成本核算的基本概念，还对公共部门的成本核算方法与程序进行了阐述。就公共部门的成本核算而言，完全成本法、制造成本法、作业成本法是其基本方法。在对不同行业、部门、单位或业务活动进行成本核算时，核算对象单位需要结合具体情况、具体分析，合理使用。同时，核算单位应该结合单位的成本结构和业务特点，采用或综合使用各种管理工具和分析方法，考虑各类成本核算方法的优劣和适用性。

就完全成本法而言，在某些单位可能很适用，但对另一些单位则存在一些不足。公共部门的成本结构与制造业不同，其成本项目大多为无形的、间接的资源耗费活动。因此，以公共服务为主的行政事业单位，在使用完全成本法时需要结合其业务活动特点，避免对成本决策的误导。医院、高校等成本核算对象较多，如何统计汇集分配间接费用、期间费用，是核算的重点难点。完全成本法过于关注短期内的"产品"或"服务"的账面成本，对服务对象或成本管理等非财务问题，有时考虑不足，有关单位使用时需要引起注意。

制造成本法也存在着与以上类似的局限性，也就是使用制造成本法时，易出现只关注直接生产成本，即业务活动的直接材料、直接人工、制造费用等成本，忽略行政辅助活动对单位的增值，换言之忽视"单位管理费用"等。由于这一问题，制造成本法就存在成本核算的全面性、准确性问题，也涉及其服务定价(政府补贴)的指导作用。

作业成本法的成本核算思路与传统方法有所不同。它主要根据成本动因和作业活动，进行成本追溯和费用的分配。但该法也存在适用性和操作性问题。主要是：第一，该种方法成本核算的准确性，依赖于各项作业流程成本耗费计算的准确性，以及是否包括了所有的作业活动和环节。当业务活动复杂多样化且间接成本互相关联时，成本核算可能会遇到主观性问题，核算难度和管理成本将会大大增加。第二，作业成本法也是较为侧重可以明显追溯的直接成本，在评估间接成本、期间费用时可能会漏项缺项，导致成本核算的不完整全面。第三，作业成本法的实施往往与管理方式、作业流程的改进紧密相关。其在实践中的操作性难度较大，使得该成本核算体系的实施成本、维护成本有可能较高。

结合 2018 年以来我国公共部门成本管理改革的经验看，当前我国行政事业单位的改革重点有两个方面。一是对政府行政成本，尤其是行政运行成本的核算与管理。二是对医疗服务项目付费的制度改革，侧重对医疗服务成本的核算问题。针对行政运行成本，我国政府尤为关注如何压减。无论是"八项规定""公车改革"还是 2023 年年初的中央政府压缩编制，都是围绕着压缩"行政成本"展开的。目前该工作在中央和地方取得了较大进展，行政运行成本相较 2017 年有大幅下降。DRG 和 DIP 付费方式的变革正处在初期阶段，仍有部分成本核算的技术问题和医疗服务管理问题未能完全解决，主要涵盖了 DRG 和 DIP 付费方式的标准化、统一化与病患诊疗服务的个性化差异化问题，尤其是罕见病、复杂病例、多种疾病的患者，其诊疗成本不能完全套用"付费群组"和统一的付费标准，成本核算的准确性会受到质疑。此外，可能存在过度关注医疗成本而忽视治疗效果、治疗质量和患者需求的问题。与上述问题同时存在的还有，慢性病和需要长期治疗的病患可能会受到有关制度的限制，且有些疾病需要在出院后继续进行护理或康复，这些长期持续性的治疗成本，不能纳入成本的核算。最后，DRG 和 DIP 付费方式的变化会引发整个医疗机构的成本管理体系的变革，需要投入大量的人力物力等初始成本。在医疗改革的执行过程中，对一线临床医护工作人员也是一种考验。"既要会看病，还要会算账"，不然就会为科室、所在医疗机构带来亏损等。医疗服务项目付费方式改革仅仅是医疗卫生体制改革的一小部分，与分级诊疗、基本公共卫生服务、基本药物零差价销售、家庭签约医生等多项医疗卫生服务制度改革必须平行推进。其核心问题在于，公共财政中医保基金的可持续性、公共医疗卫生机构的服务质量与服务成本以及群众可以享受到医疗服务和个人支付能力之间存在着密切联系。

就未来行政事业单位成本核算改革而言，可能会延续之前的改革重点。同时可能会侧重：机构改革或组织结构调整，以进行结构性成本削减活动；继续强化行政事业单位的内部治理机制和能力，从技术上研究实施成本管理或核算工具和方法；加强内部预算管控、财务管理、绩效评价；健全内部控制、监督审计和风险管理。通过以上改革整体提升行政事业单位的成本管理和决策水平，增强公共资金的使用效益和透明度。公共部门的成本核算改革是一个系统过程，需要充分考虑行政事业单位的特点和实际情况，以确保改革的顺利实施和长期效果的实现。

札记

第六章　公共部门投资分析与决策原理

◎学习内容和目标

本章的学习将侧重公共部门投资决策分析的基本概念与技巧。主要包括了：

- 理解公共投资的基本概念，认识公共项目投资的作用与意义；
- 学习掌握公共投资分析决策的技巧；
- 理解各种投资分析技巧的利弊与适用性。

通过本章节的学习，学习者需要掌握公共投资的基本概念与分类，理解公共投资分析决策的基本原理、方法及技巧；分析判断不同投资分析技术的适用条件及其在实际运用中的优缺点。

第一节 引言：公共部门投资的作用和目的

一、公共部门投资的作用

(一)公共项目投资与资本预算：作用和意义

公共投资亦称政府投资，是由中央或地方政府投资形成的固定资产或基础设施等。自由派经济学家一般认为公共部门不必在微观层次上直接介入企业或商业活动领域。政府或其他类型的公共投资的范围往往被限定在基础设施、教育、研发等特定的公共产品或服务领域。对这一论述，凯恩斯主义学派却有不同观点。该学派认为公共投资作为政府进行宏观调控的有力财政工具之一，是一种重要的刺激经济手段，具有不可替代的经济杠杆作用和乘数效应。当社会消费、产成品出口不力时，社会总投资与公共投资将对经济发展起到重要推动作用。从公共经济的角度而言，政府公共投资的作用主要表现在：第一，弥补市场失灵、有效配置资源；第二，强化国有经济在关系到国家经济命脉和核心产业的关键地位；第三，公共投资是政府进行宏观调控的重要手段。

政府通过由公共投资形成的固定资产，向社会提供公共产品或公共服务。没有公共投资，公共产品或服务就无从提供。就财政学而言，政府投资又被称为"资本预算"(capital budget)或"资本性支出"(capital expenditure)。之所以这样定义，是从经济利益来考虑的，资本是可以带来未来经济利益流入的。因此，政府投资或资本性支出是指未来可以为政府带来经济利益流入的预算支出。相对而言，消费性支出则并不带来未来经济利益的流入，而是为了维持公共部门正常运转的预算支出。在公共部门财务管理和预算管理中的支出一般分为两大类，一是基本支出（包括公用经费和人员支出），二是项目支出。项目支出就是本章要重点叙述的公共投资或资本性支出。

（二）公共部门投资、公共项目、基础设施与固定资产

公共部门的项目支出投向了公共项目。公共项目形成了各类固定资产。通过固定资产的使用、运营、维护来提供公共产品或公共服务。进一步讲，政府以公共投资、公共产品或服务为手段，来实现公共政策目标或履行政府职能。由公共投资或项目投资形成的固定资产，通常包括较多类型。

根据我国政府财务会计准则第3条的规定，固定资产是指政府会计主体为满足自身开展业务活动或其他活动需要而控制的，使用年限超过1年（不含1年）、单位价值在规定标准以上，并在使用过程中基本保持原有物质形态的资产，一般包括房屋及构筑物、专用设备、通用设备等。单位价值虽未达到规定标准，但是使用年限超过1年（不含1年）的大批同类物资，如图书、家具、用具、装具等，应当确认为固定资产。

同时，公共投资或项目投资所形成的项目也最终形成了公共基础设施（infrastructure）。公共基础设施是指政府会计主体为满足社会公共需求而控制的，同时具有以下特征的有形资产：一是有一个有形资产系统或网络的组成部分；二是具有特定用途，即资产专属性；三是一般不可移动（政府财务会计准则第5条）。对公共基础设施的投资也是我国公共投资的重要组成部分。其投资规模、资产属性和资产用途的重要性不言而喻。我国的基础设施主要包括以下几种类型：第一大类，市政基础设施。如城市道路、桥梁、隧道、公交场站、路灯、广场、公园绿地、室外公共健身器材，以及环卫、排水、供水、供电、供气、供热、污水处理、垃圾处理系统等。第二大类，交通基础设施。如公路、航道、港口、机场、铁路等。第三大类，水利基础设施。如大坝、水库、堤防、水闸、泵站、渠道等。第四大类，其他公共基础设施。

事业单位也是通过公共投资、项目投资形成固定资产，进而为社会

提供公共服务的单位。比如，公立医院通过项目投资兴建门诊大楼、住院大楼，开展诊疗活动；通过预算资金采购的手术专用设备器械、医疗检查设备、治疗仪器等固定资产进行医疗服务活动。高等学校通过建设教学楼、宿舍楼，以及购买使用现代化教学设备、科研仪器开展正常的教学科研等业务活动。公共投资，尤其是项目投资决定了公共部门的服务供给能力和履职水平。

此外，公共投资并非仅仅是指新建、购买的固定资产或基础设施，也包括了新建资产和存量资产项目的运营、维护、更新等活动的有关资本支出。比如，一条新建的地铁项目投入了运营，政府不仅仅要负担建设资金(公共投资)，还要考虑项目建成后的运营资金(如电费、工作人员工资等)、维护资金(车辆轨道、信号系统的正常运转和维护活动费用)或大中修的资金等。因此，进行公共投资往往需要进行全方位的考虑。从项目的策划到公共项目最终重置，此间发生支出或成本费用均需要考虑，这也是要考虑到所谓的"全寿命周期成本"(Whole-life-cost)。

二、公共部门投资的目的、资金来源与投资决策基本内容

(一)公共投资的目的

私营部门投资的目的在于通过未来(项目产生的)现金流而盈利。但公共部门的投资目的在于创造公共价值，为社会和公众带来最大的经济利益、社会效益和生态效益。具体而言，公共投资的意义在于促进经济增长和社会稳定，同时有效提供公共产品或服务，促进社会公平、纠正市场失灵，最终实现社会的可持续发展。需要注意的是，公共部门投资的目的应该以社会公益为导向，服务于人民群众的利益。

(二)公共部门投资的资金来源和融资方式

在当前的政策规定下，公共部门投资的资金来源主要是财政拨款、政府债务融资、政府性基金收入中的各类专项收入等。换言之，从财政收入的角度而言，公共投资的主要资金来源于税收收入、对使用者的收费和政府借贷。但从公共部门的投融资实践活动来看，各级政府有可能通过多种渠道来筹集"建设资金"或"项目资金"，以促进基础设施项目和公共项目的目的实现。地方政府的投资资金来源包括土地出让金、以

城市发展投资公司为依托的各类融资活动、政府与社会资本模式下引入的社会资本、地方基础设施或产业发展基金等。在不同的发展时期，我国各类融资模式的合法性、合规性的要求可能会有所变化，因此进行公共投资而融资，首要考虑的就是国家法律和相关规定是否允许。

结合 2000 年以来的政府投融资实践，公共投资的融资渠道或方式可能包括：发行城投债券，针对具体公共项目引入的股权投资或夹层融资，公共项目或基础设施项目的融资租赁、以公共项目的未来收益为担保而实施的资产证券化(ABS 或 RIETS)、银团贷款、政府与社会资本合作模式(PPP)、公共项目的垫资开发(BT)、工程总承包与战略投资人模式(EPC+F)、地方政府出具融资担保函、依托政府融资平台或社会资本进行保理融资等。基于 2023 年的有关法律政策规定，地方政府的合法融资方式是地方政府债券，包括一般债券或专项债券、政府性基金收入对应的财政收入(含土地出让收入、使用者付费收入)、地方融资平台的债务性收入或其他经营性收入等。对于行政事业单位而言，其投资资金来源也可能来自合法合规的经营性收入、非税收入、行政事业收入、财政拨款、政府补助或捐赠收入等。

公共部门融资需要考虑的主要因素有以下几点。第一，融资方式的合法性。即，是否会对政府形成隐性债务，是否明确违反预算法等法律法规，是否符合国家地区的中长期规划等。第二，融资风险的可控性。防止政府或事业单位的过度负债和金融风险，尤其是地方政府应根据自身经济实力和财政状况，合理规划和管理融资行为，确保债务偿还能力和地方财政可持续性。第三，融资的成本问题。公共部门融资的目的是为了投资公共项目，从而提供公共产品或服务。其融资成本、利息成本或财务成本越低，对公共部门和公众利益而言就更为有利。当公共投资的财务收益或整体综合效益一定的情况下，融资成本越低，公共部门的效益越高。

(三)公共投资决策基本内容

公共投资的决策通常包括了一系列的问题。通过分析这些问题进行综合判断，并形成"项目建议书""项目可行性研究报告"，在本级或上级政府相关部门审核通过后，才能正式实施。融资决策通常包括以下几点。

一是投资项目的合法合规性审查。也即投资的项目是否符合国家法律法规、政策和计划的要求。包括项目的合法性、政策合规性、环境保护要求、公共需求的紧迫程度等。二是经济评价。该评价主要侧重评估公共投资项目的经济效益，包括机会成本分析、财政承受能力分析、有无对比分析、预期收益分析、成本效益分析、投资回报率分析等，从而确保项目能够在经济上的持续运营和发展。三是社会评价，评估项目对社会的影响和效益，包括就业创造、社会福利提升、基础设施改善等。考虑项目对于社会发展和民生改善的贡献，以及由于征地拆迁而带来的社会稳定性风险等。四是技术可行性评价。评估项目所需的技术条件和技术支持能力，确保项目在技术上可行和可实施。五是环境评价。评估项目可能对环境产生的影响，包括环境保护措施、生态补偿等。在项目实施前，确保项目在环境方面符合相关法律法规和环境保护要求。当前大多数项目也涉及能源评估或节能评估，也就是对该项目的各种类型的能源消耗量或设备的能源消耗情况进行综合评价。六是风险评估。评估项目可能面临的各类风险，包括市场风险、政策风险、财务风险等，并采取相应的风险管理措施。七是资金来源和融资可行性评价。主要侧重评估项目的资金来源和财务可行性，确保项目能够获得充足的资金支持，并具备偿还能力等内容。

由于篇幅所限，本章主要侧重公共投资项目的经济评价和社会效益评价。分析其主要技巧与内容，这包括公共投资项目的投资回收期、财务回报率、净现值分析与内部收益率分析技巧，公共投资项目的成本效益分析方法。当然在此之前，需要介绍利息、利率、单利、复利、现值、终值、折现率、现金流、社会成本等有关的投资概念。

第二节 公共投资的基本概念

一、资金的时间价值：终值、现值、利息与利率

如前所述，公共部门的投融资活动包括融资和投资两个重要的环节。这两个环节均涉及资金的筹措或使用。然而，资金的筹措与使用均不是免费的。无论是政府、企业或个人均需要为资金的使用付出相应的代价或成本。从财务管理的角度看，利息是指借贷资金或存款所产生的费用或收益。即资金的时间价值（Time Value of Money）。在借贷关系

中，当一个人或机构向另一个人或机构借款时，借款方需要支付利息作为资金使用的报酬。例如：存款方将存款交给银行等金融机构时，存款方可以获得相应的利息收入。银行等金融机构则向存款方支付利息。此外，政府通过发行政府债券来募集资金也要向债权人或金融机构支付利息。因此，利息是对资金的使用权而付出的代价，通常以一定的比例计算。这一比例被称为利率。它可以是固定利率(在一段时间内保持不变)或浮动利率(根据市场利率变动而变动，如：LPR，LIBOR，SHIBOR 等)。利息的计算通常基于一定的时间周期，例如年利率、月利率或日利率。最后，利率水平一般由基准利率、无风险利率、通货膨胀率、项目或借款人的风险水平或信用评级等因素决定。比如，地方市县区一级的融资平台(政府控制的城投公司等)，其信用评级越低，融资成本越高，发行债券的票面利率就越高。反之亦然。

(一)终值与本息和的计算

决定利息收入大小的关键因素有三个。一是本金的大小，二是利率的高低，三是借款期限(时间)的长短。最终的利息收入，被称为终值，又称"本利和""到期值"，是指一笔资金在规定期限内按一定利率计算的到期值。按单利法计算的终值，叫单利终值。其计算公式如下所示，

$$单利终值 = 本金 \times (1+利率)$$

$$F = P \times (1+r)$$

在该公式中：

F—终值；

r—利率；

P—本金或现值。

例题 6.1 单利计算

某小学有一笔流动资金 100 万元。假设学校会计报校长决定，将该笔资金以定期存款的形式存入银行一年，年利率为 1.5%(单利)，求一年后本利和为多少?

解：

$$F = P \times (1+r) = 100 \times (1+1.5\%) = 101.5 万元$$

按复利法计算的终值，叫复利终值。复利终值根据资金现值和复利系数计算，其计算公式为：

复利终值=本金×(1+利率)^{期数}

$$F = P \times (1+r)^n$$

在该公式中：

F—终值；

r—利率；

n—计息期间（年）；

P—本金或现值。

例题 6.2 复利计算

某小学有一笔流动资金 100 万元。假设学校会计报校长决定，将该笔资金以定期存款的形式存入银行两年，年利率为 1.5%，复利计算，求两年后本利和为多少？

$$F_1 = P \times (1+r) = 100 \times (1+1.5\%) = 101.5 \text{ 万元（第 1 年末）}$$

$$F_2 = F_1 \times (1+r) = 101.5 \times (1+1.5\%) = 103.0225 \text{ 万元（第 2 年末）}$$

OR：

$$F_2 = P \times (1+r)^2 = 103.0225 \text{ 万元}$$

例题 6.3 复利计算

20×8 年 6 月，中部某省政府发行一般政府债券 120 亿元，期限为 5 年，年利率为 3.79%，问 5 年年末到期时应偿还多少？即可将有关数值代入公式计算复利终值。

解：

$$F = P \times (1+r)^n$$

$$F = 120 \times (1+3.79\%)^5 = 144.53 \text{ 亿元}$$

（二）由未来到现在：现值的计算

通过终值的计算公式，我们也可以将未来估算的或可能的收入转换为当前的投资本金是多少。根据未来的本利和（终值），当前利息水平和计息期数，可以推算出现值。这种将未来值换算为较早时间货币价值的方法，称为现值计算。在项目经济或投资评价中，通过折现计算，把将来各个时期的公共项目产生的现金流量换算成现值，以便在可比条件下进行方案比较。现值的计算公式为：

$$P = \frac{F}{(1+i)^n}$$

公式中：

F—终值；

i—折现率；

n—时间（年）；

P—现值。

比如，中部某城市的地铁集团，在未来五年每年可以产生约 15 亿元的综合经营利润，假设当前利率（折现率）为 3.7%，则可以换算出未来五年地铁集团各年利润的现值。通过计算现值，可以评估公共投资、项目投资的成本与收益等各种财务决策的效果，以便作出最佳判断。

（三）实际利率与社会折现率

现实生活中的利率都是以某种具体形式存在的，以期限为标准，如三个月期贷款利率、一年期储蓄存款利率、六个月期公债利率等。一年中计算复利的次数越多，计算期越短，实际年利率越高。在投资经济效益分析中，有关投资的利息，都应按照实际利率计算。如果各方案投资的计息期不同，都要将名义利率换算成实际利率。名义利率与实际利率的关系式为：

$$实际利率 = \left(1 + \frac{名义利率}{年计息次数}\right)^{年计息次数} - 1$$

除了实际利率需要作为投资分析的重要参数以外。社会折现率也是是国民经济评价的重要通用参数，用作项目经济内部收益率的判别标准，同时也用作计算经济净现值的折现率。社会折现率是用以衡量资金时间价值的重要参数，代表资金占用所应获得的最低动态收益率，并且用作不同年份之间资金价值换算的折现率。政府主管部门对各工程项目进行分析决策时，对项目将来要发生的费用和效益都需按社会折现率折算为现值。社会折现率根据国民经济发展多种因素综合测定，由专门机构统一测算发布。各类投资项目的国民经济评价都应采用统一发布的社会折现率。根据目前国民经济运行的实际情况、投资收益水平、资金供求状况、资金机会成本以及国家宏观调控目标取向等因素的综合分析，2006 年国家发展与改革委员会、建设部发布的《建设项目经济评价方法与参数（第三版）》中将我国的社会折现率规定为 8%。

社会折现率作为一个基本的经济参数，是国家评价和调控投资活动的重要指标之一。换言之,公共部门的上级主管部门在判断一项公共项目是否值得去投资就要衡量该项目的"回报"是否"理想"。这个所谓的"理想"就是最低期望回报标准。假设政府利用部分财政拨款资金和债务资金(利率为 4.7%)来投资建设一个公共项目,但是经过测算发现该项目的未来回报(回报率约为 3.57%)甚至低于其融资成本,那么这笔投资从财务的角度就不可行了。公共社会折现率的作用就在于此,它是公共投资事前审核评价的重要标准。社会折现率也可以作为国家总投资规模的控制参数。需要缩小投资规模时,就提高社会折现率。当然社会折现率不是一成不变的,同时在实践中也需要结合具体行业平均收益率来确定。比如,在 2016—2018 年,市政行业(如污水处理项目)的行业平均内部收益率在 4.5%~5.5%的范围内,这也可以作为类似项目投资决策的参考指标。

二、现金流量与折现

(一)现金流

当公共项目进行建设完成并投入运行时,在项目的全寿命周期内,每年都会有各种类型的收入或支出。例如,中部某县要集中建设一批乡镇污水处理厂,该县城乡建设局需要筹集资金来建设这批污水处理厂,建设期为两年,且还需要准备污水处理厂的运营维护资金来购买处理污水所需的机器设备、原材料药剂,支付工人的工资薪金,偿还债务资金等。政府在将筹集到的资金逐年投入该项目,这就是现金流出。同时,在项目建成并投入运营后,该县城乡建设局作为项目的建设和运营单位,就可以从当地居民收到"污水处理费",从政府相关部门收到"污水处理运营补助",这些收入就可以称为现金流入。

在投资分析中,现金流亦称"资金流量",是指建设项目各年现金流出与现金流入的总和。一般假定项目的现金流出为负值,现金流入为正值,两者之和又称为现金流量净额或净现金流量。对于公共投资而言,现金流出主要包括固定资产或基础设施的投资支出、流动资产支出、经营成本及其他支出等。公共项目在经营寿命期间的收入称为现金流入。现金流入主要包括由公共投资项目而产生的各类事业收入、行政收费、其他收入、固定资产残值回收及流动资金回收等。因此,现金流量可用公式表达如下：

$$净现金流量=现金流入-现金流出$$

以该污水处理厂为例，其建设期两年和运营期前 4 年的现金流量如表 6.1 所示(实际上，该污水处理厂的全寿命周期为 28 年，其中建设期两年，运营期为 26 年)。各年均有各类现金流入与流出，通过表 6.1 可以看出，其主要现金流入包括了污水处理服务费收入、流动资金回收和其他收入；现金流出则包括投资资金(建设成本)、固定资产重置投入(机器设备更新等)、运营成本(药剂费、电费、水费、工资薪金等)、税金、所得税等。通过计算各年的现金流入减去现金流出，就得到了各年的净现金流。注意，在建设期，该项目没有收入，因此现金流入为零。

表 6.1 　　　　　　 **中部某县乡镇污水处理厂**

项目全投资现金流量表(节选) 　　　(单位：万元)

序号	项目 年份	建设期		运营期			
		1	2	1	2	3	4
1	现金流入		—	917	917	917	1069
1.1	污水处理服务费收入		—	917	917	917	1069
1.2	流动资金回收		—	—	—	—	—
1.3	其他收入		—	—	—	—	—
2	现金流出	4993	3329	625	428	417	472
2.1	投资资金	4993	3329	194	9	9	—
2.2	固定资产重置投入			—	—	—	—
2.3	运营成本			418	406	395	411
2.4	销售税金及附加			13	13	13	15
2.5	调整所得税			—	—	—	45
3	税前净现金流(一—二)	-4993	-3329	292	489	500	597
4	累计税前净现金流	-4993	-8321	-8029	-7540	-7041	-6399
5	税后净现金流	-4993	-3329	292	489	500	598
6	累计税后净现金流	-4993	-8321	-8029	-7540	-7041	-6444
7	现金流折现值	-4509	-3006	250	398	387	440
8	累计现金流折现值	-4509	-7515	-6891	-6150	-5457	-4746

(二)折现现金流

在得到预估的项目各年净现金流后，在投资分析时，需要将把项目的预期现金流量收入、未来各项现金流出(成本支出)的净值，折算成现价进行等价比较。将这些未来项目净现金流按照一定的折现率(比如：期望回报率或行业平均收益率)进行折现之后，可以将现值之和减去项目初始投资，从而得到该投资项目的净现值和。如果投资项目的净现值和为正，证明该项目具有财务的可行性；如果净现值为负，投资决策主体需要慎重考虑该项目是否值得批准。

第三节　公共投资分析的基本原理与技巧

基于以上对基本概念的介绍，本小节将分别介绍四种公共项目投资的基本分析技巧及其原理。这四种分析技巧分为两大类。一类是未考虑资金时间价值的评价方法，也即是静态分析方法。包括，财务回报率(Accounting Rate of Return，ARR)、投资回收期(Payback Period，PP)。另一类是考虑了资金使用的时间价值，即是动态投资分析方法。主要是净现值(Net Present Value，NPV)、内部收益率(Internal Rate of Return，IRR)。这些投资方法也广泛应用于企业的投资分析决策中。

一、静态投资分析

(一)财务回报率(ARR)

财务回报率(ARR)，也被称为平均会计回报率(AAR)或投资回报率(ROI)，是一种用于评估投资或项目盈利能力的财务评估指标。ARR根据投资的初始成本计算出预期的平均年利润。一般而言，计算ARR的公式如下：

$$ARR = \frac{年平均利润}{初始投资}$$

平均年利润是通过将投资在其可使用期内产生的总净利润除以年数来确定的。ARR通常以百分比或比率表示。较高的ARR表示初始投资的较高回报，而较低的ARR则表示较低的回报。它常用于项目投资意向期，是在决策的未来收入成本等数据并不十分完备的情况下，初步比较不同的投资机会并确定其经济可行性的一种简便评估方法。需要注意的是，ARR 有一定的局限性。它主要关注会计数字，可能不考虑资金的时间价值。因此，建议结合其他财务指标来使用 ARR，以作出明智的投资决策。基于类似思路的分析指标，还有投资报酬率或称资本报酬率（return on capital employed，ROCE）等。这些均是对一个投资项目在一个时期得到的净利润（或净收入）对投资的比率。

例题 6.4 固定资产投资的财务回报率计算

T 单位是一个事业单位，日常文字工作很多，需要一台打印复印一体机。该单位准备投资 30000 元购置一台打印复印机，机器寿命 3 年，残值为 0（直线折旧）。假设：该台设备由单位打印室负责管理和运行，对单位内部使用者收费（可以挂账，年终内部结算）。初步估算每年可以获得 5000 元利润，则该打印机项目的 ARR 是多少？

解：

按照 ARR 的一般公式计算

$$ARR = \frac{年平均利润}{初始投资} = \frac{(5000+5000+5000) \div 3}{30000} \times 100\% = 16.67\%$$

在 ARR 的使用过程中，关键是看分母和分子相关数据的取值，在某些情况下，计算 ARR 的公式略有不同。比如，其他两种公式如下所示：

$$ARR = \sum \frac{各年年度利润}{当年固定账面价值} / N \times 100\%$$

$$= \left(\frac{第1年年度利润}{第1年年初账面价值} + \frac{第2年年度利润}{第2年年初账面价值} + \cdots + \frac{第n年年度利润}{第n年年初账面价值} \right) \div n \times 100\%$$

或者

$$ARR = \frac{年平均利润}{年平均资本占用率}$$

$$年平均资本占用率 = \frac{初始投资+残值}{2}$$

（二）静态投资回收期（PP）

回收期（Payback Period）是衡量一个投资项目回收其初始投资成本

所需的时间长度。它是一个简单的财务指标，用于评估投资项目的风险和回报。计算回收期的方法是将项目的初始投资成本除以每年的现金流入量，得出回收期（通常以年为单位）。如果有多年的现金流，可以累加现金流入量，直到总和超过或等于初始投资。投资回收期的计算公式如下：

$$静态投资回收期=累计现金流为负数的最后一年的年份+\frac{未收回的静态投资}{当年现金流入}$$

回收期的长短取决于投资项目的特定情况和要求。一般来说，较短的回收期被认为更有吸引力，因为投资能够更快地回本并产生盈利。然而，回收期不能作为评估投资项目全部经济效益的唯一依据，因为它没有考虑现金流的时间价值和在回本后的后续年度的盈利能力。在进行投资决策时，回收期通常与其他财务指标（如净现值和内部收益率）一起使用，以综合评估项目的可行性和潜在回报。

例题 6.5 现金流与投资回收期的计算

近日某区发改委收到三份不同部门的固定投资申请，巧合的是三个投资项目的投资均为 10 亿元，但三个项目未来 6 年产生的净现金流不同，如表 6.2 所示。请使用投资回收期计算项目 A、项目 B 和项目 C 的投资回收期分别是几年，如何决策。

表 6.2 　　　　　　　　**现金流与投资回收期的计算**

年份	0	1	2	3	4	5	6
项目 A	-10	6	2	1	1	2	2
项目 B	-10	1	1	2	6	2	2
项目 C	-10	3	2	2	2	15	10

解：

第一步，可以分别计算三个项目的累计现金流，即第 0 年至第 6 年的累计现金流；

第二步，判断在哪个年份，累计现金流为非负数或正号；

第三步，根据以上计算结果，再次计算相对精确的投资回收期。结果详见表 6.3。

表 6.3 现金流与投资回收期的计算结果

年份	0	1	2	3	4	5	6
项目 A	-10	6	2	1	1	2	2
A 项目累计现金流	-10	-4	-2	-1	0	2	4
项目 B	-10	1	1	2	6	2	2
B 项目累计现金流	-10	-9	-8	-6	0	2	4
项目 C	-10	3	2	2	2	15	10
C 项目累计现金流	-10	-7	-5	-3	-1	14	24

根据项目的累计现金流和回收期的计算公式,三个项目的投资回收期分别为 4 年、4 年、5 年(约 4.07 年)。按照投资回收期的定义或评判标准,项目 A 和项目 B 的回收期较短,因此投资计划优先考虑项目 A 和项目 B。在项目 A 和项目 B 中,项目 A 的前期净现金流情况较好,相对项目 B 而言,优先考虑项目 A。

从这一例题来看,项目 C 首先就被排除在外,因为其投资回收期最长。但从第五年和第六年的现金流量看,项目 C 的主要收入集中在项目运营的中后期,其投资回收期较长。投资回收期这一方法未能充分考虑该项目的后续盈利能力,有可能产生错误的决策判断。因此,在公共投资分析时,一般会采用多种分析方法和技巧来帮助决策。

例题 6.6 投资回收期的计算

根据现有资料显示,成都市为加强天府机场与天府新区的联系,拟实施天府新区连接线高速公路项目,连接线长约 12 公里,估算投资约 19 亿元,拟采用设计速度 120 公里/小时,路基宽度 34.5 米,双向六车道技术标准。假定:该连接线项目初始投资(即:一次性投入的建设成本)为 190000 万元,日均 2 万辆车流量,每标准小车每次收费 20 元,在不考虑运营维护成本、财务费用、税费以及通货膨胀等其他因素的条件下,项目建设期为 1 年,该项目的静态投资回收期是多少年?

解:

$$日收费 = 20 元/辆 \times 2 万辆/日 = 40 万元/日$$

$$年收费 = 40 万/日 \times 365 天 = 14600 万元/年$$

由此可得,该项目的各年现金流入和流出情况,并确定累计现金流因此根据公式,该项目的

$$投资回收期 = 13 + \frac{200 \; 万元}{14600 \; 万元} = 13.001 \; 年$$

计算过程详见表 6.4。

表 6.4　　　　现金流与投资回收期的计算：以高速公路为例

年份	建设期 1 年	1	2	3	4	5	6
项目净现金流	-19	1.46	1.46	1.46	1.46	1.46	1.46
累计现金流	-19	-17.54	-16.08	-14.62	-13.16	-11.7	-10.24
年份	7	8	9	10	11	12	13
项目净现金流	1.46	1.46	1.46	1.46	1.46	1.46	1.46
累计现金流	-8.78	-7.32	-5.86	-4.4	-2.94	-1.48	-0.02

当然，在该例题中可以发现，投资回收期的估算是较粗略的，且是基于一系列简化的假设前提之下的。比如，日车流量的估计，车辆型号与车辆收费的价格假定，年度收费的天数（365 天），高速公路运营维护成本，项目融资的财务成本，税费计算等，这些参数和变量均采用了简化处理，以方便在投资分析决策初期进行匡算。当深入调查分析相关变量和参数的数据后，可以再进一步细化，或放松其他前提假设条件，采用其他投资分析方法进行决策。

当然除了以上两种方法外，还有一种叫作"经济增加值"（EVA）的方法，这种方法需要利用财务会计等知识，且在实际操作中较复杂，本章不作过多讲述。

二、动态投资分析

以上两种分析方法均没有考虑资金的时间成本，因此称为"静态投资分析"。如果考虑资金的时间价值，则需要对投资项目的各年现金流量进行折现或贴现，以便综合考虑初始投资和未来项目回报的折现值之和，从而作出决策。

（一）净现值（NPV）

NPV 是净现值（Net Present Value）的缩写，它是一种财务评估指标，用于评估一个投资项目的盈利能力或价值。净现值通过将项目未来现金流的现值减去初始投资来计算，评价该项目全寿命周期的财务可行性。
净现值的计算公式为：

$$NPV = \sum_{t=0}^{n} \frac{(CI - CO)_t}{(1 + i)^t}$$

$$= \frac{(CI_0 - CO_0)}{(1 + i)^0} + \frac{(CI_1 - CO_1)}{(1 + i)^1} + \cdots + \frac{(CI_t - CO_t)}{(1 + i)^t}$$

NPV≥0 时，该投资方案或项目可行；

NPV<0 时，该投资方案或项目不可行。

其中，CI 代表当年的现金流入，CO 代表现金流出，因此 $CI-CO$ 就是当年的净现金流，i 为基准收益率或假定的折现率，t 为计算周期。如果净现值为正数，则意味着投资项目的现金流收入大于初始投资，该项目可能是有利可图的。反之，如果净现值为负数，则意味着投资项目的现金流收入小于初始投资，该项目可能不具备财务的可行性。

净现值可以作为决策投资项目的依据，通常采用较高的折现率来考虑项目的风险性和时间价值。例如，如果一个项目的净现值大于零，那么这个项目可能是可行的，因为它可以创造经济价值。对比相互排斥的不同方案时，以净现值大的方案为优。当不同方案的投资额不同时，需用现值指数衡量。比如，以例题 6.5 现金流与投资回收期的计算为例，如果采用 NPV 的分析方法，则可能得出不同的结果。

例题 6.7 现金流与净现值法

近日某区发改委收到三份不同部门的固定投资申请，巧合的是三个投资项目的投资均为 10 亿元，但三个项目未来 6 年产生的净现金流不同，如表 6.5 所示。假设折现率设置为 10%，请使用净现值法计算项目 A、项目 B 和项目 C 的净现值 NPV 分别是多少，如何决策。

表 6.5 现金流与净现值的计算

年份	0	1	2	3	4	5	6
项目 A	−10	6	2	1	1	2	2
项目 B	−10	1	1	2	6	2	2
项目 C	−10	3	2	2	2	15	10

解：根据已知条件和 NPV 的计算公式，可以分别计算项目 A、项目 B 和项目 C 的净现值。具体结果如表 6.6 所示。

表 6.6   现金流与净现值的计算

年份	折现率	净现值 NPV	0	1	2	3	4	5	6
项目 A	10%	¥0.83	−10	6	2	1	1	2	2
项目 B	10%	¥−0.27	−10	1	1	2	6	2	2
项目 C	10%	¥11.10	−10	3	2	2	2	15	10

注意，净现值的计算可以手动计算，也可以通过 Excel 等统计软件实现，其公式的设置如图 6.1 所示。比如，要计算项目 A 的净现值，选定一个单元格，然后设定 NPV 公式，=NPV（折现率，净现金流 0：净现金流 6），然后点击"回车键"就可以了。

年份	折现率	净现值NPV	0	1	2	3	4	5	6
项目 A		=NPV(C11, E11:K11)		6	2	1	1	2	2
项目 B	10%	¥−0.27	−10	1	1	2	6	2	2
项目 C	10%	¥11.10	−10	3	2	2	2	15	10

图 6.1 Excel 表格下净现值 NPV 的计算公式设定

通过表 6.6 的计算结果可以发现，项目 A、项目 B 和项目 C 的净现值分别是 0.83 亿元，−0.27 亿元，11.10 亿元，具体而言，$NPV_c >$ $NPV_a > NPV_b$。项目 A 和项目 C 的净现值均为正值，值得政府投资；项目 B 的净现值则为负值，投资申请被否。此外，项目 A 和项目 C 的净现值相比后发现，项目 C 的净现值较大，因此优先考虑。这个结果与投资回收期（例题 6.5）的估算结果完全不同，甚至相反，这是因为投资分析的方法不同，特别是：是否考虑资金的时间价值，以及项目在收回成本之后的收益情况的影响。

例题 6.8 净现值的计算：以高速公路为例

根据现有资料显示，成都市为加强天府机场与天府新区的联系，拟

实施天府新区连接线高速公路工程，连接线长约 12 公里，估算投资约
19 亿元，拟采用设计速度 120 公里/小时，路基宽度 34.5 米，双向六车
道技术标准。假定：该连接线项目初始投资（即：一次性投入的建设成
本）为 190000 万元，日均 2 万辆车流量，每标准小车每次收费 20 元，
在不考虑运营维护成本、财务费用、税费以及通货膨胀等其他因素的条
件下，项目建设期为 1 年，且该项目的收费期为 20 年，当折现率分别
为 10%，8%，6%，4%时，该项目的净现值分别是多少，如何决策，
折现率的选取对净现值有影响吗？具体信息如表 6.7 所示。

表 6.7　　　　　　现金流与净现值的计算：折现率的影响

年份	建设期 1 年	1	2	3	4	5	6
项目净现金流	−19	1.46	1.46	1.46	1.46	1.46	1.46
累计现金流	−19	−17.54	−16.08	−14.62	−13.16	−11.7	−10.24
年份	7	8	9	10	11	12	13
项目净现金流	1.46	1.46	1.46	1.46	1.46	1.46	1.46
累计现金流	−8.78	−7.32	−5.86	−4.4	−2.94	−1.48	−0.02
年份	14	15	16	17	18	19	20
项目净现金流	1.46	1.46	1.46	1.46	1.46	1.46	1.46
累计现金流	1.44	2.9	4.36	5.82	7.28	8.74	10.2
折现率	10%	8%	5%	4%			
净现值 NPV	￥−5.97	￥−4.32	￥−0.77	￥0.81			

从例题 6.8 的结果可以看出，虽然该项目的总投资为 19 亿元，且
该项目 20 年的收费总和(29.2 亿)大于总投资，但若考虑资金的时间价
值后，尤其是把折现率设定为较高的水平上时，该投资项目的 NPV 为
负值。只有当折现率设置为 4%时，该项目的 NPV 才为正值，约为 0.81
亿元。根据 NPV 的计算公式可以看出，影响 NPV 大小的因素主要有初
始投资、各年度的净现金流、折现率的设定和计算期间的长短。

就该项目而言，虽然使用净现值进行分析的结果较为悲观，但考虑
到其经济社会综合效益，当地政府的投资审批部门应当会批准该项目的

申请。但其融资来源可能会使用政府专项债来筹集，因为具有收费权的高速公路项目是符合发行政府专项债的要求和条件的。此外，2022 年省级 20 年期的专项债利率大致在 3.23% 的水平，融资成本较低。

(二) 内部收益率 (IRR)

内部收益率 (IRR) 又称为财务内部收益率 (FIRR)，是一种用于衡量投资项目回报率的财务指标。它表示：当项目的净现值等于零时的折现率是多少。换句话说，IRR 是使得投资项目所有现金流的现值之和等于初始投资的折现率，也就是当项目的所有未来"利润"经折现后加和，正好等于其投资成本时的"回报率"是多少。计算 IRR 的方法是通过迭代计算找到净现值为零的折现率。具体步骤如下：第一，将投资项目的现金流量按时间顺序列出，并给定一个猜测的折现率。第二，使用"猜测"的折现率计算每个现金流的现值。第三，将所有现金流的现值求和，得到净现值。第四，如果净现值接近于零，则认为猜测的折现率接近 IRR。如果不接近零，则调整猜测的折现率，并重新计算净现值，直到净现值接近于零。第五，最终得到的折现率即为 IRR。

内部收益率的主要用途是与融资利率比较或投资人的期望回报率相比较，如果内部收益率大于借款利率，就说明该项投资的现金收益，除了支付利息和其他运维成本以外，还有盈余，是有经济效益的方案。在有几个投资方案任选其一时，以收益率大的方案作为投资对象。内部收益率通常用"试误法"计算。试误法也称"试算逼近法"。这种方法的主要内容是，先用较低利率的现值系数换算净现值，然后，再逐渐升高利率计算净现值，一直到净现值等于零或接近于零为止。

IRR 可以用作评估投资项目的回报率，通常与其他财务指标如净现值一起使用。如果 IRR 大于投资项目的成本或所需最低回报率，那么该项目被认为是有吸引力的。相反，如果 IRR 小于所需回报率，则该项目可能不具备财务可行性。需要注意的是，IRR 存在一些限制和假设。例如，IRR 假设现金流能够按照预定的时间点和金额发生，并且所有现金流可以被重新投资以获得与 IRR 相等的回报率。此外，IRR 对于项目存在多个内部收益率时可能会产生问题。尤其是项目的运营周期较长且其净现金流"忽正忽负"的情况下，有可能出现无解或多解的情况。因此，在使用 IRR 进行决策时，应该综合考虑其他财务指标和风险因素。

例题 6.9 现金流与内部收益率

三个投资项目的投资均为 10 亿元，但三个项目未来 6 年产生的净现金流不同，如表 6.8 所示。请使用内部收益率法计算项目 A、项目 B 和项目 C 的 IRR 分别是多少，如何决策。

解：

根据已知条件，以及 IRR 计算的基本原理，可得三个项目的 IRR 如表 6.8 所示。

表 6.8　　　　　　　　　　　现金流与内部收益率的计算

年份	0	1	2	3	4	5	6	内部收益率 IRR
项目 A	-10	6	2	1	1	2	2	14%
项目 B	-10	1	1	2	6	2	2	9%
项目 C	-10	3	2	2	2	15	10	34%

三个项目的 IRR 分别为 14%，9% 和 34%。其中 C 项目内部收益率最高，项目 A 次之，项目 B 的 IRR 最低。因此，从财务的角度考虑，项目 C 应当为最佳投资项目。

同理，针对于成都天府机场与天府新区连接线的案例而言，也可以运用 IRR 的原理进行分析，根据已知条件探求其内部收益率的大小具体结果如表 6.9 所示。

表 6.9　　现金流与 IRR 的计算：内部收益率——以高速公路项目为例

年份	建设期 1 年	1	2	3	4	5	6
项目净现金流	-19	1.46	1.46	1.46	1.46	1.46	1.46
累计现金流	-19	-17.54	-16.08	-14.62	-13.16	-11.7	-10.24
年份	7	8	9	10	11	12	13
项目净现金流	1.46	1.46	1.46	1.46	1.46	1.46	1.46
累计现金流	-8.78	-7.32	-5.86	-4.4	-2.94	-1.48	-0.02
年份	14	15	16	17	18	19	20
项目净现金流	1.46	1.46	1.46	1.46	1.46	1.46	1.46
累计现金流	1.44	2.9	4.36	5.82	7.28	8.74	10.2
IRR	4.49%						

该项目的内部收益率为 4.49%，假设政府 20 年的专项债券利率
为 3.23%，这也就意味着该项目的内部收益率大于专项债券利率(借
款利率)，就说明该项投资的现金收益，除了支付利息外，还有盈余。
换言之，政府可以通过"借别人的钱，做自己的项目"，还可以略有
盈利。

最后，内部收益率可以利用试误法或插值法手动计算，也可以利用
Excel 表格等软件简单实现，具体公式设定为：＝IRR(净现金流 0：净
现金流 N)。结合高速公路案例，其 IRR 的公式如图 6.2 所示。需要注
意的是各年的预计净现金流需要按时间序列排成一行，这样计算起来较
为简易。

表6.9　现金流与IRR的计算：内部收益率

年份	建设期1年	1	2	3	4	5	6
项目净现金流	-19	1.46	1.46	1.46	1.46	1.46	1.46
累计现金流	-19	-17.54	-16.08	-14.62	-13.16	-11.7	-10.24
年份	7	8	9	10	11	12	13
项目净现金流	1.46	1.46	1.46	1.46	1.46	1.46	1.46
累计现金流	-8.78	-7.32	-5.86	-4.4	-2.94	-1.48	-0.02
年份	14	15	16	17	18	19	20
项目净现金流	1.46	1.46	1.46	1.46	1.46	1.46	1.46
累计现金流	1.44	2.9	4.36	5.82	7.28	8.74	10.2
=IRR(C4:W4)							

图 6.2　Excel 表格环境下 IRR 的公式设定

(三)动态投资回收期

除了净现值法与内部收益率法以外，研究者和实践者也对少数静态
投资分析方法进行了修正。比如，对静态投资回收期各年的净现金流进
行折现。这就部分规避了静态投资分析方法的不足，扩大了该类方法的
适用性。

动态投资回收期是指在一项投资所需时间内，将初始投资额回收的

时间。它根据投资项目的折现现金流量和持续性来计算，针对每个时间点的现金流量进行累加，直到达到或超过初始投资额。动态投资回收期与静态投资回收期不同。后者只考虑初始投资和固定的现金流量。计算动态投资回收期的方法与静态投资回收期类似，但增加了各年现金流的折现环节。主要步骤如下：第一，确定投资项目的初始投资额。第二，预测投资项目的未来现金流量。这包括预计的未来各年的现金流入和现金流出。第三，对预测的现金流量进行时间价值调整（折现），以考虑货币的时间价值和风险因素。第四，将折现后的现金流量进行累积，直到达到或超过初始投资额。第五，计算动态投资回收期即为累积现金流量达到初始投资额所需的时间。有兴趣者可以利用动态投资回收期再次验算例题 6.5，看看结果有何不同。

第四节　公共投资分析与成本—效益分析

一、成本效益分析的基本概念

（一）成本效益分析的定义

成本效益分析（Cost-Benefit Analysis）是一种比较投资项目或政策成本与收益，并确定其是否值得的经济评估方法。它通过将项目或政策的成本与产生的效益进行量化比较，评估其经济可行性和社会效果。成本效益分析常被用作政策分析师用来评估一项公共投资是否符合经济效率的要求。也即是从社会是一个整体考虑，比较所有与方案相关的成本与收益，最后获得一个净收益最大化的方案供政府决策者参考。该方法1902 年产生于美国。1973 年开始广泛用于公共部门。1982 年，美国政府部门的管理行动都要进行成本—效益分析。此外，我国的《建设项目经济评价方法与参数（第三版）》、英国《绿皮书：中央政府项目评价指南》（Greenbook：Central Government Guidance on Appraisal and Evaluation），均把成本收益分析作为项目投资分析的重要评价方法。这种方法的使用结合了公共部门的特点，对投资项目或基础设施的成本、收益评价更加全面。尤其是考虑了某些不可量化或货币化的成本与收益的估算问题。这是因为公共项目往往不以盈利为目标，而以"公共需求"和"公共利益"

为准绳。但往往公共项目或投资的收益或成本并不十分明确。换言之，其以效益不能直接以"货币化""数量化"的形式进行具体核算。因此，成本效益分析仅能作为公共投资决策的一项分析工具。

成本效益分析是一种常用的决策分析工具，可帮助政府和公共组织在资源有限的情况下作出理性的决策，确保资源的最优配置和社会效益的最大化。成本效益分析的计算公式与净现值折现现金流的思路较为相似。不同之处在于，成本效益分析侧重各年的"净收益"而非"净现金流"。其公式如下：

$$PV = (B_0 - C_0) + \frac{(B_1 - C_1)}{(1+i)^1} + \cdots + \frac{(B_t - C_t)}{(1+i)^t}$$

$$= \sum_{t=0}^{n} \frac{(B_t - C_t)}{(1+i)^t}$$

其中，公式中：

B_t 代表第 t 年项目产生的综合收益；

C_t 代表第 t 年项目发生的各类费用成本；

i 代表设定的折现率。

(二)成本效益分析中的成本与收益

成本效益分析中的成本与财务分析(NPV)中的成本略有不同，其范围涵盖的较为广泛。通常包括以下几类：一是公共投资或公共政策实施的直接成本。包括项目的投资成本、建设和采购成本、设备和材料成本、劳动力成本等。二是间接成本。间接成本是指与投资项目或政策相关，但不直接发生在项目本身上的费用。例如，管理和行政费用、运营和维护费用、培训和人员调整费用等。三是机会成本。主要是指由于选择某项投资项目或政策而放弃了其他替代项目或政策所带来的经济利益损失。它反映了选择某项投资所面临的机会成本权衡。四是公共项目的维护和修复成本。这些成本涉及项目或政策使用期间的维护、修复和替换费用。例如，教学或医疗设备故障修理费用、基础设施维护费用等。五是公共项目或固定资产的操作或运营成本。主要是公共项目或政策在使用期间的日常运营费用，这包括了能源成本、人力资源成本、物流成本、维护费用等。六是健康和安全成本。这些成本涉及保护员工或公众健康与安全所需要的费用。例如，实施安全措施和培训的成本、健康风险管理的成本等。七是环境成本。环境成本是指投资项目或政策对环境造成的影响所带来的费用。譬如，项目所带来的污染控制和治理的成本、生态修复费用等。八是其他社会成本，此成本是指投资项目或政策对社会整体福利和社会利益的影响所带来的费用。例如，社区搬迁和重建费用、社会资源分配不均衡的成本等。

此外，公共项目的成本效益分析框架下的收益也有不同的涵义。主要包括了以下几类：第一，直接经济效益，也就是公共投资项目或政策直接带来的经济收益。主要有项目实施后公共部门增加的税收收入、事业收入、政府性基金收入和其他经营收入等。例如，投资于有收费权的高速公路最为明显的收益就是过路费收入，污水处理厂项目的直接收益就是污水处理费收入。第二，间接经济效益，即是指公共投资项目或政策间接产生的经济效果。它可能是由于其他相关产业的发展、就业机会的增加、创造新技术和知识等所带来的效益。例如，基础设施建设项目所带来的间接效益涉及与之相关的产业链的发展和就业机会的增加。第三，社会效益。即公共投资或政策对社会整体福利和社会利益所带来的积极影响。比如改善政府行政服务效率和质量、提升教育水平、提供更好更便宜的医疗卫生服务、减少贫困和不平等。第四，环境效益。即是对环境带来的正面效果。比如：城市公交车大规模购买电动汽车取代传统燃油车，可以减少污染、改善城市生态系统和实现可持续发展等。譬如，风电项目或光伏发电项目所带来的环境效益可以体现为减少温室气体排放和降低环境污染等。第五，健康效益。也就是公共项目或政策对个人或公众健康产生的积极影响。例如，预防疾病、提高医疗水平、改善卫生条件等方面。具体事例如，2020—2023 年，中央政府、湖北省政府以及武汉市连续 3 年在武汉市辖区内进行了大规模医疗设施的建设和改造，建设了包括平战结合医院、医疗应急突发处理设施、增加了数万间负压病房、改造更新了大量的医疗设施和设备等。公共投资于健康教育和医疗设施的效益可以体现为降低疾病发病率和提高医疗服务的可及性。

具体可以某政府投资的水利项目直观分析部分成本与收益，详见表 6. 10。

表 6.10　　　　　　某政府投资水利项目的部分成本与收益分析　　　　　　札记

成本和收益的类型			收益	成本
实际的	直接的	有形的	农产品的增加	水管的成本
		无形的	环境的美化	田地的损失
	间接的	有形的	减少土地的腐蚀	水源的分散
		无形的	乡村风貌的保存	野生资源的破坏
	内部的		为辖区带来的全部收益	建造、维护项目的全部成本
	外部的		有助于下游地区防洪	下游地区对该项目的支持
金融的			地价升高、农具厂职工工资提高	因地价提高、农具厂职工工资提高而使工程造价提高

在成本效益分析中，为将效益与成本进行比较和评估，通常需要将这些效益进行量化，并转化为货币单位。这样可以实现成本和效益的可比性，便于进行综合评估和决策。然而，有些效益难以准确量化，因此可能需要使用定性方法或专家判断来衡量和评估。

二、成市效益分析的基市方法与步骤

(一)成本效益分析的基本步骤

成本效益分析通常包括以下步骤：第一步，确定项目或政策的范围和目标。明确需要评估的决策内容和所关注的方面。第二步，识别相关的成本和效益。成本包括直接成本(如投资、运营、维护费用等)和间接成本(如机会成本、环境影响等)。效益可以是经济效益(如净现金流、增加的收入等)和非经济效益(如环境改善、健康效益等)。第三步，将成本和效益进行货币化。将各项成本和效益转化为相同的货币单位，以便进行比较和分析。这可以通过市场价格、评估模型或调查研究等方法来实现。第四步，进行成本效益分析计算。比较项目或政策的总成本和总效益，并计算出成本效益比率、净现值、内部收益率等指标，以评估经济可行性和优先级。第五步，进行敏感性分析和风险评估。考虑不确定性因素对结果的影响，并进行相关的敏感性分析和风险评估，以了解评估结果的可靠性和稳健性。第六步，作出决策或推荐。根据成本效益分析的结果，评估项目或政策的利弊，提出决策建议，并作出最终决策。

(二)成本效益分析的方法思路

在使用成本效益分析的过程中，主要的挑战在于第二步、第三步，涉及如何全面科学地评估公共投资项目所面临的费用与收益的界定和评价。通常而言，为了进行比较和评估，通常需要将有关的成本效益转化为货币单位，以便进行成本比较。这个过程被称为成本效益的量化与货币化。货币化的目标是将不同类型的效益统一到一个可比较的度量标准。一般包括以下几种方法：一是市场价格法。利用市场上已存在的交易价格来确定成本或效益的货币值。例如，如果投资项目或政策可以直接带来收入增加或成本减少，那么效益的货币化可以通过基于市场价格确定这些经济影响的数值。二是替代费用法。即通过估算替代方案或替代品的成本，来确定效益的货币值。例如，对比传统能源和可再生能源项目的效益时，可以估算传统能源产生的污染治理成本或环境损失，并将其作为效益的货币化数值。三是评估模型法。使用经济评估模型来估算成本效益的货币值。这包括成本效益分析模型、成本效用分析模型等。通过建立相关模型，将效益的特征和影响因素纳入考虑范围，以计算效益的货币值。四是调查和问卷法。通过调查、问卷调查等方式收集公众对于效益的偏好和愿意支付程度(WTP)，将这些价值转化为货币单位。例如，通过调查公众对于环境改善项目的愿意支付金额，来确定效益的货币化数值。五是专家判断法，邀请相关领域的专家，根据其专业知识和经验，对效益进行货币化估算。专家可以基于概念模型、统计数据或类似研究结果进行判断，提供合理的货币化数值。

由于成本效益分析的实际操作十分复杂，本章以一条无收费权的国家一级公路项目为例，来介绍公共投资项目的成本收益分析实际应用。

◎案例分析 6.1

某国道市区段快速化改造工程：
公共项目的经济费用与经济效益分析

2018 年，中部某市决定对由南向北的一条重要国道的市区段进行快速化改造。该路段存在因年久失修且货车超载原因导致路面破损严重、频繁堵车、事故频发等交通问题。该路段长约 13 公里，(财务)总投资约为 103 亿元(含拓宽、高架桥、征拆等费用)。工程分两期，预计 6 年完成建设，运营期为 20 年。经咨询单位初步估算，该项目一期工程已经基本完工，拟建二期工程的财务总投资及其构成如表 6.11 所示。

表 6.11　　　某国道市区段快速化改造工程总投资表 (单位：万元)

序号	项目名称	工程费用	工程建设其他费用	预备费	建设期利息	总投资
1	一期	459009.36	39357.17	39869.32	0.00	538235.84
2	二期	423497.97	38167.41	36933.23	0.00	498598.61
	小计	882507.33	77524.58	76802.55	0.00	1036834

因该项目不能收取相关费用，因此需要根据有关政策要求进行经济评价，即公共投资建设项目的费用效益评价。该项目的国民经济费用包括工程投资费用、运营费用等；国民经济效益主要有运输费用节约效益、运输时间节约效益。另外，减少拥堵效益、提高交通安全的效益、提高运输质量的效益、包装费用节约效益等由于其数额较小，本次费用效益评价不予计算。

该项目二期工程的费用评价主要基于财务成本的估算经调整后的工程费用(换算影子价格、土地费用、税费等)。主要包括经济效益或收益有两大类：一是运输费节约效益，二是运输时间节约效益。经济效益评价结合本项目的特点，利用"有项目"和"无项目"时情况对比的方法进行分析(简称有无对比法)。根据相关文件和国民经济评价方法的规定，主要项目直接效益的计算公式如下：

(1)运输成本节约效益 (B_1)。

$$B_1 = (C_w L_w - C_y L_y) Q_k$$

式中：B_1 为项目新建导致的运输成本节约效益 (万元/年)；C_w 为无项目时运输成本，元/吨·公里(元/人·公里)；L_w 为无项目时运输距离 (公里)；C_y 为有项目时运输成本，元/吨·公里(元/人·公里)；L_y 为有项目时运输距离 (公里)；Q_k 为新建道路的综合运输周转量，万吨/年（万人次/年）。

（2）运输时间节约效益（B_2）。

本项目运输时间节约效益包括旅客时间节约效益（B_{21}）、运输工具占用时间节约效益（B_{22}）和缩短货物运输在途时间效益（B_{23}）。计算公式分别为：

旅客节约时间效益：

$$B_{21} = 0.5 \times bT_n Q_{np}$$

式中：B_{21} 代表旅客时间节约效益（万元/年）；b 代表旅客单位时间价值（按人均国民生产总值计算）（元/小时）；T_n 是节约的时间（小时/人）；Q_{np} 为道路的旅客周转量（万人次/年）。

运输工具占用时间节约效益：

$$B_{22} = qC_{sf}T_{sf}$$

式中：B_{22} 代表运输工具占用时间节约效益（万元/年）；q 为运输工具数量（万车）；C_{sf} 为运输工具每天维持费用（元/车·天）；T_{sf} 为运输工具全年缩短停留时间（天）。

缩短货物运输时间效益：

$$B_{23} = PQT_s i_s / (365 \times 24)$$

式中：B_{23} 代表缩短货物运输在途时间的效益（万元/年）；P 为货物影子价格（元/吨）；Q 为货运量（万吨/年）；T_s 为缩短的运输时间（小时）；i_s 为社会折现率（取 8%）。

经测算，该项目的二期工程的国民经济费用与效益计算表如表 6.12 所示。

表 6.12　　　　某国道市区段快速化改造工程

国民经济费用和效益流量表　　（单位：万元）

序号	年份	国民经济费用					国民经济效益			净效益流量效益-费用	累计净现金流量
		国民经济投资	小修养护费	大修费用	管理费	合计	运输成本节约效益	运输时间节约效益	合计		
1	2018	142579				142579				-142579	-142579
2	2019	142579				142579				-142579	-285158

续表   **札记**

序号	年份	国民经济费用					国民经济效益			净效益流量效益-费用	累计净现金流量
		国民经济投资	小修养护费	大修费用	管理费	合计	运输成本节约效益	运输时间节约效益	合计		
3	2020	142579				142579				-142579	-427736
4	2021	136987	39		114	137141	2151	7065	9217	-127924	-555660
5	2022	136987	41		120	137148	2465	8440	10906	-126243	-681903
6	2023	136987	42		126	137156	2825	10083	12908	-124248	-806151
7	2024		137		409	546	10009	37242	47251	46704	-759447
8	2025		143		430	572	11469	44495	55963	55391	-704056
9	2026		149		451	600	13142	53162	66304	65704	-638351
10	2027		155		474	629	15060	63521	78580	77951	-560400
11	2028		162		497	659	17257	75901	93158	92498	-467902
12	2029		169		522	691	19775	90697	110472	109781	-358120
13	2030			2388	548	2936	22660	108383	131043	128107	-230013
14	2031		184		576	760	23590	117670	141261	140501	-89512
15	2032		192		605	796	24559	127758	152317	151521	62008
16	2033		200		635	835	25567	138716	164283	163448	225456
17	2034		208		667	875	26616	150619	177235	176360	401816
18	2035		217		700	917	27709	163549	191257	190340	592156
19	2036		227		735	962	28846	177594	206440	205479	797635
20	2037		236		772	1008	30030	192852	222883	221874	1019509
21	2038		247		810	1057	31263	209428	240691	239634	1259143
22	2039		257		851	1108	32546	227435	259981	258873	1518016
23	2040	-419349	268		893	-418188	33882	246997	280879	699067	2217083
	合计					435947			2653030		
	经济内部收益率		EIRR = 10.12%								
	经济净现值(i=8%)				ENPV = 178946(万元)						

根据以上国民经济费用和效益数据，编制国民经济费用效益流量表，计算国民经济效益费用比，最终得出本项目经济内部收益率、经济净现值及经济效益费用比。各指标如下：经济内部收益

率，EIRR = 8.05%；经济净现值（i = 8%），ENPV = 5806 万元；经济效益费用比，RBC = 1.01。

事实上，通过该案例可以看出，在公共投资项目的成本收益分析中，其成本的核算相对容易，但是收益的估算较为复杂。尤其是当公共项目没有收费权的情形下，项目收益的确认、量化与货币化存在一定难度。但在该案例当中，其采用了"有无对比法"来分析，针对运输成本节约和运输时间节约的维度来核算该项目带来的整体经济效益。根据分析结果发现，该项目的经济内部收益率为8.05%，高于社会折现率的8%；经济净现值为5806万元，为正值；费效比为1.01，大于1。因此该投资项目通过成本效益分析。

(三) 成本效益分析中的敏感性分析

除此之外，作为成本效益分析的第五步，在审核备选方案时也需要关注风险及其带来的影响。尤其是对项目未来效益和费用成本的重要"变量"和"因素"变化，对于项目整体分析结果的影响，比如，该国道项目的主要建筑材料价格的变化对项目总费用的影响。具体如砂石、钢材、沥青、混凝土、柴油等。同时由于该项目处于市区，其项目周边的征拆成本可能影响更大。此外，经济收益的测算结果也受到各类"交通收益"的变化影响。这就是经济评价中的敏感性分析。敏感性分析是用于测试成本效益分析对不同假设的敏感程度的一种方法。这些假设是对既定的成本与效益实际发生的可能性的假设。在对两个或两个以上方案进行比较时，行动的结果可能存在不确定性，即使已经全面计算了一个成本收益。分析人员可以对未来成本进行不同的假设——比如设想有高、中、低三种成本——并单独计算在每种假设下的不同比率，以便观察这些比率对不同假设的"敏感"程度。下面以一个培训项目为例，作一个简单解释。

◎**案例分析 6.2**

敏感性分析

某央企准备对其全国公司的中层干部进行轮流业务培训。培训地点位于北京总部，但住宿地点有两种备选方案。一个在市区的三星级酒店，另一个在远郊区的四星酒店。该项培训为期五天。该央企的人力资源部部长，已经拟定了全面的培训预算和计划，并进行了成本效益分析。但其注意到一个问题，即汽油价格会影响到培训的交通通勤成本，交通通勤成本又决定于汽油价格。因此，该工作人员编制了一个敏感性测试表格，试图分析汽油价格对于两个备选方案的总成本和人均成本的影响。当汽油价格分别提升 10%、20%、30% 时，备选方案 I（远郊）和备选方案 II（市区）的总成本与人均成本的变化情况。结果如表 6.13 所示。

表 6.13　　　　汽油价格的提高对两个培训计划
备选方案的影响　　　（单位：万元）

备选方案	价格提高		
	10%	20%	30%
I．远郊			
总成本	4400	4800	5200
培训人数	5000	5000	5000
每名培训者的成本	0.88	0.96	1.04
II．市区			
总成本	4500	4800	5100
培训人数	5000	5000	5000
每名培训者的成本	0.9	0.96	1.02

在作出决策时，需要评估不同情形下，汽油价格提升的可能的概率（基本、不利、最坏），对总成本和平均成本的影响，最终决策选择较优的方案。

（四）成本效益分析中的风险管理与分配

此外，对于公共投资或公共项目而言，风险管理也尤为重要。风险可以理解为"对未来的不确定性"。这种不确定性会对公共投资或公共项目的建设、实施和运营维护的成本产生重大影响。但风险不能被"消灭或消除"，这种想法是掩耳盗铃、自欺欺人的。对于公共部门而言，可以做的是通过识别风险、评估风险、分配风险等措施来弱化风险，以减少风险所带来的损失。一般而言，对公共项目风险管理需要经过以下几个步骤。第一，进行风险识别与评估。包括公共投资或公共项目的技术风险、财务风险、政治风险等。第二，拟定弱化风险的对策。对每个已识别的风险，制定相应的风险策略。这包括避免风险、减轻风险、转移风险(购买保险)和接受风险等策略和措施。第三，建立风险监控与控制机制，及时采取必要的措施来控制或减轻风险的程度，确保风险管理计划的实施和执行。公共投资与项目的风险管理是一个复杂的过程，涉及多个方面的考虑和决策。表6.14是一个"社会资本"参与的公共基础设施项目实施的一个风险识别与风险分担方案，具体内容如下。

表6.14　　公共基础设施项目的风险识别、评价与分配(PPP项目)

风险类型	风险描述	承担方	政府承担(%)	共同承担(%)	社会资本方(%)	情景假设	风险后果(成本增加比例%)	发生概率(%)	比例类型	备注
前期风险	招投标风险	政府+社会资本		0.31%		基本	0.1	60	建设及运营费	
						不利	0.5	30		
						最坏	1	10		
	项目谈判风险	政府+社会资本		0.17%		基本	0.1	75	建设及运营费	
						不利	0.3	15		
						最坏	0.5	10		
	项目规划风险	政府	0.15%			基本	0.1	70	建设及运营费	
						不利	0.2	25		
						最坏	0.5	5		
	项目融资风险	社会资本			1.45%	基本	1	70	建设及运营费	
						不利	2	25		
						最坏	5	5		
	土地征用风险	政府	0.15%			基本	0.1	70	建设及运营费	
						不利	0.2	25		
						最坏	0.5	5		

续表　　　　　**札记**

风险类型	风险描述	承担方	政府承担（%）	共同承担（%）	社会资本方（%）	情景假设	风险后果（成本增加比例%）	发生概率（%）	比例类型	备注
前期风险小计			0.28%	0.48%	1.45%					
建设风险	项目成本风险	社会资本			6.00%	基本	4	60	建设费	
						不利	8	30		
						最坏	12	10		
	分包商的风险	社会资本			1.70%	基本	1	60	建设费	
						不利	2	30		
						最坏	5	10		
	完工风险	社会资本			0.68%	基本	0.5	50	建设费	
						不利	0.8	35		
						最坏	1	15		
	质量风险	社会资本			1.18%	基本	1	70	建设费	可由保险公司承担
						不利	1.5	25		
						最坏	2	5		
	安全风险	社会资本			1.23%	基本	1	70	建设费	可由保险公司承担
						不利	1.5	25		
						最坏	3	5		
	材料和设备采购风险	社会资本			0.78%	基本	0.5	65	建设费	
						不利	1	25		
						最坏	2	10		
	建设期延长	社会资本			0.68%	基本	0.5	50	建设费	
						不利	0.8	35		
						最坏	1	15		
建设风险小计			0%	0%	12.25%					

札记

风险类型	风险描述	承担方	政府承担（%）	共同承担（%）	社会资本方（%）	情景假设	风险后果（成本增加比例%）	发生概率（%）	比例类型	备注
运营风险	安全风险	社会资本			4.00%	基本	3	60	运营费	可由保险公司承担
						不利	5	30		
						最坏	7	10		
	运营能力欠缺风险	社会资本			7.30%	基本	6	70	运营费	
						不利	10	25		
						最坏	12	5		
	运营违规风险	社会资本			2.70%	基本	2	70	运营费	
						不利	4	25		
						最坏	6	5		
运营风险小计			0%	0%	14.00%					
移交风险	质量风险	社会资本			2.25%	基本	2	85	建设及运营费	
						不利	3	10		
						最坏	5	5		
	项目产权风险	政府+社会资本			0.65%	基本	0.5	80	建设及运营费	
						不利	1	15		
						最坏	2	5		
移交风险小计			0%	0.65%	2.25%					
其他风险	政策风险	政府	0.13%			基本	0.1	80	建设及运营费	
						不利	0.2	15		
						最坏	0.4	5		
	合同风险	政府+社会资本		0.48%		基本	0.3	60	建设及运营费	
						不利	0.6	30		
						最坏	1.2	10		
	不可抗力风险	政府+社会资本		1.40%		基本	1	70	建设及运营费	可转移给保险公司
						不利	2	25		
						最坏	4	5		
其他风险小计			0.13%	1.88%	0%					

第五节 小 结

公共投资对我国行政事业单位的职能履行、公共服务的提供和生产具有重要作用和意义。从宏观角度看，公共投资或政府投资是弥补市场失灵、有效配置资源的重要手段，可以强化国有经济在关系到国家经济命脉和核心产业的关键地位。此外，公共投资也是政府进行宏观调控的重要手段。从公共管理的中观角度而言，公共投资是财政支出、资本性支出的主要组成部分。通过使用各类投资分析技巧，可以审慎评估拟投资项目的经济性、有效性、投入—产出比，以及对于社会公正和可持续性的影响，从而实现政策目标和公共财务管理的目标。换个角度，从微观来看，作为行政和事业单位的财务管理部门而言，资本性支出是公共部门财务管理的重要内容，属于行政事业单位"三重一大"决策制度涵盖的事项。因此，在进行决策时，财务管理人员需要提供本部门的建议和看法，因而需要具备基本的公共投资决策分析技能和知识储备。

本章介绍了两大类四种基本公共投资决策分析方法，主要是财务回报率、投资回收期、净现值和财务内部收益率。四种方法中，静态投资分析的方法（财务回报率、投资回收期）仅适用于短期投资决策，内容较为简单的公共投资与项目。静态投资分析方法简单、直观，容易理解和运用，尤其是针对核心决策者没有财务专业背景的情况下，对公共投资分析结果的解释和描述较为方便。然而，它也存在一些局限性。例如没有考虑时间价值、未来变化的不确定性以及不同备选项目之间的相互作用及影响等。

此外，动态投资分析方法（如 NPV 和 IRR）可以较为准确地衡量投资项目的价值和回报，帮助决策者进行更明智的公共投资选择。在使用动态投资分析方法时，也需要注意准确预测未来现金流量、合理设定折现率和谨慎考虑不确定性因素，以确保评估结果的可靠性和有效性。动态投资分析方法的使用与人文社会学科中的"量化实证研究"有一定的相似性，对数据的可靠性、可信度和全面性需要审慎考虑，否则其分析结果会有失偏颇，误导决策者。

对于公共部门的投资决策而言，成本效益分析是一种较为常用的分析工具。通过成本效益分析，政府和决策者可以评估公共项目是否值得投资，并比较不同项目之间的优先次序。同时，成本效益分析也有其局限性。比如：难以确定某些效益的准确价值和定量化，以及公共项目对多个利益相关者及社会群体产生的非市场效益的评估。因此，在进行公共项目的成本效益分析时，需要谨慎评估和权衡各种因素，并结合其他决策方法和相关利益相关者的意见。

第七章　政府财务会计的基本概念与知识

◎学习内容和目标

本章的学习将侧重公共部门财务会计的财务会计基本概念、要素，掌握政府财务会计的基本原理，理解财务会计报表的编制过程及基本原理，理解中国行政事业单位的财务会计体系构成，熟悉会计准则及会计科目的设置。

通过本章节的学习，学习者需要会进行简单的会计业务处理，如，懂得简单交易的识别、确认、会计分录以及试算平衡等基本知识。

第一节　政府财务会计基本概念：
定义、作用与会计循环

公共部门财务管理的关注焦点在于，公共部门如何有效管理其资产与负债，并且评估其收入和支出。公共部门财务管理涉及公共部门的资源利用和配置的效果。良好的公共财务管理可以提高公共服务质量，提升公共服务的可持续性，增强公众对行政事业单位绩效的信任，确保公共组织有效地使用公共资金。

本章将详细介绍政府财务会计的基本原理。主要侧重以下几个方面：政府财务会计基本概念，会计要素与会计恒等式，会计记录与复式记账法，试算平衡和财务报表数据的准备，以及有关政府会计准则等。本章将对"权责发生制"的政府财务会计进行讲述。因为本教材针对的是"非会计专业的公共管理学科"的学生，因此相关内容仅以政府（行政事业单位）为例，对基本知识进行介绍。如需深度学习或了解其他财务会计的知识，请参看财务会计的专业教材。本节的主要目的在于，使学习者能理解会计记录、分析、试算平衡和财务报告编制的基本原理与流程，而非专业人员进行深度探究。换言之，使学习者会进行简单的会计业务处理，如，懂得简单交易的识别、确认、会计分录以及试算平衡等。并不使其达到注册会计师或中级会计师职称的执业水平。

一、公共部门会计的定义

根据国际会计准则委员会的规定，政府会计是指"用于确认、计量、记录和报告政府及事业单位财务收支活动及其受托责任履行情况的会计体系。"①美国财政学家 B. J. 理德与约翰·W. 斯韦恩(2002)、美国政府会计专家陈立齐(2012)、我国学者王雍君(2004)、李建发(2001)等对"政府会计"作出了类似界定。综合已有研究,一般认为,政府会计是指对形成国有资产或被国家公共事务所消耗的政府公共财政资金进行全过程反映和监督的专门会计。

政府会计是一套财务信息系统,是一种管理的"语言"。其基本功能在于按照一定的原则或标准,对政府财务信息进行确认、计量和记录,而后形成会计报表与财务报告,全面反映财务状况与经营管理成效,政府各种受托责任或履职活动。政府财务会计所提供的信息是政府和公共部门内部管理与决策的有效工具。基于政府财务报告与财务报表,决策者可以调整资源配置,改善管理或履职效果。从另一个角度看,政府会计是各级政府及各部门单位,以货币为主要计量单位核算反映和监督预算执行情况以及财务状况运行情况和现金流等信息的会计,是以政府预算管理和财务管理为中心的信息系统和管理手段,是我国会计体系的一大分支。据我国对政府会计准则的定义,我国政府财务会计的主体,不仅仅是指相关公共行政机构及其实体的会计管理活动,还包括事业单位等公共组织。因此,为简化处理,在本章中所提到的"政府会计"与"公共部门财务会计"可以混用,所表达的意思是一致的。

我国的政府会计准则并没有对政府会计的具体定义作出界定。但规定了中国政府会计由预算会计和财务会计两大体系构成。我国的政府会计体系和制度仍处于改革的过程中,"老制度、老办法"与"新制度、新方法"并存。传统的政府会计以"预算"为管理基础和核心手段;政府财务会计则以"财务会计"中心,以权责发生制为基础。其中政府预算会计是指以收付实现制为基调,对政府会计主体预算执行过程中发生的全部收入和全部支出进行会计核算,反映和监督预算收支执行情况的会计。政府财务会计则是指以权责发生制为基础,对政府会计主体发生的各项经济业务和事项进行会计核算,反映和监督会计主体财务状况、运行情况和现金流的会计。各级政府、行政事业单位是政府会计主体。我

---

① 上海财经大学公共政策研究中心. 2003 年中国财政发展报告[M]. 上海财经大学出版社,2003.

国政府会计正在实施双基础原则，换言之，预算会计与财务会计并行，既采用权责发生制，又采用收付实现制。

从世界范围看，英国、美国、加拿大和澳大利亚等国家的政府会计以权责发生制为主，德国、荷兰、日本、韩国等国家则采用了收付实现制为基础的政府会计制度，还有部分国家，正处于从收付实现制向权责发生制的转变过程中。例如，中国及少数发达国家。① 2017 年中国注册会计师协会的调查显示，在经济合作组织（OECD）的全部 34 个成员国中，有 25 个国家（约占 73%）的公共部门年度财务报告是以权责发生制为基础编制、3 个国家（约占 9%）表示其编制基础正在向权责发生制转变、6 个国家（约占 18%）表示其仍然采用收付实现制为基础编制年度财务报告。

之所以较多国家开始以权责发生制为基础编制政府财务报告。首先，因为权责发生制有助于公允反映各国的公共财政状况，评估各国政府运营所耗费的全部成本，并有助于引入或强化绩效文化，推动实现公共管理的现代化。其次，权责发生制政府财务会计有助于提高透明度和问责制。例如提高财政透明度和促进科学决策，满足对外报告的要求等。再次，权责发生制有助于战略性资源管理，提高公共部门对预算、支出、财务进行管理的能力等。最后，权责发生制有助于增强成本意识，加强成本管理。例如，对资产和负债进行记录，包括对基础设施资产和员工福利等的核算，能够有助于评估公共部门耗用的所有资源，衡量公共部门运营的成果。权责发生制会计改革，可以满足内外部信息使用者的需求，促使财务报告全面反映政府的收入、费用、资产和负债。财务报告有较广的覆盖范围，能提供整个公共部门的信息。包括中央和地方政府，或至少对某一层级的政府。

二、政府会计的作用和财务会计的循环

（一）政府会计的作用与信息使用者

政府会计在公共财务管理中发挥着重要的作用。能帮助政府实现资

---

① 中国注册会计师协会 . 2017，经合组织成员国权责发生制会计实务与改革经验［EB/OL］. https：//www.cicpa.org.cn/ztzl1/hyfzyjzl/201704/W020210420529451 060801.pdf。

金管理和预算控制，支持经济效益评估和决策制定，提高财务透明度和公开性，加强内部控制和风险管理，确保财务合规性和合法性。政府财务会计有助于提高公共资源的有效配置和使用，促进社会经济的可持续发展。具体包括以下几个方面。

第一，资金管理和预算控制。政府财务会计通过对收入和支出的准确记录和监控，帮助政府进行资金管理和预算控制。它提供了一个系统的框架，使得政府能够有效地规划和执行预算，合理配置和使用公共资金，避免财政赤字和无序支出。第二，有助于经济效益评估和决策支持。政府财务会计提供了对财政支出和项目投资的经济效益进行评估的依据。通过财务信息和分析报告，政府可以评估各项开支对社会经济发展的影响和回报，为决策提供依据和支持，有助于优化资源配置，提高公共服务的效率和效果。第三，财务透明度和公开性。政府财务会计要求对政府财务活动进行透明度和公开性的披露。这有助于增加政府财务管理的信任度和可靠性，让纳税人和公众了解政府财政状况，并能够评估政府的财务健康状况。透明的财务信息也有助于减少腐败现象，提高治理效能。第四，内部控制和风险管理。政府财务会计需要建立有效的内部控制机制，防止财务失误和不当行为，并及时发现和纠正潜在的风险和问题。通过规范的财务程序和审计监督，政府可以加强对公共资金的管理和监督，确保资金安全和稳定。第五，合规性和合法性。政府财务会计必须符合相关的财务会计准则、规定和法律法规。它的存在有助于确保政府财务活动的合规合法，防止财务违规行为的发生。这是公共财政管理的基本要求之一。

政府会计可以提高政府财务信息的准确性。这些信息的使用者涵盖了内部与外部两大群体，这些使用者广泛而多样，涉及政府内部管理层、审计机构、外部利益相关者以及财务报告的用户群体。他们共同依赖政府财务会计信息来实现对政府财务活动的监督、管理和决策。具体而言，主要有：第一，政府内部管理者。政府部门的内部管理者包括各级政府机构的领导和相关部门的负责人。他们通过政府财务会计信息来监控和管理财政收入和支出，评估项目的财务状况和绩效，制定预算和决策，以及改进财务管理和资源配置。第二，内部审计机构。政府内设的审计机构负责对政府财务会计活动进行审计和监督，确保财务信息的准确性、可靠性和合规性。他们通过审核财务记录和报告，发现潜在的风险和问题，并提出改进建议和意见。第三，外部利益相关者。外部利益相关者包括纳税人、社会公众、媒体、投资者和国际组织等。他们关注政府财务会计信息的披露和透明度，以便评估政府的财务状况和绩效，监督财政管理，确保公共资金的合理使用。第四，财务报告用户。政府财务报告是政府财务会计的主要输出，包括预算执行报告、财务报表和年度财务报告等。这些报告的用户包括政府决策者、研究机构、学者和其他利益相关者，他们可以利用这些报告来了解政府财务状况、经济状况和绩效，进行研究分析，提供决策意见。

札记

(二)政府财务会计的会计循环：从发票(交易)到财务报告的过程

当行政事业单位的会计工作人员开展业务活动时，需要遵循一定程序，并按照程序和方法记录和处理财务信息，这个过程从原始发票开始，逐步推进。经过识别、确认、记录、记账、过账、试算平衡、调整、编制财务报告等环节。这一过程就是所谓的会计循环，一般而言，会计循环主要包括以下几个步骤，如图 7.1 所示。

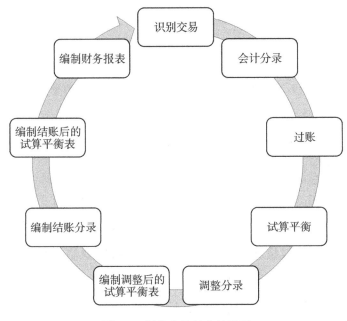

图 7.1 财务会计的会计循环

第一步，识别和分析业务交易。会计循环的第一步是识别并分析与会计主体相关的业务交易。这包括了收集相关的凭证和文件，并对交易进行分类和归档工作。这些原始凭证是记录和证明业务交易的最基本的会计文件，包含业务交易的事项、日期、金额、付款人、收款人、日期、收付款方式、税费等主要信息，包括各类发票（如图7.2所示）、收据、支付或收款凭证（如：支票、银行转账记录、电子支付凭证等）、报销凭证等。

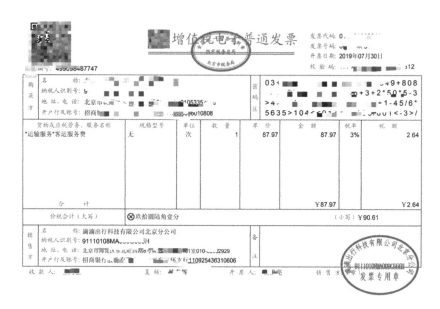

图7.2　原始财务凭证示例：差旅费报销凭证（发票）

第二步，会计分录和记账。在这一工作步骤中，会计人员根据业务交易的性质，将交易的金额和所属账户记录在会计账簿中。常见的账簿包括总账、明细账等。具体而言，这一步骤又包括5个小的环节。一是编制记账凭证，通过审查分析原始会计凭证，以表格的形式对其经济业务进行记录。一般情况下，每一笔经济业务都需要制作相应的记账凭证，凭证一般包括凭证号码、日期、摘要、借方金额和贷方金额等信息。二是按照"复式记账法"进行会计分录。也即是根据会计准则和相关行政事业单位的有关规定，依照经济业务的性质和影响，将发生的经济业务按照借贷关系进行分门别类的记录。这也可以理解成，对一定时期内所有发生的事项和交易进行分类，并记录在特别的"账簿"

上。三是会计科目的设置。在上一步中，记录交易的特别账簿，实际
上就是依照经济业务对交易事项等进行初步分类和归集的"明细表格"
或"汇总表格"。换言之，就是先把各种复杂琐碎的交易按大类进行筛
选、归类。这个初步筛选分类的标准实际上是按照资产、负债、净资
产、收入和费用等五个方面(会计要素)进行的。四是对其内容进行会
计分录，即按照经济业务的性质和影响，对各类会计科目进行确认和
"登记"。五是过账。过账是将记账凭证中的内容，录入到总账、明细
账(如图 7.3 所示)等会计账簿中的过程。通过过账，将凭证上的借贷
方金额分别写入相应的会计科目账户中，确保账务的准确和一致。此
外，相关原始凭证和会计凭证需要进行编号、存档和保管。凭证编号
可以按照时间顺序或其他方式进行编排，以便于查找和核对。会计分
录和记账的过程，实际上是组织交易信息的收集、分类、初步处理的
过程。

第三步，试算平衡。在完成记账和过账工作之后，为了验证会计记
录的准确性和一致性，财务及会计人员需要进行试算平衡。试算平衡的
目的是确保会计记录的准确性和完整性，以便生成准确的财务报表，为
决策提供可靠的信息依据。试算平衡的工作主要包括以下几个方面：一
是进行余额核对。将各个会计科目(账簿)的借方金额和贷方金额进行
累加，确保借贷两方的金额相等，即借贷平衡(具体见表 7.1)。二是进
行总账平衡。将各个会计科目的余额填写到总账中，检查总账的借贷平
衡情况。三是核对与调整。如果发现任何不平衡或错误，需要进行核对
和调整。这可能包括重新检查记账凭证、分录、会计科目等，并进行必
要的修正。四是准备财务报表。完成试算平衡后，可以根据总账的数据
准备财务报表。如资产负债表、利润表和现金流量表等。试算平衡表具
体如表 7.1 所示。从表中可以看出，在记录所有交易后，核对各个会计
科目的余额，并将各类会计科目的余额填写到总账中，检查借方余额与
贷方余额的平衡情况。试算平衡实际上是一个验算前期会计记录结果准
确性的过程。同时，试算平衡的结果也为编制资产负债表、收入费用表
提供相关数据的支撑。

札记

札记

银行存款 日记账 第1页

2012年 月	日	凭证号	摘要	对方科目	凭证 种类	票号	借方	核对号	贷方	核对号	余
1	1		上年结转								95
		4 1	收到投资	实收资本			30000000				
		2	支付材料款	原材料					1287000		382
		5 3	销售产品	主营业务收入			8236800				464
		6 6	借款	短期借款			200000000				
		8	缴税	应交税费					25770180		
		9	缴税费	应交税费					1220682		
		10	张伟借款	其他应收款					4000000		
		11	缴纳住房公积金	应付职工薪酬					3216400		2158
		7 12	支付运费	在途物资					300000		2155
			过次页				238236800		321942 62		2155

银行存款 日记账 第2页

2012年 月	日	凭证号	摘要	对方科目	凭证 种类	票号	借方	核对号	贷方	核对号	余
			承前页				238236800		321942 62		2155
		9 13	预付货款	预付账款					35000000		
		14	支付前欠货款	应付账款					18866250		
		16	收到前欠货款	应收账款			13759200				1754
		10 17	支付社保费	应付职工薪酬					66097 02		1688
		12 19	支付前欠货款	应付账款					250000		
		21	收到到期票据款	应收票据			67860000				
		24	存现金	库存现金			100000				2388
		16 25	还本付息	短期借款					50355000		1861
		21 27	预收货款	预收账款			24804000				2109
			过次页				344760000		143275214		2109

图7.3 财务会计中的明细账示例：某单位"银行存款"—日记账(12.1.1—12.1.21)

表 7.1　　　　　　　　　　　**总分类账试算平衡表**

2×19 年 1 月 31 日　　　　　　　　　　单位：元

账户名称	期初余额		本期发生额		期末余额	
	借方	贷方	借方	贷方	借方	贷方
库存现金	10 000		8 000		18 000	
银行存款	160 000		1 020 000	598 000	582 000	
原材料	200 000		100 000		300 000	
固定资产	11 000 000		300 000		11 300 000	
短期借款		130 000	200 000	600 000		530 000
应付票据		120 000		50 000		170 000
应付账款		100 000	110 000	70 000		60 000
实收资本		11 020 000		420 000		11 440 000
合计	11 370 000	11 370 000	1 738 000	1 738 000	12 200 000	12 200 000

　　第四步，编制财务报表。基于前期已经记录、分析和处理的会计信息，会计人员开始编制财务报表。如资产负债表、收入费用表和现金流量表。在资产负债表中其主要反映某个时间点上的该组织的"财务状况"，也就是有多少资产、负债和净资产。资产、负债和净资产的数据来源就是会计记录和财务报表。如"试算平衡表"。同样地，收入费用表显示的是某个时期内，组织的"经营成果"。主要有各类收入与费用支出，及其盈余或亏损。收入费用表中的数据同样来自相关会计记录和财务报表，但主要涉及收入和成本信息。这些财务报表反映了公共组织的财务状况和经营成果。具体示例如表 7.2 所示。

表 7.2　　　　　　　**某省政府 2014 年资产负债表**　　　　单位：万元

项　　目	附注	2013 年	2014 年
一、资产类			
货币资金		7 371 650	8 645 041
借出款项		1 571 286	2 094 887
应收利息		112	112
应收股利		26 583	25 859
应收及预付款项		4757183	3 365 552

续表

项 目	附注	2013 年	2014 年
应收税款		—	—
应收非税款		—	—
存货		88 049	101 183
其中：公共储备物资		4 155	5 873
对外投资		7 618 342	7 550 388
固定资产		12 759 701	12 054 026
其中：公共基础设施		8 055 693	7 365 125
在建工程		11 890 245	11 756 655
无形资产		28 194	382 117
其他资产		214 501	125 783
资产合计		**46 325 846**	**46 101 603**
二、负债类			
借入款项		12 664 622	10 436 701
应付利息		19 950	26 271
应付及预收款项		3 387 516	3 050 290
应退税款		—	—
应退非税款		—	—
应付薪酬		78 171	25 847
应付政府补助		—	76
政府债券		2 840 000	3 760 000
其他负债		18 835	43 642
负债合计		**19 009 094**	**17 342 828**
三、净资产类			
当期盈余		2 216 540	562 750
以前年度累积净资产		25 100 213	28 196 025
净资产合计		**27 316 753**	**28 758 775**
负债净资产合计		**46 325 846**	**46 101 603**

此外，政府的收入费用表的主要内容如表 7.3 所示。

表 7.3   **H 省 2014 年收入费用表**   单位：万元   札记

项　　目	附注	2013 年	2014 年
一、收入类			
税收收入		2 478 962	2 845 448
非税收入		1 767 516	1 542 404
事业收入		1 780 272	1 943 966
经营收入		81 245	71 465
投资收益		−90 244	−252 494
政府间转移性收入		22 591 791	23 461 740
其他收入		1 014 918	155 606
收入合计		**29 624 459**	**29 768 135**
二、费用类			
工资福利支出		1 022 801	1 262 790
商品和服务支出		2 935 678	2 368 125
对个人和家庭的补助		1 949 356	2 239 584
对企事业单位的补贴		1 239 146	939 482
政府间转移性支出		16 668 194	18 492 211
捐赠支出		—	—
折旧费用		766 832	747 805
财务费用		728 309	777 481
经营支出		57 656	58 233
其他费用		2 039 948	2 319 674
费用合计		**27 407 920**	**29 205 386**

最后，在以上工作完成后，财务或会计部门开始进行有关财务报告的编制或财务分析等工作。

第二节　会计要素与会计恒等式

在各类组织中工作的会计人员，其财务会计的记录与核算体系是基于一定规律的。在会计工作中，可以发现每发生一笔交易会对组织的财务状况产生影响。一个组织的财务状况通常由三类会计要素来表示，即资产、负债和净资产。用通俗的语言进行描述的话，资产代表着"拥有什么"，负债意味着"欠了什么"，净资产代表着资产与负债抵消后"还剩下什么"。资产，指一个组织所有的资源和拥有权，包括现金、存货、应收款项、固定资产等。资产反映了该组织拥有的价值和资源。如表7.2中所示，资产科目下包括了各种短期、长期的具体资产类会计科目。负债，指一个组织对外的债务和承担的义务。如表7.2中的负债科目下包括了应付款项、应付利息、应付薪酬等具体的负债类会计科目。负债反映了组织对外部债权人的债务责任。净资产，也称为所有者权益，指一个组织归属于所有者的(净)权益部分。又如表7.2中所显示的当期盈余(亏损)、以前年度的净资产等。在资产、负债和净资产三者之间存在着一个规律，即：

$$资产 = 负债 + 净资产$$

$$Asset = Liability + NetAsset$$

当然这个公式有时候也会变化为另一种形式，也即是

$$资产 - 负债 = 净资产$$

$$Asset - Liability = NetAsset$$

我们把资产、负债和净资产三者之间的这一关系称为"会计恒等式"，或"会计方程""会计基本等式"。会计恒等式是会计核算的基本原理。其显示了组织财务状况的平衡关系，即资产等于负债加净资产。会计方程的基本原理是跟踪和记录每一笔交易对组织的财务状况的影响。每当发生一笔交易时，这个公式必须保持平衡。交易会同时影响资产和负债加净资产的某些部分，以确保这个平衡。因此，会计方程为会计核算提供了一个基本的框架和准则。在会计方程中的各个部分包括三大类，即资产、负债和净资产。在这三大类会计要素下，又可以细分为更加具体的科目。

会计方程对于核算和检查会计分录、账簿的财务数据的准确性非常重要。通过检查资产、负债和所有者权益各部分的变动，可以确保财务报表的平衡性和准确性。同时，会计方程也为一个组织提供了理解和分析财务状况的基础。

例题7.1 会计恒等式的基本原理：资产、负债与净资产的平衡

为保障CLD街道群众就医需求以及疫情防控需要，某市市卫健委决定在2020年1月新组建"CLD社区卫生服务中心"。该社区医院位于

远城区 CLD 社区，由原来的乡卫生院与其他公办卫生所合并而来，为
CLD 社区内 43000 人常住人口的基本医疗卫生提供服务。2020 年 1 月
1—31 日，该社区医院开始试运营，并进行了正式运营前的准备工作。
主要发生了以下 4 笔交易，具体交易记录明细如表 7.4 所示。

表 7.4　　　CLD 社区卫生服务中心 2020 年 1 月交易记录明细

序号	日期	交易事项	金额(万元)	备注
1	2020/1/1	某市在 2020 年 1 月，新组建"CLD 社区卫生服务中心"，因此为保障该单位正常运行，特批给予财政拨款 3500 万元，直接拨付至该单位银行对公账户，1 月 1 日到账。	3500	
2	2020/1/3	该单位购入医疗口罩、输液用品等类型存货价值 30 万元，另有增值税 5.1 万元，邮递费 0.3 万元，装卸费 0.1 万元，付款方式为银行转账。	35.5	
3	2020/1/15	该社区卫生服务中心经上级批准，购买办公椅、办公桌等家具，价值 25 万元，另有增值税 3.25 万元。商家免费送货上门并放置于指定位置。付款方式为银行转账。	28.25	
4	2020/1/22	该社区医院经上级批准，通过政府采购，购置 X 光设备一台，价值 500 万元，另有增值税 65 万元，该笔款项将在 3 个月后，一次性支付给供应商。	565	

请根据会计恒等式的基本原理，分析以上交易会对资产、负债和净资产产生什么影响。

答：根据会计恒等式的基本原理，其公式为

$$资产 = 负债 + 净资产$$

$$Asset = Liability + NetAsset$$

因此，第一笔交易带来的影响如下

资产=负债+净资产

（1）资产（银行存款 3500）＝负债（0）+净资产（财政拨款 3500）

第二笔交易是，使用银行存款采购了价值 35.5 万元的存货。因此，虽然银行存款减少了 35.5 万元，但是在资产科目下的存货科目增加了价值 35.5 万元存货，会计方程的左右两端仍然平衡。

资产=负债+净资产

（2）资产（银行存款：3500-35.5）＝负债（0）+净资产（财政拨款 3500）

（存货：+35.5）＝负债（0）+净资产（财政拨款 3500）

第三笔交易是，使用银行存款购买价值 28.25 万元的家具。因此，虽然银行存款减少了 28.25 万元，但是在资产科目下的固定资产科目增加了价值 28.25 万元家具用品，会计方程的左右两端仍然平衡。

资产=负债+净资产

（3）资产（银行存款：3500-35.5-28.25）＝负债（0）+净资产（财政拨款：3500）

（存货：+35.5）＝负债（0）+净资产（财政拨款：3500）

（固定资产——家具：+28.25）＝负债（0）+净资产（财政拨款：3500）

第四笔交易为，以赊账的方式购买价值 565 万元的 X 光设备一台。因此，负债增加 565 万元，但是在资产科目下的固定资产科目下的"医疗设备"也增加了 565 万元，会计方程的左右两端仍然平衡。

资产=负债+净资产

（4）资产（银行存款：3500-35.5-28.25）＝负债（0）+净资产（财政拨款：3500）

（存货：+35.5）＝负债（0）+净资产（财政拨款：3500）

（固定资产——家具：+28.25）＝负债（0）+净资产（财政拨款：3500）

（固定资产——设备：+565）＝负债（+565）+净资产（财政拨款：3500）

资产合计：4065＝负债合计：565+净资产合计：3500

依此类推，该社区卫生服务中心的财务状况（资产、负债和净资产）将随着各种业务交易的增多而变化，且变得更加复杂。但是可以注意到一个现象：每进行一次交易，都会引起会计方程一边的某个相关事项的调整，从而引发会计等式另外一边或是同一边的某个项目的变动，但会计恒等式却总是保持平衡。利用会计恒等式这一原理，用来进行会计记录和会计核算，从而确保财务数据的准确性和可靠性。

此外，我国政府会计准则基本准则明确了财务会计的要素为资产、负债、净资产、收入和费用 5 个会计要素。其中收付和费用两个会计要素也可以体现在会计方程中，具体而言在表 7.2 的"净资产"下，包括"当期盈余/亏损"这一会计科目。当期盈余/亏损实际上就是一个组织在一定时期内的收入减去费用的结果。其公式如下：

$$收入-费用=盈余/亏损$$

$$Income-Expense=Profit/loss$$

因此在某些情况下，会计恒等式也可以变形为：

$$资产=负债+（净资产+收入-费用）$$

$$Asset=Liability+(NetAsset+Income-Expense)$$

根据我国政府会计准则以及企业会计准则的定义，可以来定义收入和费用。

收入是指一定时期内导致会计主体净资产增加的、含有服务潜力或者经济利益的经济资源的流入。比如，在表 7.3 中，政府或事业单位的收入可能包括税收收入、非税收入、事业收入、经营收入、投资收益等。

费用是指一定时期内导致会计主体净资产减少的、含有服务潜力或者经济利益的经济资源的流出。该要素科目按支出的去向，可分为经费支出、拨出经费、事业支出、经营支出、对附属单位补助支出、其他支出等。按照经济性质分类可以分为工资福利支出、商品和服务支出、对个人和家庭的补助、对企事业单位的补贴、政府间转移性支出、折旧费用等。

例题 7.2 会计恒等式的基本原理：资产、负债、净资产、收入与费用的平衡

2020 年 1 月 22 日后 CLD 社区医院开始试运营，该社区医院又发生了两笔交易。具体交易记录明细如表 7.5 所示。

表 7.5 **CLD 社区卫生服务中心 2020 年 1 月交易记录明细**

序号	日期	交易事项	金额(万元)	备注
5	2020/1/26	该单位下属三个科室展开试营业及医疗业务活动，领用口罩、输液用品等存货，成本 6 万元。	6	

札记

续表

序号	日期	交易事项	金额(万元)	备注
6	2020/1/30	该社区卫生服务中心收到诊疗费收入(事业收入)13 万元，付款方转账至银行对公账户。	13	

答：根据会计恒等式变形公式，以及已知条件。

第五笔交易是业务科室领用价值 6 万元的存货，用于开展业务活动。因此，资产下的存货减少了 6 万元，费用下的经费支出下的业务活动费用增加 6 万元。具体为，

$$资产=负债+(净资产+收入-费用)$$

(5)资产(银行存款：3500-35.5-28.25)=负债(0)+净资产(财政拨款：3500)

(固定资产——家具：+28.25)=负债(0)+净资产(财政拨款：3500)

(固定资产——设备：+565)=负债(+565)+净资产(财政拨款：3500)

(存货+35.5-6)=负债(+565)+净资产(3500)+收入(0)-费用(6)

第六笔交易为收到事业收入 13 万元，转账至银行存款，资产下的银行存款增加 13 万元。因此，该单位收入下的事业收入增加 13 万元。具体为，

$$资产=负债+(净资产+收入-费用)$$

(6)资产(银行存款：3500-35.5-28.25+13)=负债(0)+净资产(财政拨款：3500)

(固定资产—家具：+28.25)=负债(0)+净资产(财政拨款：3500)

(固定资产—设备：+565)=负债(+565)+净资产(财政拨款：3500)

(存货：+35.5-6)=负债(+565)+净资产(3500)+收入(13)-费用(6)

资产合计：4072=负债+(净资产+收入-费用)：4072

可以再次注意到，不管发生什么交易，每进行一次交易，都会引起会计等式的一边的某个相关事项的调整，从而引发会计等式另外一边或是同一边的某个项目的变动，但会计恒等式总是保持平衡。

利用会计恒等式这一原理，1494 年意大利发明了复试记账法来用作会计记录和报告的基础，确保财务数据的准确性和可靠性。它基于会计方程的原理，要求每一笔交易都同时影响两个或多个账户(会计科目或要素)，以保持会计方程平衡。通过在借贷两个方向同时记录交易发生的金额，复式记账法提供了一种系统和全面的方法来记录和追踪每一

笔交易对财务状况的影响。具体来说，复式记账法将每一笔交易的借方和贷方分别记录在相应的账户中，借贷的选择基于交易对账户的影响情况。通过这种方式，会计方程中的资产、负债和净资产等会计要素得到了具体的记录和体现，同时保证了会计方程的平衡性。在下个小节，本章将继续介绍会计学中的另一基本记账方法与技巧"复试记账法"。

第三节　会计分录与复式记账法

一、复式记账法的基本原理

复式记账法的基本原理为会计恒等式，即

$$资产 = 负债 + 净资产$$

$$Asset = Liability + NetAsset$$

或是，

$$资产 = 负债 + (净资产 + 收入 - 费用)$$

$$Asset = Liability + (NetAsset + Income - Expense)$$

这种对发生的每一项经济业务，都要以相等的金额，在相互联系的两个或两个以上账户(账簿)进行登记的方法，叫作复式记账法。复式记账法有两个显著特点。一是，每笔财务交易都必须使会计恒等式的每一方平衡。二是，每笔财务交易都会引起会计方程的至少两个项目发生增减变动，而且增减的金额相等，从而达到平衡。简单来说，复式记账法可以通过一笔交易记录两次这种做法，弄清楚交易的资金来源和去向等细节，也利用会计方程的特点来确保交易记录的准确性。当记录错误时，会计恒等式就会"不平"，或不相等。

复式记账法以"借"(Debit，简写为 Dr.)、"贷"(Credit，简写为 Cr.)为记账符号，记录会计要素(资产、负债、净资产、收入、费用)的增减变动情况。在经济业务引起资金变化的双方账户中，将其以方向相反、金额相等的方式进行登记。以复试记账法为基础，记录和描述经济交易或业务活动对账户影响的活动，可以称为"会计分录"。

根据例题7.1和例题7.2，结合复式记账法的原理，基于传统手工记账方式方法，以形象化的方式(T型账户)对会计分录和复式记账法的原理进行演示。

例题 7.3A 会计分录、复式记账法原理(T 型账户示例)

(1)第一笔交易:该社区医院收到财政拨款 3500 万元,由财政局直接拨付至该单位银行对公账户,1 月 1 日到账。该笔交易引起了两个项目的变动,一个是银行存款增加了 3500 万元,另一个是该社区医院的收入(收入下的:"财政拨款收入"科目)增加了 3500 万元。因此,传统手工记账模式下,该社区医院的会计会先拿出"银行存款"账簿,在其左方,即是"借方",记下:3500 万元。

银行存款

借方	日期	注释		日期	注释	贷方
序号			金额	序号		金额
01	2020.01.01	(1)	3500			
本期借方发生额合计				本期贷方发生额合计		
余额						

然后,拿出"财政拨款收入"账簿,在其右方,即"贷方",记下:3500 万元。

财政拨款收入

借方	日期	注释		日期	注释	贷方
序号			金额	序号		金额
				01	2020.01.01 (1)	3500
本期借方发生额合计				本期贷方发生额合计		
余额						

通过以上工作,就完成了该笔交易的识别、记录工作。当然,在记录之前需要就这笔交易的性质进行基本的判断。比如,银行账户收到了 3500 万元,会计工作人员就应当判断出来这笔交易会对"银行存款"项目产生影响。也就是说,这笔交易使得"银行存款""增加了"或"收到了"3500 万元。同时,会计工作人员也可以判断出这笔资金是"财政拨款"账户拨付出来的,因此"财政拨款"项目"减少"了或是"付出了"

3500万元。在这笔交易中，我们可以暂时理解为："借"方意味着"收到"，或是"收到了一定价值(的财物)"(received, or value received)；"贷"方意味着"给出"，或是"给出了一定价值(的财物)"(give, or value given)。同理，再来看第二笔交易，如何处理。

(2)第二笔交易是：1月3日，使用银行存款采购了价值35.5万元的存货。如何进行记录呢？先看：这笔交易涉及两个项目，一是银行存款，二是存货。那么可以简单判断出，"银行存款""减少了"或"给出了"35.5万元；"存货"则是"收到了"或"增加了"价值35.5万元的货物。T型账户的具体记录如下，先记录"存货"账户发生的变化，在存货账户下的左边("借方")，记下：35.5万元。

存　货

借方	日期	注释		日期	注释	贷方
序号			金额	序号		金额
01	2020.01.01	(1)	35.5			
本期借方发生额合计				本期贷方发生额合计		
余额						

再来记录"银行存款"账户的变化，在"银行存款"的右边(贷方)，记下：35.5万元。

银行存款

借方	日期	注释			日期	注释	贷方
序号			金额	序号			金额
01	2020.01.01	(1)	3500	01	2020.01.03	(2)	35.5
本期借方发生额合计				本期贷方发生额合计			
余额							

当会计工作人员记录下第二笔交易后，他/她会发现，"银行存款"账户下的左边(借方)已经有了一笔交易了！这是第一笔交易留下的记录，是从"财政拨款账户""收到"了3500万元。这是正常的会计操作，

因为每笔交易，会引发至少两个项目发生增减变动，只需要正确进行记录就可以了。

（3）第三笔交易是：使用银行存款购买价值 28.25 万元的家具。经初步判断这笔交易涉及两个项目，一是银行存款，二是"固定资产"（家具）。那么可以简单判断出，"银行存款""减少了"或"给出了"28.25 万元；"固定资产"则是"收到了"或"增加了"价值 28.25 万元的家具。先记录"固定资产"账户发生的变化，在固定资产账户下的左边（"借方"），记下：28.25 万元。

固定资产

借方	日期	注释		日期	注释	贷方
序号			金额	序号		金额
01	2020.01.15	（3）	28.25			
本期借方发生额合计				本期贷方发生额合计		
余额						

再来记录"银行存款"账户的变化，由于银行存款"付出了"28.25 万元，用于购买家具，因此在"银行存款"的右边（贷方），记下：28.25 万元。

银行存款

借方	日期	注释			日期	注释	贷方
序号			金额	序号			金额
01	2020.01.01	（1）	3500	01	2020.01.03	（2）	35.5
				02	2020.01.15	（3）	28.25
本期借方发生额合计				本期贷方发生额合计			
余额							

按照这种方法依此类推，可以再对剩下的交易进行记录。

（4）第四笔交易是：1 月 22 日，以赊账的方式购买价值 565 万元的 X 光设备一台。经初步判断这笔交易涉及两个项目，"固定资产"（专用设备)和"应付款项"。因为是"赊账"购买医疗专用设备,社区医院将在 3 个月后再行支付,因此属于"负债类"下的"流动负债"项下的"应付款项"。先记录"固定资产"的变化情况,"固定资产""增加了"或"收到了"价值 565 万元的 X 光设备,因此,在其"借方"记下:565 万元。

固定资产

借方	日期	注释		日期	注释	贷方
序号			金额	序号		金额
01	2020.01.15	(3)	28.25			
02	2020.01.22	(4)	565			
本期借方发生额合计				本期贷方发生额合计		
余额						

再来看,这笔交易同时增加了"资产类"下的"固定资产",也使得"负债类"下的"应付款项"增加。在复式记账规则中,当资产和负债同时增加的业务,分别记入资产类账户借方、负债类账户贷方,也即是"应付款项"的贷方金额增加。

应付款项

借方	日期	注释		日期	注释	贷方
序号			金额	序号		金额
				01	2020.01.22　(4)	565
本期借方发生额合计				本期贷方发生额合计		
余额						

(5)第五笔交易是:1 月 26 日,业务科室领用价值 6 万元的存货,用于开展业务活动。也就是说"存货"减少了 6 万元,价值 6 万元的存货"用于"业务活动了(经费支出项目下的业务活动费用支出)。需要注意的是,根据记账规则,资产类和负债类同时减少的业务,分别记入资产类账户贷方、负债类账户借方。先记录"业务活动费用"变化情况,业务活动费用科目下,收到了价值 6 万元的存货,在其"借方"记下:6 万元。

札记

业务活动费用

借方	日期	注释		日期	注释	贷方
序号			金额	序号		金额
01	2020.01.26	(5)	6			
本期借方发生额合计				本期贷方发生额合计		
余额						

再记录"存货"的变化情况，存货减少了 6 万元，因此，在其"贷方"记下：6 万元。

存　货

借方	日期	注释		日期	注释	贷方
序号			金额	序号		金额
01	2020.01.03	(2)	35.5	01	2020.01.26	(5)	6
本期借方发生额合计				本期贷方发生额合计		
余额						

(6)第六笔交易为：1 月 30 日，收到事业收入 13 万元，转账至银行存款。该笔交易使得银行存款"增加了"13 万元，银行存款的增加源于何处。收入类要素下的"事业收入"项目。因此，间接可以推断出该笔交易，需要记在"银行存款""借方"；记录在"事业收入"的"贷方"。当然，利用会计方程和借贷记账法的记账规则，当交易使得资产类和负债类(会计方程等号的右方)同时增加的业务，分别记入资产类账户借方、负债类账户贷方。具体如下所示。

银行存款

借方	日期	注释		日期	注释	贷方
序号			金额	序号		金额
01	2020.01.01	(1)	3500	01	2020.01.03	(2)	35.5
02	2020.01.30	(6)	13	02	2020.01.15	(3)	28.25
本期借方发生额合计				本期贷方发生额合计		
余额						

事业收入 札记

借方	日期	注释		日期	注释	贷方
序号			金额	序号		金额
				01 2020.01.30	(6)	13
本期借方发生额合计				本期贷方发生额合计		
余额						

二、记账原则与会计分录

至此，六笔交易的识别、分析、确认和记录工作全部完成。在回顾以上记录的基础上，可以发现基于复式记账法，在进行会计分录时，需要遵循的一些原则。

第一，每笔交易至少涉及两个账户。每个会计分录至少包括一个借方账户和一个贷方账户。换言之，"有借必有贷"。第二，借贷平衡原则。对每一笔交易进行记录，或每个会计分录的借方金额总和必须等于贷方金额总和，以保持借贷平衡，"借贷必相等"。第三，会计方程式原则。借方总额等于贷方总额。第四，记账项目对应原则。每个借方和贷方项目必须在相应的账户中进行记录，并确保准确和全面。

总的来讲，在进行会计分录时，在确定了交易所影响的借贷方向和会计科目后，就要在两个或多个会计科目后面登记相同的经济业务金额。因此复式记账规则可以概括为"有借必有贷，借贷必相等"。此外，如何判断各项业务进行会计分录时的"借""贷"方向？根据会计方程及其变形公式，当会计主体所发生的各种经济业务，引起等式的增减变动有四种类型，因此，借贷记账法的记账有以下几种情况如表 7.6 所示。

表 7.6 **不同类别的会计科目记账方法**

会计科目的类别	所反映经济内容的增减情况	记入的借贷方向
资产类	增加（例如，从银行提取现金）	借方
	减少（例如，用现金支付工资）	贷方
负债类	增加（例如，从银行借入款项）	贷方
	减少（例如，归还银行借款）	借方

续表

会计科目的类别	所反映经济内容的增减情况	记入的借贷方向
净资产类	增加(例如,收到所有者投资)	贷方
	减少(例如,所有者收回投资)	借方
收入类	增加(例如,收到租金)	贷方
	减少(例如,租金收入得到实现)	借方
费用类	增加(例如,支付单位管理费)	借方
	减少(例如,减免部分所得税)	贷方

最后,例题 7.3A 是为了更直观形象地演示复式记账法和会计分录的原理,采用了 T 型账户的形式,模拟了会计分录的过程。在会计实务中,通常为了提高会计分录效率和记录方便,通常采用了简化方式。其记账方式如下所示。

例题 7.3B **会 计 分 录**

交易序号			单位:万元
1	借:银行存款	3500	
	贷:财政拨款收入		3500
2	借:存货	35.5	
	贷:银行存款		35.5
3	借:固定资产	28.25	
	贷:存货		28.25
4	借:固定资产	565	
	贷:应付款项		565
5	借:业务活动费用	6	
	贷:存货		6
6	借:银行存款	13	
	贷:事业收入		13

复式记账法和会计分录是财务会计的会计循环中,较为基础和重要的步骤,所有原始信息通过识别、分析和记录,进行了初步的“数据”分类和加工处理,从而为后续的财务报表与报告的编制打下基础。

第四节　试算平衡、财务报表与会计调整

一、试算平衡与财务报表

对一个组织的交易进行会计分录以后，在一个会计周期内，会"累积了"较多的交易记录。不同类型的账户，会发生较大的变化。因此，会计工作人员会在一定时间点上，定期总结每个账户的变化情况，比如一个月的末尾。当一个账户上只有一边有记录，就可以将该月的记录相加汇总，得出总额或者所谓的余额，例如例题7.3A中的"固定资产"账户。当一个账户两边都有记录时，比如上述例题7.3A中的"银行存款"账户，这就需要从较大的一边减去较小的一边的项目，以求得余额。在月末或其他会计周期结束时，会计工作人员一般会对所有账户都进行结算。所有有余额的账户(有些账户可能没有余额)都会被列在一个所谓的试算平衡表中(如表7.1)。具体操作过程如下所示。

仍然沿用例题7.3A的结果，当社区医院的会计人员完成了六笔交易的记录后发现已经到了月末，因此需要对2020年1月该单位发生的所有交易记录进行"汇总计算"。会计人员拿出了所有涉及六笔交易的"账户"，逐一进行核验，检查所有账户的信息是否正确，并汇总计算，看所有账户的"余额"是在账户的"左方"(借方)还是"右边"(贷方)。先看银行存款账户。经计算，银行存款账户的余额在"借方"(左边)。如下所示：

银行存款

借方	日期	注释			日期	注释	贷方
序号			金额	序号			金额
01	2020.01.01	(1)	3500	01	2020.01.03	(2)	35.5
02	2020.01.30	(6)	13	02	2020.01.15	(3)	28.25
本期借方发生额合计			3513	本期贷方发生额合计			63.75
余额			3449.25				

再来看"财政拨款收入"账户，经计算该账户的余额在右边，即"贷方"。具体如下所示。

札记

财政拨款收入

借方	日期	注释		日期	注释	贷方
序号			金额	序号		金额
				01 2020.01.01 (1)		3500
本期借方发生额合计				本期贷方发生额合计		3500
余额						3500

而后，再来核验存货账户，同理经计算，其余额位于账户的左边，即"借方"，具体如下：

存　货

借方	日期	注释		日期	注释	贷方
序号			金额	序号		金额
01 2020.01.03	(2)		35.5	1 2020.01.26	(5)	6
本期借方发生额合计			35.5	本期贷方发生额合计		6
余额			29.5			

此外，按照同样的方法可以依次计算所有其他账户的"余额"情况。

固定资产

借方	日期	注释		日期	注释	贷方
序号			金额	序号		金额
01 2020.01.15	(3)		28.25			
02 2020.01.22	(4)		565			
本期借方发生额合计			593.25	本期贷方发生额合计		
余额			593.25			

应付款项

借方	日期	注释		日期	注释	贷方
序号			金额	序号		金额
				01 2020.01.22	(4)	565
本期借方发生额合计				本期贷方发生额合计		565
余额						565

业务活动费用

借方	日期	注释		日期	注释	贷方
序号			金额	序号		金额
01	2020.01.26	(5)	6			
本期借方发生额合计			6	本期贷方发生额合计		
余额			6			

事业收入

借方	日期	注释		日期	注释	贷方
序号			金额	序号		金额
				01	2020.01.30 (6)	13
本期借方发生额合计				本期贷方发生额合计		13
余额						13

在计算所有账户的余额后，将有余额的账户都统计汇总列在一个试算平衡表中，具体如表 7.7A 所示。

表 7.7A　　**CLD 社区卫生服务中心 2020 年 1 月：试算平衡表**

2020 年 1 月 31 日		单位：万元
账户名称	本期发生额		注释
	借方余额	贷方余额	
银行存款	3449.25		
财政拨款收入		3500	
存货	29.5		
固定资产	593.25		
应付款项		565	
业务活动费用	6		
事业费收入		13	
合计	4078	4078	

经计算后可以发现，试算平衡表中涉及的所有账户的借方余额与贷方余额正好相等。这就表示，以上六笔交易的记录基本正确。如果试算不平衡，说明交易或账户的记录肯定有错。为什么说基本正确呢？这是因为如果试算结果是平衡的，也可能有些错误并不影响借贷双方的平衡。比如：某项经济业务在有关账户中全部重记、全部漏记或多记、少记，且金额一致等错误，并不能通过试算平衡来发现。但试算平衡仍是检查账户记录是正确的。也有可能某项经济业务记错账户，而方向无误，借贷仍然平衡；某项经济业务记录的应借、应贷账户相互颠倒，借贷仍然平衡；记录某账户的错误金额一多一少，恰好互相抵消，借贷仍然平衡。

试算平衡是会计中的一种工具，用于验证所有账户的借方和贷方是否相等。在一个会计周期结束时，会计人员将所有账户的借方金额与对应的贷方金额相加，然后组合成一个表格，称作试算平衡表。如果借方总额等于贷方总额，那么表格就是平衡的。试算平衡的主要作用是确保会计记录的准确性和完整性，并发现任何未能达到平衡的错误或遗漏。如果试算平衡表不平衡，那么会计人员可以检查每个账户以查找错误，并纠正任何问题。

试算平衡通常是会计人员在制定财务报告前必须进行的一个步骤。这是一项非常重要的任务，因为会计人员需要确保所有会计记录的准确性和一致性，从而提供正确的财务信息。在试算平衡结束后，会计人员就可以利用有关数据初步编制收入费用表与资产负债表，具体示例如下。以表 7.7A 为例，在编制收入费用表与资产负债表前，首先要进行数据准备。会计人员可以将试算平衡表中的数据进行分类，区分开"资产负债表"中的所需数据；以及"收入费用表"的所需数据。比如银行存款的数据（借方余额），可以标记为"C"。这是因为资产负债表是由资产、负债、净资产三类会计要素及其具体会计科目所构成的。又比如事业收入（贷方余额）可以标记为"R"，这是因为事业收入是"收入"的一种，是编制收入费用表所需要的数据。具体如表 7.7B 所示。

表 7.7B　　**CLD 社区卫生服务中心 2020 年 1 月：试算平衡表**　　　　　　札记

2020 年 1 月 31 日			单位：万元
账户名称	本期发生额		注释
	借方余额	贷方余额	
银行存款	3449.25		C
财政拨款收入		3500	R
存货	29.5		C
固定资产	593.25		C
应付款项		565	C
业务活动费用	6		R
事业收入		13	R
合计	4078	4078	

对所有数据进行区分标记之后，就可以开始初步编制财务报表，财务报表编制的基本规则仍然是基于会计方程和会计要素之间的关系。具体是：

$$资产 = 负债 + 净资产$$

$$Asset = Liability + NetAsset$$

$$收入 - 费用 = 盈余/亏损$$

$$Income - Expense = Profit/loss$$

基于以上原理，将有关数据分别"填入"对应的报表科目中，就可以得到"收入费用表"和"资产负债表"。一般在财务报告中，总是先呈现"资产负债表"，而后再展示"收入费用表"。但在实际操作中，会计人员会先编制收入费用表，再编制资产负债表，这是因为"资产负债表"中的"当期盈余"是由"收入费用表"结转而来的。因此，该社区医院2020 年 1 月的收入费用表和资产负债表初步编制如表 7.8 和表 7.9所示。

札记

表 7.8 收入费用表

编制单位：CLD 社区卫生服务中心	2020 年 1 月 31 日	单位：万元
项目	本期金额	注释
一、收入		
财政拨款收入	3500	—
事业费收入	13	—
收入合计	3513	—
二、费用		
业务活动费用	6	—
费用合计	6	—
本期盈余	3507	—

表 7.9 资产负债表

编制单位：CLD 社区卫生服务中心	2020 年 1 月 31 日	单位：万元
项目	本期金额	注释
一、资产		
银行存款	3449.25	
存货	29.5	
固定资产	593.25	
资产合计	4072	
二、负债		
应付账款	565	
负债合计	565	
三、净资产		
本级盈余	3507	
净资产合计	3507	
负债和净资产合计	4072	

二、会计调整

在初步编制完以上财务报表后，交易信息的识别、确认、记录、分析和报告的工作已经完成了大部分的工作，但仍有一些环节与事项仍待继续。最主要的一项任务就是进行"会计调整"。为了确保准确和及时的财务信息，理想情况下会计工作人员会始终保持会计记录的最新状态。会计调整是为了对财务报表发布或正式提交日期（如每年的财务年度截止日期为 12 月 31 日）之前发生的财务事件进行识别、确认或记录，由于各种原因这些事件或事项可能最初未记录在账簿中。因此，会计调整是在制作财务报表之前对会计记录进行的一系列修正。这些调整主要是为了确保财务报表准确地反映了一个组织的财务状况和经营业绩。常见的会计调整包括以下几个方面。

第一，未计提的费用或收入。有些费用或收入可能在记账时未被及时记录，需要通过会计调整来纳入当期的财务报表中。这些交易可能已经实际发生但尚未收到或确认的收入费用，例如客户预付的服务费用、已经提供但尚未开具发票的服务等。也包括了某些行政事业单位购买了货物或服务，并已经收到了供应商开具的发票，但在会计周期结束时尚未支付，这部分费用应该在财务报表中计提。这类情况在公共部门的财务管理中较为常见且普遍存在，但这些交易需要在财务报表中计入，以保证财务信息的准确性。

第二，预付款项和预收款项的调整。预付款项是指一个组织在支付货款或服务费用之前先支付给供应商或服务提供商的款项。而预收款项则是指组织或单位在提供货物或服务之前从客户处先收取的款项。这些预付款项和预收款项需要根据实际发生的交易进行调整。比如行政事业单位在财务年度中预付的下年度财产保险、机动车辆保险等。

第三，折旧和摊销费用的调整。折旧是指固定资产（如房屋、机器设备等）因使用和使用年限递减而带来的价值减少。摊销是指以合理的方式分摊无形资产（如专利、版权等）的费用。这些折旧和摊销费用需要根据资产的实际使用情况进行调整。例如，在例题 7.3A 中涉及的 X 光医疗设备、家具等，均有规定寿命期，如家具的折旧年限一般为 15 年，该类资产到期报废或进行其他处置，因此固定资产的折旧需要计算、记录并进行账目调整。

第四，坏账准备的调整。一个单位或组织在提供商品或服务时，可能会遇到一些客户无法按时支付款项或无法全额支付的情况。对于无法收回的应收账款，需要通过坏账准备进行调整，以反映这部分预计无法收回的账款损失。

第五，利息费用的调整。有些长期贷款或债务会产生利息费用，这些费用需要根据实际发生的利率和还款情况进行调整。

在例题7.2，例题7.3A中，可能涉及的两项会计调整为X光设备和家具的折旧。折旧是指将固定资产的成本在其预计使用寿命内按一定方式分摊到不同会计期间的过程。在会计中，进行折旧的分录可以分为两个阶段：计提折旧和确认折旧。例如：X光机的折旧需要首先计算其对应会计期间的折旧费用，假设其使用期限五年，并采用直线法进行折旧，残值为0。其每年折旧费用可按照565万元 / 5年 = 113万元进行计算。这时其计提折旧的分录如下：

借：折旧费用(费用类科目)113万元

　贷：累计折旧-机器设备(资产类科目)113万元

然后，确认折旧分录，确认折旧是将计提折旧的费用转移到相应的资产账户上，以体现资产的减值。确认折旧的分录如下：

借：累计折旧-机器设备(资产类科目)113万元

　贷：机器设备(资产类科目)113万元

经过会计调整后的财务报表能够更准确地反映一个组织的财务状况和经营成果。常见的财务报表包括资产负债表、利润表和现金流量表。这些报表提供了对一个组织的财务状况、盈利能力和现金流动性的全面了解。在下一章财务报告章节，本书将继续就财务报表及报告的有关问题进行讲述。

第五节　会计科目与会计准则

综合前节所讨论的内容，我们可能会有疑问，在进行交易识别、确认、记录、分析等环节中，如何进行判断，进行会计记录、会计核算的依据是什么。为什么行政事业单位在收到财政拨款时，需要借记"银行存款"，贷记"财政拨款收入"；又为什么在赊账购买X光设备时，需要借记"固定资产"，贷记"应付款项"。换言之，记账规则、会计处理的原则与财务报表编制标准是由什么确定的。这就涉及了会计中的科目分类和应用的会计准则议题。在会计中，科目是将一个的经济业务进行分类和记录的基本单位，会计准则是规范会计处理和财务报告的原则和规定。

如前小节的分析，会计科目是对一个组织的经济业务进行分类和记录的基本单位。常见的会计科目包括资产、负债、净资产、收入和费用等。具体的科目设置可以根据业务特点和会计准则的要求进行调整和细分。五大会计科目构成了会计分类和记录的基础，也构成了我国政府财务会计报表编制的依据。会计科目根据其性质和作用可以分为以下几类。

资产类科目：记录企业拥有的资源，如货币资金、固定资产、应收账款等。

负债类科目：记录企业欠债的义务，如应付账款、长期借款等。

所有者权益类科目：反映企业归属于所有者的权益，如股本、利润留存等。

收入类科目：记录企业在经营过程中产生的收入，如销售收入、利息收入等。

费用类科目：记录企业在经营过程中发生的费用，如人工成本、租金费用等。

一般而言，对于行政事业单位而言，其会计科目的设置如表 7.10 所示，当进行会计分录和会计相关交易记录时参照处理。

表 7.10　政府会计制度会计科目名称和编号（财务会计科目）

序号	科目编号	科目名称	借贷方向
（一）资产类			
1	1001	库存现金	借+贷—
2	1002	银行存款	借+贷—
3	1011	零余额账户用款额度	借+贷—
4	1021	其他货币资金	借+贷—
5	1101	短期投资	借+贷—
6	1201	财政应返还额度	借+贷—
7	1211	应收票据	借+贷—
8	1212	应收账款	借+贷—
9	1214	预付账款	借+贷—
10	1215	应收股利	借+贷—
11	1216	应收利息	借+贷—

续表

序号	科目编号	科目名称	借贷方向
12	1218	其他应收款	借+贷—
13	1219	坏账准备	借—贷+
14	1301	在途物品	借+贷—
15	1302	库存物品	借+贷—
16	1303	加工物品	借+贷—
17	1401	待摊费用	借+贷—
18	1501	长期股权投资	借+贷—
19	1502	长期债券投资	借+贷—
20	1601	固定资产	借+贷—
21	1602	固定资产累计折旧	借—贷+
22	1611	工程物资	借+贷—
23	1613	在建工程	借+贷—
24	1701	无形资产	借+贷—
25	1702	无形资产累计摊销	借—贷+
26	1703	研发支出	借+贷—
27	1801	公共基础设施	借+贷—
28	1802	公共基础设施累计折旧(摊销)	借—贷+
29	1811	政府储备物资	借+贷—
30	1821	文物文化资产	借+贷—
31	1831	保障性住房	借+贷—
32	1832	保障性住房累计折旧	借—贷+
33	1891	受托代理资产	借+贷—
34	1901	长期待摊费用	借+贷—
35	1902	待处理财产损溢	借+贷—
36	2001	短期借款	借—贷+
(二)负债类			
37	2101	应交增值税	借—贷+
38	2102	其他应交税费	借—贷+
39	2103	应缴财政款	借—贷+
40	2201	应付职工薪酬	借—贷+
41	2301	应付票据	借—贷+

序号	科目编号	科目名称	借贷方向
42	2302	应付账款	借—贷+
43	2303	应付政府补贴款	借—贷+
44	2304	应付利息	借—贷+
45	2305	预收账款	借—贷+
46	2307	其他应付款	借—贷+
47	2401	预提费用	借—贷+
48	2501	长期借款	借—贷+
49	2502	长期应付款	借—贷+
50	2601	预计负债	借—贷+
51	2901	受托代理负债	借—贷+

(三)净资产类

序号	科目编号	科目名称	借贷方向
52	3001	累计盈余	借—贷+
53	3101	专用基金	借—贷+
54	3201	权益法调整	借—贷+
55	3301	本期盈余	借—贷+
56	3302	本年盈余分配	借—贷+
57	3401	无偿调拨净资产	借—贷+
58	3501	以前年度盈余调整	借—贷+

(四)收入类

序号	科目编号	科目名称	借贷方向
59	4001	财政拨款收入	借—贷+
60	4101	事业收入	借—贷+
61	4201	上级补助收入	借—贷+
62	4301	附属单位上缴收入	借—贷+
63	4401	经营收入	借—贷+
64	4601	非同级财政拨款收入	借—贷+
65	4602	投资收益	借—贷+
66	4603	捐赠收入	借—贷+
67	4604	利息收入	借—贷+
68	4605	租金收入	借—贷+
69	4609	其他收入	借—贷+

札记

续表

序号	科目编号	科目名称	借贷方向
（五）费用类			
70	5001	业务活动费用	借+贷—
71	5101	单位管理费用	借+贷—
72	5201	经营费用	借+贷—
73	5301	资产处置费用	借+贷—
74	5401	上缴上级费用	借+贷—
75	5501	对附属单位补助费用	借+贷—
76	5801	所得税费用	借+贷—
77	5901	其他费用	借+贷—

此外，会计人员在进行会计处理、编制财务报表和财务报告时，其基本依据是会计准则。会计准则是规范会计处理和财务报告的原则和规定，旨在确保财务报表真实、公允地反映企业的财务状况和经营成果。不同国家和地区会有不同的会计准则，例如中国会计准则（CAS）和国际财务报告准则（IFRS）等。

对于我国的政府财务会计而言，2015 年 10 月，财政部正式发布了《政府会计准则——基本准则》。而后四年，财政部又陆续制定了《政府会计制度》《政府会计准则第 1 号——存货》《政府会计准则第 2 号——投资》《政府会计准则第 3 号——固定资产》《政府会计准则第 4 号——无形资产》《政府会计准则第 5 号——公共基础设施》《政府会计准则第 6 号——政府储备物资》《政府会计准则第 7 号——会计调整》《政府会计准则第 8 号——负债》《政府会计准则第 9 号——财务报表编制和列报》《政府会计准则第 10 号——政府和社会资本合作项目合同》。从 2019 年开始，所有地方及中央政府部门均开始编制年度政府财务报告，其依据均遵从以上会计准则的要求和规定。

政府财务会计准则的作用在于规范财务会计行为。政府财务会计准则为政府机构提供了明确的会计处理规范，使财务会计工作更加规范、准确和可靠。同时，政府会计准则提高了财务信息透明度。通过规范财务报告的编制和披露，政府财务会计准则增强了财务信息的透明度，为政府机构的决策提供了重要参考依据。当然我国的政府财务会计准则及其应用指南、解释等仍在完善健全中。本书在后续的修编过程中，将针对政府财务会计实务中的新问题、新准则等进行补充修订。

第六节 小 结

本章描述了从"发票"到"财务报表"的基本操作环节，如图7.4所示。基于会计恒等式、复式记账法等原理，经过会计分录、科目汇总、总分类账、试算平衡、会计调整等多个程序，会计工作人员完成了"会计循环"。

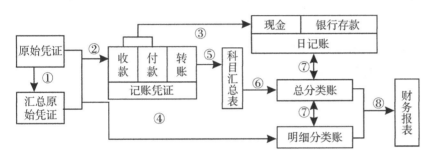

图7.4 从"发票"到"财务报表"：财务会计的工作实务流程

会计分录是会计记录中的核心环节，用于记录和追踪一个组织的财务交易。会计分录由借方和贷方组成，按照会计等式（资产＝负债+所有者权益）的原则进行编写。会计分录的编制需要遵守会计准则和规定的要求。复试记账法是一种用于检查会计分录准确性的方法。这就要求将每个会计分录分别记录在日记账和明细账中，然后通过比较这两个账簿来验证分录的准确性。只有当日记账和明细账中的数额完全相等时，才能通过复试记账法。每个财务交易都在总分类账中有对应的账户，包括资产、负债、所有者权益、收入和费用等账户。总分类账是一个组织用来记录和汇总所有会计分录的主要账簿。总分类账能够提供全面的财务信息，以便进行财务分析和决策。

试算平衡是在对一定时期内会计记录进行总结核算，并确保准确无误的重要步骤。它是在将所有会计分录记录到总分类账后进行的。通过将所有借方金额与所有贷方金额进行比较，可以验证会计记录是否正确。只有在借方金额等于贷方金额时，才能达到试算平衡。

在经过试算平衡的环节后，一般开始试编会计报表，根据财务交易和会计记录编制一系列财务报告。其中最重要的报表包括资产负债表、收入费用表。资产负债表显示一个组织的财务状况主要有资产、负债和净资产等内容。收入费用表则显示收入、费用和盈余情况。会计循环的最后程序是进行会计调整。在会计周期结束时，财务工作人员会对试编的财务报表进行的调整，以确保财务报表准确反映财务状况和业绩。会计调整通常涉及预付款、应收账款、应付账款、计提费用和收入等项目的调整。这些调整会影响财务报表中的数额，并纠正可能存在的错误。最后，以上工作均是基于会计准则进行展开的。会计准则旨在确保组织的财务报表具有一致性、可比性和准确性。这一过程、这一体系实质上是一套标准化会计与财务信息的处理系统，包括了行政事业单位的交易信息与数据的记录、收集、分析、处理和报告，这是我国政府财务会计和财务管理的基础。

第八章　政府财务报告与财务分析

◎学习内容和目标

本章的学习将侧重公共部门财务报告与财务分析的相关内容。包括政府财务报告制度的发展历程，我国政府财务报告的目标和具体构成，以及政府财务分析的具体内容和方法指标。

通过本章的学习，读者能够"读"懂财务报告，理解财务报告中的有关数据和信息。基于财务指标分析的原理和方法，学习者可以对政府或有关单位的财务状况、经营状况进行分析判断。

本章将主要介绍政府财务报告及其财务分析的相关基本概念与原理。政府财务报告的主要作用一般归纳为"决策有用论"或"加强问责制"。加强问责是政府财务报告的基础功能。以政府财务报告制度为基础，健全政府财务系统，记录、收集、分析、处理并报告可靠的政府财务信息和财务数据，将各级行政事业单位的核心履职情况与资源有效利用结果紧密联系起来。借助政府财务报告的问责作用，各级政府(含事业单位)需要定期编制财务报告，总结汇报政府的财务状况、收入和支出情况、债务水平等，从而为政府财务信息公开做准备。另一方面，相对于传统的收付实现制及政府总预算会计制度，以"权责发生制"为基础的政府财务报告，为政府决策提供了分量较重的信息基础。通过对财务报告的分析，政府可以评估预算执行情况，了解各项支出的效益，并及时调整和优化财政政策。政府财务报告还可以帮助政府制定长期财政规划和可持续发展战略。虽然，学术界对于政府财务报告的实际效用仍有争议，但自20世纪90年代以来，发达国家与部分发展中国家仍坚持实施并开始对政府财务会计与财务报告制度进行改革。我国自2010年开始，也加快了对政府会计、政府财务报告以及政府综合财务报告等制度的改革，初步建立了以"权责发生制"为基础的政府财务报告制度。当然，这一改革仍在进行之中。各级政府的财务报告或综合财务报告也并未对外公开，主要是在实践中遇到了较多的技术问题和制约因素。但就整体效果而言，这项改革确实对我国公共部门的决策支持、资源配置、加强问责、摸清家底起到了较为显著的作用。

本章安排的主要内容如下：分析政府财务报告制度的国际发展与

实践，并对我国的政府财务报告制度的改革与演变进行简要介绍；介绍我国政府财务报告和政府综合财务报告的内容与制度安排，主要涉及财务报表中的各项会计科目与附注以及财务报告中政府财务状况的主要事项；介绍政府财务报告中的财政财务运行状况报告的相关内容；针对财务报告的后续使用，阐述政府财务报告分析的主要方法和指标。换言之，从对财务报告的分析中，可以得到什么有用信息，并加以应对。

第一节　政府财务报告制度总览与概述

一、国际视角下的政府财务报告与会计准则演变概述

现代政府财务报告制度源自西方发达国家对政府财务管理领域的摸索实践，借鉴了以国际会计准则（企业会计准则）和企业财务报告制度的发展经验，顺应了全球会计融合（Accounting Harmonisation）的潮流趋势。截至 2023 年 5 月，该组织共颁布了 47 条国际公共部门会计准则（IPSASs）。其中涉及财务报告编制、资产、负债、收入、费用、其他会计交易和实务等具体内容。2018 年，欧盟开始基于国际公共部门会计准则，尝试建立有欧盟特点的欧洲公共部门会计准则体系（EPSAS）。

虽然各国最初的改革目标与动机有所不同，但西方主要发达国家对政府财务报告制度的改革都集中于以下几个领域。第一，推动政府会计及其财务报告从收付实现制会计转向权责发生会计。许多国家从传统的现金基础会计制度逐渐过渡到权责发生会计制度。这种制度改革使政府能够更准确地记录和报告公共支出、收入和负债，确保财务信息的准确性和及时性。尤其是有关一个国家的养老基金、社会保障基金、政府债务等传统收付实现制未能充分重视的政府财务管理问题。通过政府会计和财务报告制度的实施，可以防止各类公共部门通过在不同机构、不同层级之间转移资金来隐匿财政赤字或未来债务，从而为有关方提供更加全面、准确的财务信息。第二，强化财务透明度。为了增强政府财务报告的透明度和可理解性，许多国家采取了立法或行政措施要求各级政府机构进行定期发布和公开财务报告。这包括了发布年度财务报表、预算

执行报告以及其他重要财务信息，以便公众和利益相关者能够全面了解政府财务状况。第三，推动信息的交流。例如，为推行或借鉴国际会计师联合会下属的公共部门委员会及国际公共部门会计准则委员会(IP-SASB)制定颁布的国际公共部门会计准则，为各国政府会计改革提供技术支持，同时改进不同国家政府财务报告的可比性和可理解性，并促进国际间关于政府会计和政府财务报告领域的信息交流和合作，从而采取的有关办法。第四，加强财政管理。强化对政府财务报告的独立审计和监督机制，确保了财务报告的客观性和可靠性，并加强了对政府财务管理的监督和问责。第五，提高政府的管理能力。在政府财务报告中引入绩效报告和财务指标分析，更全面地评估政府的绩效和效率，同时提升对政府机构及其有控制权的单位的问责力度。欧盟的一些国家开始将政府财政财务运行状况、绩效报告和财务指标等内容纳入政府财务报告体系中。通过绩效评价报告(又称绩效审计报告)和财务指标分析，可以清晰地展示政府目标实现情况和公共服务提供的效果，帮助公众评估政府的绩效和决策，促进同级别、同类型政府之间的良性竞争。总体而言，西方主要发达国家的政府财务报告制度改革致力于提高财务透明度、可比性和可理解性。这些改革旨在确保政府财务信息准确、及时，同时加强对政府财务管理的监督和问责。

二、我国政府财务报告制度与演变

我国的公共部门财务报告即政府财务报告。这是由于，政府财务报告的编制范围包括各级政府部门及所属的行政事业单位、与同级财政部门有预算拨款关系的社会团体等。

自2010年以来，我国政府财务报告制度的改革开始启动。2010年，"十二五"规划中明确提出要"进一步推进政府会计改革，逐步建立政府财务报告制度"，首次将建立政府财务报告制度提高到国家发展战略的高度。2014年，修改后的《中华人民共和国预算法》通过，其中明确规定各级政府财政部门应当按年度编制以权责发生制为基础的政府综合财务报告，为政府财务报告的编制提供了法律依据。同年12月，国务院转批财政部《权责发生制政府综合财务报告制度改革方案》(国发〔2014〕63号)，明确了改革的重要意义、指导思想、总体目标、具体内容、实施步骤等，为改革提供了顶层设计。

在技术支持上，2015 年，财政部印发了《政府会计准则——基本准则》《政府财务报告编制办法（试行）》《政府部门财务报告编制操作指南（试行）》《政府综合财务报告编制操作指南（试行）》等文件。这些文件的出台为各级政府和各部门开展财务报告编制工作提供了制度依据和操作规范，初步构建起政府财务报告制度的框架体系。随着行政事业单位会计核算方式改革的推进，基于试点过程中遇到的新问题、新经验，财政部于 2019 年对《编制办法》《部门指南》《综合指南》进行了全面修订，推动了政府财务报告编制工作的全面开展。

在实践层面，政府财务报告编制试点工作也在逐步推进。在 2016 年至 2018 年，政府财务报告编制试点范围不断扩大并逐渐推及全国。2016 年，共有 2 个中央部门和 7 个地方省份、直辖市参与到首批试点单位中。2017 年，试点范围涵盖 20 个中央部门和 20 个地方，并有 4 个地方参与到地方政府综合财务报告合并编制试点工作中。2018 年，试点范围已经扩大到 40 个中央部门和 36 个地方，并有 12 个地方参与到地方政府综合财务报告合并编制试点工作中。2019 年 1 月，政府会计准则制度在全国各级各类行政事业单位全面实施并取得了积极成效。一是更加准确反映预算执行情况，提高了部门决算编报质量。二是更加完整反映政府财务状况，为政府财务报告编制奠定了核算基础。三是进一步摸清了政府资产负债"家底"，夯实了行政事业性国有资产报告的编制基础。四是准确反映成本费用信息，为预算单位推进成本核算、完善绩效管理提供了支撑。五是显著提升了行政事业单位财务会计人员的专业素质，促进了单位财务管理水平的提升。

第二节 政府财务报告的格式和构成
——财务报表与财务分析

一、财务报表及附注

如前所述，财务报表的重点是满足外部信息需求以及有关问责要求，但对政府内部财务管理和绩效问责也有一定的用处。财务报表有三个任务，分别是报告财务状况、报告财政财务绩效、确保会计主体根据其立法授权(如立法批准的预算)进行了相应的履职。

　　政府财务报告反映政府的财务状况。通过反映组织的资产、负债和所有者权益来反映其财务状况。财务状况包括资金的可用性、债务水平、资产价值等方面的信息。政府财务报告同时也反映了政府的运营情况，即收入和支出的情况。因此，财务报告中的收入费用表提供了组织在特定期间内实现的收入和支出的详细信息。这些报表显示了组织的盈余或亏损，以及特定项目或活动的成本和效益。此外，在政府财务报告的文字说明中，也间接说明了会计主体依照立法授权履职情况。这意味着财务报表需要反映组织在特定期间内是否依照法规、政策和预算进行了支出和收入记录，并确保这些记录与授权相一致。通过这三个任务，财务报告为管理和问责提供了重要的基础。既包含了关于组织的财务状况和绩效的客观信息，帮助决策者、国家审计人员和其他利益相关者评估公共组织的财务状况和执行能力，也是对行政事业单位遵守立法授权和预算是一种检验。

　　根据我国相关法律、规定、准则等要求，我国的政府财务报告分为两大类，如图8.1所示。一类是政府部门财务报告。如，各级政府下属的各类局委办，或下级单位的财务报告等。政府部门财务报告包括财务报表和财务分析，财务报表包括会计报表和报表附注，会计报表主要包括资产负债表和收入费用表。另一类是政府综合财务报告。包括财务报表、财政经济分析、财政财务管理情况。财务报表包括会计报表和报表附注，会计报表主要包括资产负债表和收入费用表。政府部门财务报告由政府部门(的财务部门)编制，主要反映本部门财务状况、运行情况等。政府综合财务报告由财政部门编制，包括本级政府综合财务报告和行政区政府综合财务报告。政府综合财务报告能够反映各级政府及政府部门的财务状况、运行情况等，为政府加强资产负债管理、绩效管理、制定规划提供重要的信息来源和依据。

　　政府综合财务报告的性质在这里可以暂时理解为，一个上市公司有很多下属子公司或实际控制的关联子公司。那么下属子公司或关联子公司的财务报告就属于部门报告，母公司将各子公司的部门财务报告合并之后，就形成了综合财务报告(也称为合并报告)。在我国当前政府财务报告制度的安排下，政府部门财务报告由纳入部门决算管理范围的行

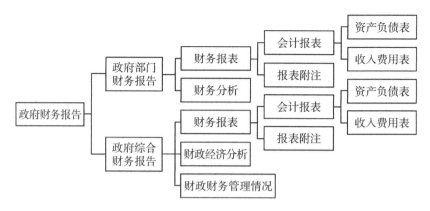

图 8.1 我国政府财务报告的内容构成

政单位、事业单位和社会团体逐级编制。各单位编制本单位财务报告并报送上级单位；上级单位除编制本单位财务报告外，还应对所属单位财务报表进行合并，撰写财务分析，形成合并财务报告。主管部门编制的合并财务报告，即部门财务报告。同理，政府综合财务报告则是由政府财政部门将各下属部门的财务报告按照一定规则再次合并编制而成。政府综合财务报告的基本编制原理如图 8.2 所示。

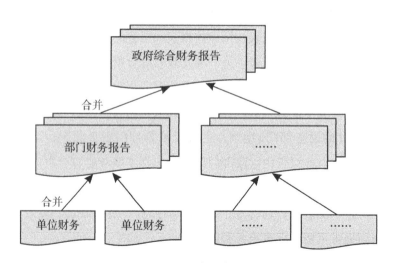

图 8.2 我国政府综合财务报告

从图 8.2 可以看出政府综合财务报告、政府部门财务报告、行政事业单位的财务报告，形成了一个类似"金字塔"的结构。这个"金字塔"的底层由行政单位、事业单位和社会团体逐级将基本财务信息分类汇总

"构建"而成。而各单位的财务报告则是由基层一线会计和财务工作人员，从原始凭证、会计分录到财务报表与单位财务报告，遵循会计恒等式和复试记账法的原则，依据权责发生制、政府会计准则和会计制度规定"一砖一瓦"搭建而成。理论上讲，我国每年可以编制中央政府综合财务报告、地方政府综合财务报告，最终经合并后编制"全国政府综合财务报告"。这样一来，就可以反映出全国政府及政府部门的财务状况、运行情况等信息。

一般而言，政府财务报告或政府综合财务报告应当明确以下内容。一是报告范围。财务报告应提供对会计主体所控制的财务事务和经济资源的全面性和程度的会计说明，以及其必须解决的经济义务，包括其组成部门和单位有关的义务。二是财务状况。财务报表应在会计期末呈现实体的财务状况，这意味着要报告政府或部门的资产、负债和经济资源的情况。与期初可比信息相比，对会计主体的财务状况全面反映，包括净债务或盈余，提供有关会计期末会计主体、项目可持续性的重要信息。三是会计主体的财务状况变动情况。财务报表应提供有关会计期间内会计主体的财务状况变动的实质信息，包括支出经费的情况以及收入变化。四是财政经济以及财政财务分析。报告将实际财务绩效与预算进行比较，也是该报告的一个基本组成部分。此外还应该对部门（单位）和会计主体的财务分析和指标分析进行说明。五是反映风险和不确定性。财务报告应提供有关可能对财务绩效产生影响的风险和不确定性的信息，无论是回顾性还是前瞻性的信息。

根据 2018 年中国《政府部门财务报告编制操作指南（试行）》《政府综合财务报告编制操作指南（试行）》的有关规定，我国政府财务报告应当包括以下主要内容，具体而言如图 8.3、图 8.4 所示。

就政府财务报告的构成而言，其主要核心部分就是财务报表和财务分析。财务报表的篇幅占整个政府财务报告的比例并不大，但所有内容均是围绕财务报表展开，均是对财务报表中的各类数据解释、说明或分析。这样的安排类似于实证量化学术论文的内容。先呈现调查结果（财务报表），然后逐层逐步对调查结果加以说明解释，阐明前提假设和研究方法（附注中的附表、会计政策、会计主体等信息），而后进行分析（财务指标分析、解释或预测等）。以下将针对政府财务报告中的资产负债表、收入费用表、附注等部分逐一展开讲述。

札记

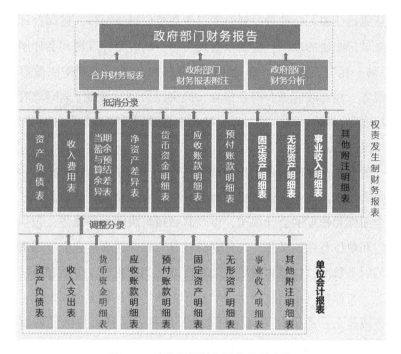

图 8.3 政府部门财务报告编制内容

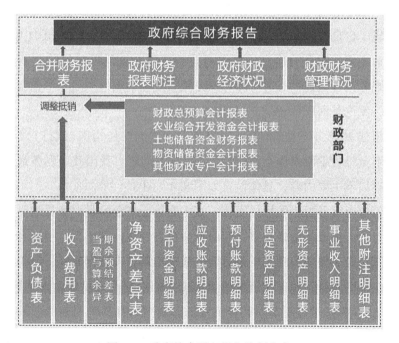

图 8.4 政府综合财务报告编制内容

(一)资产负债表

如图 8.3 和图 8.4 所示,无论是政府部门(单位)财务报告或是政府综合财务报告,都包括了资产负债表。资产负债表反映了政府及各部门的财政年度年末的财务状况(通常是每年的 12 月 31 日)。资产负债表应按照资产、负债、净资产分类分项列示。资产负债表反映了政府掌握的各项资源。资产负债表本质上是政府财务状况在某一个特定时间点的快照。它不记录现金和资源的流动过程,只记录流动的结果。所以从时间的角度看,资产负债表是一个"快照"似的"静态"的数据表。

1. 资产类会计科目、解释及其报告样式

资产负债表的编制需要遵从会计准则、会计原则、会计政策、业务活动、编制指南等政策规定,以确保财务信息的准确性和可靠性,公正披露政府的财务状况和经营成果。同时,资产负债表的格式、顺序和内容(会计科目)也需要按照相关规定的要求进行安排。报表中的会计科目甚至有特有的"编号",以便后续的标准化、信息化和电算化处理。例如,我国《政府部门财务报告编制操作指南(试行)》《政府综合财务报告编制操作指南(试行)》规定,政府部门财务报告中的资产类会计科目应至少包括货币资金等 26 项流动资产或非流动资产,政府综合财务报告中的资产负债表资产类会计科目应至少包括货币资金等 17 项流动资产或非流动资产。以"政府部门财务报告为例",其资产负债表中的资产类会计科目及其报告样式如表 8.1 所示。

资产可分为流动资产和非流动资产。一般来说,流动资产是现金、现金等价物或可在一年内变现或将在一年内消耗的资源。非流动资产是指不能在一年内变现或者消耗的资源。例如,土地资产或长期基础设施投资即为非流动资产。这里以一年作为衡量周期将资产分为流动资产和非流动资产,是因为它代表许多政府组织的财政和运营周期的长度。非流动资产也可能包括指定用于特定目的的资产,因为这些资产在短期内一般不会立刻使用或"变现"。按照财政部的规定,我国政府资产负债表中,资产类项目应当按照流动资产和非流动资产进行分类列示。同时,以政府部门财务报告中的资产负债表资产类会计科目为例,其 26 项资产类会计科目的具体定义如表 8.2 所示。会计工作人员可以以此为标准在会计实务中,进行识别、确认、分析,并进行记录。最后,在表

札记

8.2 的注释栏中，本书将具体会计科目对应的政府会计准则标注其中，作为会计记录、核算和处理的参考依据。

表 8.1   资产负债表（资产类）

编制单位：   年   月   日   单位：元

项目	附注	年初数	年末数
流动资产			
货币资金	附表 1		
财政应返还额度			
应收票据			
应收利息			
应收股利			
应收账款	附表 2		
预付账款	附表 3		
其他应收款	附表 4		
短期投资			
存货			
一年内到期的非流动资产			
非流动资产			
长期投资	附表 5		
固定资产原值			
减：固定资产累计折旧			
固定资产净值	附表 6		
在建工程	附表 7		
无形资产原值			
减：无形资产累计摊销			
无形资产净值	附表 8		
政府储备资产	附表 9		
公共基础设施原值			
减：公共基础设施累计折旧			
公共基础设施净值	附表 10		
公共基础设施在建工程	附表 11		
其他资产			
受托代理资产			
资产合计			

表 8.2 资产类会计科目及其定义 札记

序号	会计科目	定义	注释/准则
1	货币资金	反映政府部门持有的货币资金的期末余额。包括库存现金、银行存款和其他货币资金等。	
2	财政应返还额度	反映政府部门期末应收财政返还的资金额度。	
3	应收票据	反映政府部门应收票据的期末余额。主要包括因开展经营活动销售产品、提供有偿服务等收到的商业汇票等。	
4	应收利息	反映政府部门尚未收回的应收利息期末余额。	
5	应收股利	反映政府部门尚未收回的现金股利或利润期末余额。	
6	应收账款	反映政府部门应收账款的期末余额。主要包括因开展业务活动销售产品、提供有偿服务等而应收取的款项。	
7	预付账款	反映政府部门预付账款的期末余额。主要包括按照购货、服务合同规定预付给供应单位或个人的款项。	
8	其他应收款	反映政府部门其他应收款的期末余额。	
9	短期投资	反映政府部门持有的能够随时变现并且持有时间不准备超过 1 年(含 1 年)的投资期末余额。	
10	存货	反映政府部门在开展业务活动及其他活动中为耗用而储存的材料、燃料、包装物和低值易耗品等的期末余额。	《政府会计准则第 1 号——存货》
11	一年内到期的非流动资产	反映政府部门持有的将于 1 年内(含 1 年)到期或准备于 1 年内(含 1 年)变现的长期投资等的期末余额。	
12	长期投资	反映政府部门持有时间超过 1 年且不在 1 年内变现或到期的各种股权和债权投资等的期末余额。	《政府会计准则第 2 号——投资》

札记

序号	会计科目	定义	注释/准则
13	固定资产原值	反映政府部门持有的固定资产原值的期末余额。	《政府会计准则第 3 号——固定资产》
14	固定资产累计折旧	反映政府部门持有的固定资产已计提累计折旧的期末余额。	《政府会计准则第 3 号——固定资产》
15	固定资产净值	反映政府部门持有的固定资产原值减去累计折旧后的期末余额。	《政府会计准则第 3 号——固定资产》
16	在建工程	反映政府部门尚未完工交付使用的在建工程实际成本的期末余额。	
17	无形资产原值	反映政府部门持有的无形资产原值的期末余额。	《政府会计准则第 4 号——无形资产》
18	无形资产累计摊销	反映政府部门持有的无形资产已计提累计摊销的期末余额。	《政府会计准则第 4 号——无形资产》
19	无形资产净值	反映政府部门持有的无形资产原值减去累计摊销后的期末余额。	《政府会计准则第 4 号——无形资产》
20	政府储备资产	反映政府部门控制的战略及能源物资、抢险抗灾救灾物资等储备物资期末余额。	《政府会计准则第 6 号——政府储备物资》
21	公共基础设施原值	反映政府部门管理的公共基础设施原值的期末余额。	《政府会计准则第 5 号——公共基础设施》
22	公共基础设施累计折旧	反映政府部门管理的公共基础设施已计提累计折旧的期末余额。	《政府会计准则第 5 号——公共基础设施》

序号	会计科目	定义	注释/准则
23	公共基础设施净值	反映政府部门管理的公共基础设施原值减去累计折旧后的期末余额。	《政府会计准则第 5 号——公共基础设施》
24	公共基础设施在建工程	反映政府部门尚未完工交付使用的公共基础设施在建工程实际成本的期末余额。	《政府会计准则第 5 号——公共基础设施》
25	其他资产	反映政府部门持有的其他资产的期末余额。	
26	受托代理资产	反映政府部门接受委托方委托管理的各项资产的期末余额。	

在资产类项目中，一些资产是有形的，有具体的物质形态。例如，政府所控制的各类基础设施。还有一些资产是无形的，例如当组织为他人提供了商品和服务时，该组织便有权向他人收取款项。此类应收款项通常会在资产负债表上列出。此外，有一些无形资产并没有出现在资产负债表上。例如，如果政府拥有良好的公信力和政府形象，那么这对于政府来说也是一笔宝贵的资源。然而，声誉、信任等资源并不会体现在资产负债表中，只有通过特定的交易获得的资产才会被记录其中。

2. 负债类和净资产会计科目、解释及其报告样式

负债代表一个组织的财务义务，这也意味着"未来经济利益流出"。与资产的分类方法一样，负债也可分为流动负债和非流动负债。流动负债将在短时间内支付，通常为一年，而非流动负债的到期时间超过一年（或一个财政周期）。按照财政部的规定，我国政府资产负债表中，负债类项目应当按照流动负债和非流动负债进行分类列示。政府部门财务报告中的负债类会计科目应至少包括短期借款等14项流动负债或非流动负债，政府综合财务报告中的负债类会计科目应至少包括应付短期政府债券等13项流动资产或非流动资产。但需要注意的是"部门报告"与"综合报告"中的负债类会计科目有较大区别，"综合财务报告"中的负债主要以省(市、县)政府负债类型为主，与部门(行政事业单位和社会团体)的主要负债类型有所不同。

此外，净资产反映政府期末总资产减去总负债的差额。即：

净资产=期末总资产-期末总负债

如果一个组织的资产多于负债，那么它的净资产为正值，反之净资产则为负值。在资产负债表中，需要将净资产予以列示。在政府部门财务报告中，净资产项目包括累计盈余、专用基金、权益法调整。以"政府部门财务报告"为例，其资产负债表中的负债与净资产类会计科目及其报告样式如表 8.3 所示。

表 8.3　　　　　　　　　　　资产负债表(负债与净资产类)

编制单位：　　　　　　　　　年　月　日　　　　　　　　单位：元

项目	附注	年初数	年末数
流动负债			
短期借款			
应缴财政款			
应缴税费			
应付票据			
应付利息			
应付账款	附表 12		
预收账款	附表 13		
其他应付款	附表 14		
应付职工薪酬			
应付政府补贴款			
一年内到期的非流动负债			
非流动负债			
长期借款	附表 15		
长期应付款	附表 16		
受托代理负债			
负债合计			
净资产			
负债及净资产合计			

按照财政部的规定,在我国政府资产负债表中,负债类项目应当按照流动负债和非流动负债进行分类列示。同时,以政府部门财务报告中的负债类会计科目为例,这 14 项负债类会计科目的定义如表 8.4 所示,会计工作人员可以此为标准在会计实务中进行识别、确认、分析,并进行记录。其参考依据为《政府会计准则第 8 号——负债》。

表 8.4 　　　　　　　　　　**负债类会计科目及其定义**

序号	会计科目	定义	注释/准则
1	短期借款	反映政府部门借入的期限在 1 年内(含 1 年)的各种借款期末余额。	
2	应缴财政款	反映政府部门取得的按照规定应当上缴财政款项的期末余额。	
3	应缴税费	反映政府部门按照国家税法等有关规定应当缴纳的各种税费期末余额。	
4	应付票据	反映政府部门应付票据的期末余额,主要包括因购买材料、物资等开出、承兑的商业汇票等。	《政府会计准则第 8 号——负债》
5	应付利息	反映政府部门尚未支付的应付利息期末余额。	
6	应付账款	反映政府部门应付账款的期末余额,主要包括因购买物资或服务、工程建设等应付的偿还期限在 1 年内(含 1 年)的款项。	
7	预收账款	反映政府部门预收账款的期末余额,主要包括按合同规定预收的款项。	
8	其他应付款	反映政府部门其他应付款项的期末余额。	

续表

序号	会计科目	定义	注释/准则
9	应付职工薪酬	反映政府部门按照有关规定应付给职工的各种薪酬期末余额。	
10	应付政府补贴款	反映政府部门按照有关规定应付的各种政府补贴款期末余额。	
11	一年内到期的非流动负债	反映政府部门承担的1年内(含1年)到期的非流动负债期末余额。	《政府会计准则第8号——负债》
12	长期借款	反映政府部门承担的偿还期限超过1年的借入款项减去将于1年内(含1年)到期部分后的期末余额。	
13	长期应付款	反映政府部门承担的偿付期限超过1年的应付款项减去将于1年内(含1年)到期部分后的期末余额。	
14	受托代理负债	反映政府部门接受委托,取得受托管理资产而形成负债的期末余额。	

(二)收入费用表

在公共部门中,需要关注收入和费用的变化。收入费用表主要反映一定时期内公共部门资源的流入和流出情况。由于盈利并非公共部门的目标,因此公共部门通常以盈余来衡量净资产的变动情况。收入费用表提供了关于公共部门收入和支出情况的信息。公共部门需要有一定的盈余来维持、更新和扩大需要提供的公共产品或公共服务。对于许多公共服务组织来说,盈余本身并不是目的,而是一种履行职责的必要手段。拥有一定的盈余可能表明公共部门可以提供更多服务、降低服务收费标准或降低税收。以"政府部门财务报告"为例,其资产负债表中的负债与净资产类会计科目及其报告样式如表8.5所示。

表 8.5 　　　　　　　　　　收入费用表(样式)

编制单位：　　　　　　　　　　　年　　　　　　　　　　单位：元

项目	附注	上年数	本年数
一、收入类			
财政拨款收入			
事业收入	附表 17		
经营收入	附表 18		
投资收益	附表 5		
上级补助收入			
附属单位上缴收入			
其他收入	附表 19		
收入合计			
二、费用类			
工资福利费用			
商品和服务费用	附表 20		
对个人和家庭的补助			
对企事业单位的补贴			
折旧费用			
摊销费用			
财务费用			
经营费用	附表 21		
上缴上级支出			
对附属单位补助支出*			
其他费用			
费用合计			
当期盈余			

　　按照财政部的规定，政府部门财务报告中的收入费用表主要包括了 7 项收入、11 项费用类会计科目。政府综合财务报告中的合并报表，则也包括了 7 项收入、10 项费用类会计科目，其定义分别如表 8.6 所示。会计工作人员可以据此为标准在会计实务中，进行识别、确认、分析并进行记录。

表8.6　　　　　　　　　　收入、费用类会计科目及其定义

序号	会计科目	定义	注释
一、	收入类		
1	财政拨款收入	反映政府部门本期从同级财政部门取得的财政预算资金。	
2	事业收入	反映政府部门本期开展专业业务活动及其辅助活动取得的收入。上缴国库或者财政专户的资金不属于事业收入，从财政专户核拨给事业单位的资金和经核准不上缴国库或者财政专户的资金，属于事业收入。	
3	经营收入	反映政府部门本期开展经营活动取得的收入。	
4	投资收益	反映政府部门本期因持有各类股权债权投资取得的收益(或承担的损失)。	
5	上级补助收入	反映政府部门本期取得的上级补助收入，主要包括事业单位从主管部门和上级单位取得的非财政补助收入。	
6	附属单位上缴收入	反映政府部门本期取得的附属单位上缴收入，主要包括事业单位附属独立核算单位按照有关规定上缴的收入。	
7	其他收入	反映政府部门本期取得的除上述收入之外的其他收入金额。	
二、	费用类		
1	工资福利费用	反映政府本期应支付给在职职工和编制外长期聘用人员的各类劳动报酬。以及为上述人员缴纳的各项社会保险费等。	
2	商品和服务费用	反映政府本期购买商品和服务发生的各类费用，包括办公费、差旅费、劳务费等。	
3	对个人和家庭的补助	反映政府本期用于对个人和家庭的补助。	
4	对企事业单位的补贴	反映政府本期对未进入部门决算编报范围的企业、事业单位及民间非营利组织的各类补贴。	

序号	会计科目	定义	注释
5	政府间转移性支出	反映政府本期提供给非同级政府和不同地区同级政府的款项。	
6	折旧费用	反映政府本期对固定资产、公共基础设施资产提取的折旧费用。	
7	摊销费用	反映政府本期对无形资产提取的摊销费用。	
8	财务费用	反映政府本期有偿使用相关资金而发生的不应资本化费用。	
9	经营费用	反映政府本期开展经营活动发生的费用。	
10	其他费用	反映政府本期发生的除上述费用以外的其他费用。	

（三）政府财务报告中的附注和其他事项

在表8.3、表8.4以及表8.6中，可以看到政府财务报表(资产负债表与收入费用表)样表的附注栏中，有些会计科目有"附表"的字样。这些附表对资产负债表和收入费用表中重要项目进行更为详细的披露，便于报表信息使用者更好地理解报表信息，为编制政府部门财务报表和政府综合财务报表提供抵销所需数据。换言之，财务报告中的附表是具体解释、说明或呈现某些重要项目的数据是如何计算得出的，数据来源或具体明细构成是什么。

报告中的附注则是分别解释会计报表的编制基础的问题。即，会计报表的编制是权责发生制，还是收付实现制。同时，作为政府财务报告不可缺少的一部分，编制人员要在报告中作出声明，也就是说该报告的编制是基于相关政府会计准则、会计制度和财务报告编制规定的要求进行编制的，"如实"反映了部门(单位)或政府的财务状况和运营情况。此外，在附表之前，财务报告还应当就"会计主体""会计政策"和"会计估计"等问题加以说明。例如，报表包含的主体范围主要反映所属单位的名称、性质(如行政单位、事业单位或社会团体)、人员编制、实有人数等基本信息。对会计项目的含义、确认原则、计量方法等会计政策，以及具体会计方法进行解释和说明，涉及固定资产、公共基础设施的，应说明固定资产、公共基础设施的类别、折旧年限及折旧方法，涉及无形资产的，应说明无形资产的类别、摊销年限及摊销方法等。

最后，会计报告中在附表之后是"未在会计报表中列示的重大事项"。这一部分是为了说明、披露"未在会计报表中列示但对政府部门财务状况有重大影响的事项需要在报表附注中披露"。在部门报告中，需要披露政府部门股权投资，资产负债表日后重大事项或有何承诺事项。如担保事项、未决诉讼或仲裁的财务影响等。若无法预计应说明理由。对于政府部门管理的公共基础设施、文物文化资产、保障性住房、自然资源资产等重要部分，披露其种类与实物量等的相关信息时，应同其他未在报表中列示但对政府部门财务状况有重大影响的事项一并列出。除此还需在报告中披露"社保基金""在建工程中土地收储项目金额、面积等情况"。

第三节　政府财务报告中财务分析的内容、方法与指标

前文对政府财务报表进行了介绍。财务会计的作用是收集、总结和报告组织财务信息。财务报表是用于反映经营成果和财务状况的工具。而财务分析的重点是如何分析这些财务信息，以进一步了解组织的财务状况。

财务分析是对组织财务状况的全面评估。管理者必须了解组织的财务状况，以评估其完成任务的能力。财务分析不仅能够了解组织的财务状况，更重要的是可以通过财务分析，采取相关措施来改善组织财务状况。财务分析的最终目的是确定影响财务状况的因素，并提供改善财务状况的建议。

政府财务分析，可以在一个财政年度开始，即编制预算时进行。也可以在一个财政年度结束时进行。它还可以在金融危机或其他紧急情况中进行。财务分析可以成为政府制定战略规划的一部分。在其实施过程中，政府实现其任务和目标的财务能力将得到验证。政府财务分析既可以由政府内相关部门进行，也可以由第三方主体进行。由政府内部主体开展财务分析可以随时获取所需的信息，而且对于政府财务运行情况更加了解。而外部主体在开展财务分析和提出关键建议时可能更加客观。

一、财务分析的内容

我国政府财务分析主要分为政府部门财务分析和政府财政经济分析，其分别在政府部门财务报告和政府综合财务报告中。其中，政府部门财务分析应当基于财务报表所反映的信息，结合政府部门职能，重点分析资产状况、债务风险、收入费用、预算管理和绩效管理等方面。政府财政经济分析应当基于财务报表所反映的信息，结合经济形势状况和趋势、财政管理政策措施，对政府整体财务状况、运行情况以及财政中长期可持续性进行综合性分析。主要内容如图 8.5 所示。

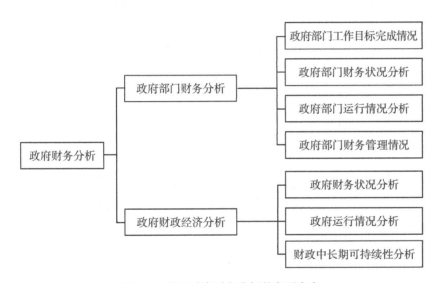

图 8.5　我国政府财务分析的主要内容

(一)政府部门财务分析的主要内容

政府部门财务分析主要包括四个部分。分别是政府部门基本情况的介绍、政府部门资产负债状况分析、政府部门运行情况分析以及政府部门财务管理情况。

第一，政府部门基本情况。主要包括部门基本职能、机构设置、年度工作目标计划及执行情况、绩效目标及完成情况等。第二，政府部门资产负债状况分析。主要针对货币资金、固定资产、政府储备资产、公共基础设施等重要资产项目的结构特点和变化情况进行分析，并评估对政府部门提供公共服务的能力的影响。结合短期借款、长期借款等重点负债项目的增减变化情况，分析政府部门债务规模和债务结构等；运用资产负债率、现金比率、流动比率等指标，分析评估政府部门当期及未来中长期财务风险及可控程度，需要采取的措施等。第三，政府部门运行情况。主要分析侧重分析政府部门的收入规模、结构及来源分布、重点收入项目的比重和变化趋势，以及经济形势、相关财政政策等对政府部门收入变动的影响等。同时，关注政府部门费用规模、构成及变化情况，特别是政府部门控制行政成本的政策、投融资情况及对费用变动的影响等。此外，运用政府部门的收入费用率等指标，分析政府部门收入用于支付费用的比例情况。第四，政府部门财务管理情况分析。主要从部门预算管理、内控管理、资产管理、绩效管理、人才队伍建设等方面反映部门加强财务管理的主要措施和取得成效。

(二)政府综合财务分析的主要内容

政府综合财务报告中的财务分析部分，又称为"政府财政经济分析"。该部分以政府综合财务报表为依据，结合宏观经济形势，分析政府财务状况、运行情况，以及财政中长期可持续性等。主要包括了三个方面的分析。一是政府财务状况分析，二是政府运行情况分析，三是财政中长期可持续性分析。

首先，政府财务状况分析部分主要针对政府的资产、负债和主要指标结果进行说明描述，其重点分析政府资产的构成及分布，对于货币资金、长期投资、政府储备资产、公共基础设施、保障性住房等重要项目，分析各项目比重、变化趋势以及对于政府偿债能力和公共服务能力的影响。同时，也重点分析政府的负债规模、结构以及变化趋势。此外，通过指标分析，计算政府资产负债率、现金比率、流动比率等指标，分析政府财务风险及可控程度，未来需要采取的措施等。

其次，政府运行情况分析部分则侧重政府的收入、费用和政府运行情况。在收入方面，重点分析政府收入规模、结构及来源分布、重点收入项目的比重及变化趋势，特别是宏观经济运行、相关行业发展、税收政策、非税收入政策等对政府收入变动的影响。在费用方面，重点按照经济分类分析政府费用规模及构成，特别是政府投融资情况对政府费用变动的影响。在指标分析方面，运用政府收入费用率、税收收入比重等指标，分析政府财政财务运行质量和效率。

最后，财政中长期可持续性分析部分。主要关注政府行政区范围内的地区经济形势、重点产业发展趋势、财政体制、财税政策、社会保障政策、通货膨胀率等，全面分析政府未来中长期收入支出变化趋势、预测财政收支缺口以及相关负债占 GDP 比重等。

二、财务分析的方法与财务指标

(一)财务分析方法

在进行政府财务分析时，通常使用的分析方法有比率分析法、比较分析法、结构分析法和趋势分析法等方法。

1. 比率分析法

财务分析中的一个重要方法是比率的使用。比率分析法是指通过财务报表的有关指标的比率计算，分析组织财务状况，了解组织发展现状。例如，假设政府 2021 年年底流动资产为 2000 万元，流动负债为 1000 万元。如果我们想知道 2021 年年底政府流动资产与流动负债相比有多少，我们会用 2000 万元的流动资产数除以 1000 万元的流动负债数，结果是 2。这意味着每 1 元的流动负债(短期负债)就有 2 元的流动资产(可以在短期内变现的资产)来"支撑"。该组织的债务风险较低，或称作"流动性风险"较低。这可以称为 2∶1 的比率。这个特定的比率被称为流动比率，用以反映政府部门流动资产用于偿还流动负债的能力。使用比率分析法能够获得比单独的资产或负债数额更多的信息。如果我们只知道一个组织有 2000 万元的流动资产，那么这并不能反映该组织是否有足够的短期资源来履行其义务。但是流动比率的计算让我们知道该组织中每 1 元的短期债务就对应有 2 元的流动资产，这让我们更加了解组织的财务状况。

但是比率分析法也存在不足。首先，在运用比率分析法时，需要将各种比率结合起来进行综合分析，才能对组织的财务状况有一个更现实的了解。如果只着眼于某一个单独的比率指标，可能会对组织财务状况的判断产生偏差。其次，在进行比率分析时，难以制定一个客观衡量的标准。例如，对于流动比率来说，如果流动比率过低，这意味着该组织可能无法履行其财务义务，这是组织财务状况不佳的表现。如果这一比率过高，那么意味着组织大量的资源被束缚在流动资产中，从而限制该组织以其他方式更好地利用这些资产，也就意味着管理者未能高效利用资源。然而，究竟达到什么标准算过高，达到什么标准算过低，这一标准难以制定。再次，在进行比率分析时要确保比率的具体定义和口径一致。并非所有人都使用相同的定义或口径计算比率。如果不将定义和口径搞清楚，便可能在比较分析的过程中出现混淆的情况。明确比率的定义和口径非常重要。最后，比率是有效的分析工具，但是我们在进行财务分析时，除了关注比率这一固定的数字之外，还应关注组织的性质和实际情况，这样才能对组织进行更加全面的分析。

2. 比较分析法

比较分析法是指将组织实际达到的数据同特定的标准相比较，从数量上确定其差异。通过揭示差异找出存在差异的原因并为改进组织管理提供建议。具体比较方法包括三个方面：第一是与国际通行标准、全国平均水平等相关标准比较。第二是与其他国家的类似指标比较，如美国、澳大利亚等政府会计改革相对成熟的国家。第三是与上年度同指标进行比较。

比较分析法可以用绝对数进行比较，也可以用相对数进行比较。绝对数比较是指对财务报表中的金额数字进行比较。例如，某区政府2020年一般公共预算收入为31万元，2021年一般公共预算收入为43万元，那么2021年与2020年相比，差异额为12万元。相对数比较是指将财务报表中的绝对数进行一定的计算后进行对比。例如，某区政府2020年税收收入占一般公共预算收入的比重为48%，2021年税收收入占一般公共预算收入的比重为60%，那么2021年与2020年相比，税收收入占一般公共预算收入的比重增加了12%。这就是利用相对数百分比进行比较。

运用比较分析法，应当注意指标内容、范围、计算方法、时间跨度的一致性，否则便不能进行有意义的比较。此外，无论是运用绝对数还是相对数进行比较，都只能作出初步的判断，还需要在此基础上结合实际情况进行进一步分析。

3. 结构分析法

结构分析法是指将同一财务报表内部各项目之间进行的比较。以显示各个项目之间的相对地位，分析各项目的重要性以及各项目的比重是否合理。结构分析法的一般步骤是，以财务报表中某一关键项目的数额作为基数（即100%），而将其余各有关项目的金额分别换算成对该关键项目的百分比，以使各个项目的相对地位明显地表现出来，从而揭示财务报表中各项目的相对重要性及财务报表的总体结构关系。确定财务报表中各项目占总额的比重后，将本期各项目的比重与前期同项目的比重进行对比，从而分析各项目比重的变化情况。

在资产负债表中，对资产负债表进行结构分析有助于判断组织的资产负债结构是否合理。资产负债表通常以资产总额为基数，求出资产负债表中各项目相对于基础的百分比，从而了解组织的资产结构和负债结构。收入费用表通常以收入总额为基数，通过计算各项目相对于基数的百分比了解组织的利润率、费用率等情况。结构分析法的运用有助于我们对组织的财务结构进行分析、比较和评估。但是具体而言，组织的财务结构是否合理，还需要结合组织的具体情况进行分析和判断。

4. 趋势分析法

趋势分析法是指运用动态比率数据对政府各个时期的变化情况加以对比分析的方法。通过此法以发现其发展规律和发展趋势。分析时需要突出政府财务管理和日常运营中的重大特殊问题以及一些重大事项和环境因素对各期财务数据的影响。当分析涉及的期限较长，物价水平变动对各期财务数据的影响程度较大时，可以剔除物价变动因素后再作分析，以使数据能表现正常的政府财务和运营情况。

趋势分析是对组织财务状况随着时间的推移的变化情况进行分析。它的基本要点在于将财务报表中不同时期的同项数据进行对比。例如前文所提到的，某区政府2020年一般公共预算收入为31万元，2021年一般公共预算收入为43万元，那么2021年与2020年相比增加了12万元，或者说增加了38.7%。这就是一种简单的趋势分析。当组织收入和支出较为稳定时，趋势分析法是最容易使用的一个方法。简要来说，趋势分析假设组织未来的收入和支出将与过去相当。趋势分析中包含的数据越多，预测就越可靠。在本书的第二章，主要介绍了政府的收入和支出的预测方法和技巧，这实际上就是公共财务管理中的"趋势预测"或"趋势分析"方法的具体应用。同样，趋势分析法也有一些缺点。趋势分析法的主要缺点在于它假设组织的收入和支出是稳定的，与过去相比没有发生重大的变化，因此趋势分析法无法预测重大事件或经济将如何影响收入或支出流。

　　以上介绍了政府财务分析的四种常用方法，在实际运用过程中要根据情况选择恰当的方法。而且财务分析方法是以财务报表为基础，而财务报表的编制也可能受到数据来源、数据精确度的影响，而且财务报表仅仅反映了一些能够用数字衡量的事项。但是政府在实际中要面临更加复杂多样的环境。因此，在进行财务分析时，要注意数据的准确性和可比性，同时应结合实际情况进行分析，这样才能得出尽可能准确的财务分析结论。

　　(二)财务分析指标

　　1. 政府部门财务分析指标

　　对于政府部门的财务分析指标而言，主要包括 6 个或三大类指标。一是财务状况及财务风险指标。例如资产负债率、现金比率和流动比率。二是资产管理类指标。例如固定资产成新率、公共基础设施成新率。三是运行情况指标。即收入费用率指标。主要分析指标如表 8.7 所示。

表 8.7　　　　　　　　　　　部门财务分析指标

序号	指标名称	公式	指标说明
1	资产负债率	负债总额/资产总额	反映政府部门偿付全部债务本息能力的基本指标。
2	现金比率	(货币资金+财政应返还额度)/流动负债	反映政府部门利用现金及现金等价物偿还短期债务的能力。
3	流动比率	流动资产/流动负债	反映政府部门流动资产用于偿还流动负债的能力。
4	固定资产成新率	固定资产净值/固定资产原值	反映政府部门固定资产的持续服务能力。
5	公共基础设施成新率	公共基础设施净值/公共基础设施原值	反映公共基础设施的持续服务能力。
6	收入费用率	年度总费用/年度总收入	反映政府部门收入用于支付费用的比例情况。

（1）资产负债率

资产负债率是政府部门负债总额与资产总额的比率，它是反映政府部门偿付全部债务本息能力的基本指标。其计算公式如下：

$$资产负债率 = \frac{负债总额}{资产总额} \times 100\%$$

对于债权人来说，由于资产负债率的高低会影响到其资金的安全和稳定程度，因此他们通常希望政府部门有较低的负债比率。但是，从2020年疫情暴发后，政府一系列疫情防控措施的出台，以及相关促进经济复苏的措施，都对政府负债带来了较大的压力。同时，在地方政府层级，部分单位的债务融资并未完全纳入政府负债的管理，因此可能存在"隐性债务"的情况。因此使用资产负债率对政府部门财务状况进行分析时，应结合具体实际情况进行分析。

（2）流动比率

流动比率是政府部门流动资产与流动负债的比率。它表明政府部门每一元流动负债能够保证有多少流动资产作为偿还，反映政府部门流动资产用于偿还流动负债的能力，其计算公式如下：

$$流动比率 = \frac{流动资产}{流动负债} \times 100\%$$

一般来说，流动比率越高，反映政府部门短期偿债能力越强，债权人的权益越有保证。如果流动比率为1，说明只要流动资产不发生损失，那么所有的流动负债都能够得到偿还。如果流动比率小于1，说明政府部门的流动资产不足以偿还其流动负债，这对于债权人来说是一个不良的信号。可能会影响债权人对政府部门财务状况的信心，从而给政府融资带来困境，影响政府部门的运转。因此，当政府部门的流动比率大于1时，债权人会持有更加乐观的预期。按照企业财务管理的经验，一般认为流动比率为2∶1时较为适宜。但如果流动比率过高，则说明政府部门的流动资产占用过多，会影响资金的使用效率，也即是政府没有完全将自身的资源投入到城市建设、提供公共服务中去，造成了资金的闲置或沉淀。因此，对于债权人来说，政府部门的流动比率越高越好，但是对于政府部门来说则不一定。因此，在运用流动比率对政府部门财务状况进行分析时，还应结合流动资产的结构、周转情况等具体分析。

（3）现金比率

现金比率是现金和现金等价物与流动负债的比率。它反映了政府部门利用现金及现金等价物偿还短期债务的能力。其计算公式如下：

$$现金比率=\frac{货币资金+财政应返还额度}{流动负债}\times100\%$$

可以看出，现金比率是流动比率的进一步细化。它将政府部门流动资产中的非现金排除出去，然后与流动负债进行比较。这也就是说，偿还流动负债的资产变现能力为百分之百，具有较高的稳定性和安全性。现金比率较高，债权人对政府部门财务状况会形成更加乐观的预期。现金比率并没有一个公认的标准，政府部门可以根据实际情况确定现金比率。

（4）固定资产成新率

固定资产成新率又称为固定资产净值率，是政府部门固定资产净值与固定资产原值的比率。它反映了政府部门固定资产的持续服务能力。其计算公式如下：

$$固定资产成新率=\frac{固定资产净值}{固定资产原值}\times100\%$$

这一比率越高，说明政府部门新购置的固定资产越多，使用时间较短，因此对于政府部门未来发展的准备较为充足，发展的潜力较大。

（5）公共基础设施成新率

公共基础设施成新率是公共基础设施净值与固定资产原值的比率。它反映了公共基础设施的持续服务能力。其计算公式如下：

$$公共基础设施成新率=\frac{公共基础设施净值}{公共基础设施原值}\times100\%$$

（6）收入费用率

收入费用率是政府部门年度总费用和年度总收入的比率。它反映了政府部门收入与费用的比例情况。其计算公式如下：

$$收入费用率=\frac{年度总费用}{年度总收入}\times100\%$$

收入费用率反映了政府部门的持续运营能力。如果收入费用率长期大幅高于100%，就说明政府部门的各项费用开支长期超过收入水平，需要引起重视，防范财务风险。

2. 政府财政经济分析

相对于政府部门的财务分析指标而言，政府综合财务报告所涉及的分析指标较多，主要包括 20 个指标，可分为三大类：一是财务状况及财务风险指标。例如资产负债率、现金比率和流动比率等。二是政府运行情况分析指标。主要侧重政府内部的财务管理水平和履职能力水平。例如，收入费用率、政府自给率、税收收入比重等。该类指标更多侧重政府的财政、税收、利息、工资费用等。三是财政中长期可持续性分析指标。即政府的有关财政经济和资产管理等指标。例如，负债率、税收收入弹性、固定资产成新率、公共基础设施成新率指标。主要财政经济分析指标如表 8.8 所示。

表 8.8　　　　政府财政经济分析（综合财务分析指标）

序号	指标名称	公式	指标说明
一、政府财务状况及财务风险分析指标			
1	资产负债率	负债总额/资产总额	反映政府偿付债务的能力。
2	流动比率	流动资产/流动负债	反映政府利用流动资产偿还短期负债的能力。
3	现金比率	货币资金/流动负债	反映政府利用货币资金偿还短期负债的能力。
4	金融资产负债率	（流动资产合计数−存货+长期投资+应收转贷款）/负债总额	反映政府利用金融资产偿还负债的能力。
5	总负债规模同比变化	（负债总额年末数−负债总额年初数）/负债总额年初数	反映负债的增长速度。同比增速是否过快可参考全国地方政府债务限额增幅。
6	主要负债占比	主要负债项目/负债总额	反映政府主要负债项目占总负债的比重。
7	单位负债占比	单位负债总额/负债总额	反映政府单位负债占总负债的比重，进而评估政府的直接债务风险和间接债务风险。

续表

序号	指标名称	公式	指标说明
8	流动负债占比	流动负债/负债总额	反映政府负债结构是否合理，政府面临负债集中偿付的压力。
9	一般债务率	（一般债务余额/债务年限）/一般公共预算可偿债财力×100%	反映地方政府可偿债财力对偿债需求的保障能力。可偿债财力等于综合财力扣除用于保障人员工资、机关运转、民生支出等刚性支出后的财力。
10	专项债务率	（专项债务余额/债务年限）/政府性基金预算可偿债能力×100%	

二、政府运行情况分析指标

序号	指标名称	公式	指标说明
11	收入费用率	年度总费用/年度总收入	反映政府总费用与总收入的比率。
12	政府自给率	（支出总额−政府间转移性支出）/（收入总额−政府间转移性收入）	反映地方政府自给能力大小。
13	税收收入比重	年度税收收入/年度收入总额	反映政府收入的稳定性及质量。
14	税收依存度	年度税收收入/年度一般公共预算收入	反映税收在一般公共预算收入中的占比。
15	利息保障倍数	（当期盈余+利息支出）/利息支出	反映政府偿还债务利息的能力。
16	人均工资福利费用	工资福利费用/政府工作人员人数	反映人均工资福利费用情况。政府工作人员的数目取自部门决算机构人员情况表在职人员与其他人员数量之和。

三、财政中长期可持续性分析指标

序号	指标名称	公式	指标说明
17	负债率	债务总额/地区生产总值	反映经济增长对债务的依赖程度。
18	税收收入弹性	年度税收收入增长率/本地区GDP增长率	反映税收收入变动对本地区GDP变动的敏感程度。

续表

序号	指标名称	公式	指标说明
19	固定资产成新率	固定资产账面净值/固定资产原值	反映政府固定资产的持续服务能力。
20	公共基础设施成新率	公共基础设施净值/公共基础设施原值	反映政府公共基础设施的持续服务能力。

除了与政府部门财务分析指标相同的指标外，还有如下指标是需要体现在"政府综合财务报告"中，有关指标、计算公式和定义如下。

（1）金融资产负债率

金融资产负债率反映了政府利用金融资产偿还负债的能力。其计算公式如下：

$$金融资产负债率 = \frac{流动资产总额-存货+长期投资+应收转贷款}{负债总额} \times 100\%$$

金融资产变现能力相对较强，因此该项指标也可以显示政府组织的抗风险能力。此外，该指标通常用于银行业的风险分析，具体的金融资产负债率标准会因国家、地区、金融机构类型和监管要求而异。目前，我国并未对政府的金融资产负债率有官方规定或标准。金融资产负债率标准会因不同因素而异，而且可能会随着时间和监管要求的变化而调整。

（2）总负债变动率

总负债变动率是政府负债变动额与年初负债总额的比率，反映了政府负债的增长速度或政府"消化债务"的成果。其计算公式如下：

$$总负债变动率 = \frac{负债总额年末数-负债总额年初数}{负债总额年初数} \times 100\%$$

（3）主要负债占比

主要负债占比是政府主要负债项目和负债总额的比率，反映了政府主要负债项目占总负债的比重。其计算公式如下：

$$主要负债占比 = \frac{主要负债项目}{负债总额} \times 100\%$$

（4）单位负债占比

单位负债占比是政府单位负债总额和负债总额的比率，反映了政府单位负债占总负债的比重。其计算公式如下：

$$单位负债占比 = \frac{单位负债总额}{负债总额} \times 100\%$$

（5）流动负债占比

流动负债占比是政府流动负债与负债总额的比率，反映了政府负债结构是否合理以及政府面临负债集中偿付的压力。其计算公式如下：

$$流动负债占比 = \frac{流动负债}{负债总额} \times 100\%$$

流动负债占比反映了政府依赖短期债权人的程度，如果流动负债占比高，说明政府的流动负债项目比重过高或长期负债项目较少。一般认为，当流动负债占比较低时，政府的财务状况相对较好，政府流动负债的偿还期较短。如果流动负债项目比重过高，政府短期内偿还债务的压力就越大，不能如期偿付债务的风险也就加大，从而提高政府的财务风险。

（6）净资产变动率

净资产变动率是政府净资产变动额与净资产总额的比率，反映了政府净资产的同比变动情况。其计算公式如下：

$$净资产变动率 = \frac{净资产总额年末数 - 净资产总额年初数}{净资产总额年初数} \times 100\%$$

净资产变动能够反映政府的发展情况，反映政府资产保值增值的情况。如果政府能够保持较好的净资产增长，那么政府具有较好的发展潜力和抗击财务风险的能力。

（7）政府自给率

政府自给率反映了地方政府自给能力的大小。其计算公式如下：

$$政府自给率 = \frac{收入总额 - 政府间转移性收入}{支出总额 - 政府间转移性支出} \times 100\%$$

政府自给率可以较好地评价地方财政对于转移支付的依赖程度，同时反映出地方经济活动繁荣度。指标数值越大，地方财政"造血能力"就越强，对于财政转移性支付的依赖程度也就越低。

（8）税收收入比重

税收收入比重是政府年度税收收入与年度收入总额的比率，反映了政府税收收入在年度总收入中的占比。其计算公式如下：

$$税收收入比重 = \frac{年度税收收入}{年度收入总额} \times 100\%$$

（9）税收依存度

税收依存度是政府年度税收收入占年度一般公共预算收入的比重，反映政府收入的稳定性及质量。其计算公式如下：

$$税收收入比重 = \frac{年度税收收入}{年度一般公共预算收入} \times 100\%$$

2021年，全国税务部门组织税收收入（已扣除出口退税）15.46万亿元，占全国一般公共预算收入比重达76.3%，比2020年提高1.5个百分点，为国聚财职能作用进一步增强。

（10）利息保障倍数

利息保障倍数也称已获利息倍数，反映了政府偿还债务利息的能力。其计算公式如下：

$$利息保障倍数 = \frac{本年盈余+利息支出}{利息支出} \times 100\%$$

一般来说，政府都是从其盈余中直接开支利息费用，这一比率越高，说明政府盈余能够使政府承受越高的债务。因此，利息保障倍数体现了债权的安全程度。

（11）负债率

负债率是债务总额与本地区GDP的比率，反映了经济增长对债务的依赖程度。其计算公式如下：

$$负债率 = \frac{债务总额}{本地区GDP} \times 100\%$$

截至2020年年末，我国地方政府债务余额25.66万亿元，整个政府债务水平的负债率指标是45.8%，低于国际通行的60%警戒线，也低于主要市场经济国家和新兴市场国家水平，风险总体可控。

（12）税收收入弹性

税收收入弹性是年度税收收入增长率与本地区GDP增长率的比率，反映税收收入变动对本地区GDP变动的敏感程度。其计算公式如下：

$$税收收入弹性 = \frac{年度税收收入增长率}{本地区GDP增长率} \times 100\%$$

根据上述公式，若税收收入弹性比值等于1，说明年度税收收入的增长与本地区经济增长同步；若税收收入弹性比值小于1，说明年度税收收入的增长速度慢于本地区经济增长速度；若税收收入弹性比值大于1，则说明年度税收收入的增长速度快于本地区经济增长速度。如果税收收入弹性长期过高，可能意味着税收负担过重，从而给经济发展带来不利影响。

（13）保障性住房成新率

保障性住房成新率是保障性住房净值与保障性住房原值的比率，反映政府保障性住房的持续服务能力。

第四节 案例分析

本小节将对以上讲授内容进行举例分析，但由于截至 2023 年 5 月，我国政府部门财务报告和政府综合财务报告仍处于"试编"阶段，政府财务报告的编制办法、依据或规定仍存在调整的可能性，因此我国政府财务报告没有对外公开。因此本小节暂以自选案例为基础，参考政府财务报告编制指南，以及其他政府综合财务报告等文件，所选案例仅供教学使用。案例中可能会存在与最新会计制度、会计准则或财务报告编制指南有细微差别的情况，请读者注意。

◎案例分析 8.1

Y 省综合财务报告

……

1 政府综合财务报表及附注

1.1 资产负债表

表 8.9　　　　　**Y 省 2017 年资产负债表**　　　　单位：万元

项目	附注	2016 年	2017 年
一、资产类			
货币资金	1.3.6(3)	7 371 650	8 645 041
借出款项		1 571 286	2 094 887

续表

项目	附注	2016 年	2017 年
应收利息		112	112
应收股利		26 583	25 859
应收及预付款项		4757183	3 365 552
应收税款		—	—
应收非税款		—	—
存货		88 049	101 183
其中：公共储备物资		4 155	5 873
对外投资		7 618 342	7 550 388
固定资产		12 759 701	12 054 026
其中：公共基础设施		8 055 693	7 365 125
在建工程		11 890 245	11 756 655
无形资产		28 194	382 117
其他资产		214 501	125 783
资产合计		46 325 846	46 101 603
二、负债类			
借入款项		12 664 622	10 436 701
应付利息		19 950	26 271
应付及预收款项		3 387 516	3 050 290
应退税款		—	—
应退非税款		—	—
应付薪酬		78 171	25 847
应付政府补助		—	76
政府债券		2 840 000	3 760 000
其他负债		18 835	43 642
负债合计		19 009 094	17 342 828
三、净资产类			
当期盈余		2 216 540	562 750
以前年度累积净资产		25 100 213	28 196 025
净资产合计		27 316 753	28 758 775
负债净资产合计		46 325 846	46 101 603

1.2 收入费用表

表 8.10 　　　　　　　**Y 省 2017 年收入费用表** 　　　　单位：万元

项目	附注	2016 年	2017 年
一、收入类			
税收收入		2 478 962	2 845 448
非税收入		1 767 516	1 542 404
事业收入		1 780 272	1 943 966
经营收入		81 245	71 465
投资收益		−90 244	−252 494
政府间转移性收入		22 591 791	23 461 740
其他收入		1 014 918	155 606
收入合计		29 624 459	29 768 135
二、费用类			
工资福利支出		1 022 801	1 262 790
商品和服务支出		2 935 678	2 368 125
对个人和家庭的补助		1 949 356	2 239 584
对企事业单位的补贴		1 239 146	939 482
政府间转移性支出		16 668 194	18 492 211
捐赠支出		—	—
折旧费用		766 832	747 805
财务费用		728 309	777 481
经营支出		57 656	58 233
其他费用		2 039 948	2 319 674
费用合计		27 407 920	29 205 386

1.3 政府综合财务报表附注

1.3.1 报表编制基准与目的

本次试行编制的政府综合财务报告，是基于权责发生制核算原则编制的。其目的是反映 Y 省省本级政府的整体财务状况，以及政府在提供公共服务方面所持有的资源及负债情况。

1.3.2 纳入报表合并范围的主体

纳入本报表合并范围的单位主体包括：

(1)纳入部门决算编报范围的省本级行政单位 300 家、事业单位 1000 家。

(2)政府直接管理的国有企业 300 户。

(3)政府部门管理的国有企业 300 户。

(4)纳入本报表合并范围的资金主体包括：财政一般预算资金、政府性基金预算资金；国债转贷资金；农业综合开发资金；国际金融组织贷款及外国政府贷款资金；其他财政专户资金；纳入固定资产投资决算管理的在建工程资金。

(5)除上述两类主体之外，本报表中还包括：在政府部门管理但未纳入其固定资产管理范畴的公共基础设施资产(如：公路、水利设施等)。省本级政府发行的地方政府债券、国债转贷资金本金欠款、政府融资平台贷款以及未列入上述两类主体的政府部门银行贷款等政府性债务。

1.3.3 报表汇总方法(略)

1.3.4 主要会计政策

(1)会计期间：本次政府综合财务报告会计年度自 2017 年 1 月 1 日起至 12 月 31 日止。

(2)记账本位币与外币折算。采用人民币为记账本位币。外币资金采用 2017 年 12 月 31 日公布的外汇中间价折算。单位外币兑换人民币的汇率为：美元 1：7.2，日元 100：6.11，欧元 1：7.35

(3)会计计量属性。本报表中会计要素的计量采用历史成本。在无法取得历史成本的情况下采用重置成本或变现净值进行计量。

(4)货币资金。是指省本级政府掌握的国库存款、银行存款、现金及其他货币资金等货币性资金。

(5)应收账项(非往来账项)。(略)

(6)存货。是指省本级政府掌握的各类库存物资和在途物资等。其中，公共储备物资包括救灾、公共安全、公共卫生应急储备物资及其他储备物资等，其作为存货的明细项目由各部门填报汇总得出。

(7)投资。(略)

(8)固定资产。除文物资产、铁路、机场及市政设施等尚不具备条件核算或不属于省本级政府管辖范围之内的固定资产外，省本级政府掌握或管理的房屋、建筑物、设备、交通工具及公共基础设施等固定资产均在本次政府综合财务报告合并范围之内。固定资产净值由固定资产原值减固定资产累计折旧得出。由于在收付实现制条件下绝大多数政府部门不计提固定资产折旧，因此，对于未提取折旧的固定资产采用平均年限法进行补提，并主要依据按固定资产的预计可供使用年期摊销其成本或估值，其中，当年计提的折旧计入到当期的费用当中。本次报告中各类资产的预计可供使用年限采用如下年限分摊：(略)

(9)收入。是指政府在日常活动中形成的、会导致净资产增加的服务潜能，即总增加或经济利益的总流入。政府间的收支交易事项相互抵消后，将按照《中华人民共和国预算法》《财政总预算会计制度》《行政(事业)单位预算会计制度》而设立的收入项目，在本年度以权责发生制核算增加的收入。主要包括税收收入、非税收入、事业收入、经营收入、其他收入等项目。其他收入项目，如投资收益等，根据相关要求确认后计入政府综合财务报告。应收(退)税款、应收(退)税款非税款等按权责发生制原则核算的会计事项。

(10)费用是指省本级政府为提供公共产品和公共服务所发生的、会导致净资产减少的服务潜能总减少或经济利益总流出。政府内部间的收支交易事项相互抵消，按照《2017年政府收支分类科目》经济分类设立的主要费用项目，如工资福利支出、商品和服务支出、对个人和家庭的补助、对企事业单位的补贴、经营支出等，在本年度以权责发生制核算；其他费用，如折旧费用、财务费用等按照相关要求测算并确认后计入政府综合财务报告。应付政府补助、应付薪酬(合并报表范围之外)等按权责发生制原则核算的会计事项，由于目前尚无法从相关部门准确获取，因此2017年暂未纳入编报范围当中。

1.3.5　未在报表中列示但对政府财务状况有重大影响的项目

2017年社保基金收支情况(略)

1.3.6　报表主要项目的明细信息

(1)存货明细表(略)

（2）固定资产明细表（略）

（3）货币资金明细表

单位：万元

主体	现金	国库存款	银行存款	其他货币资金	合计
财政		7 005 586	630 752		7 636 338
政府单位	569		1 008 134		1 008 703
公益性国有企业					—
合计	569	7 005 586	1 638 886	—	8 645 041

（4）借出款项明细表（略）

（5）应收利息明细表（略）

（6）应收股利明细表（略）

（7）应收及预付款项明细表（略）

对外投资明细表（略）

（8）借入款项明细表（略）

（9）应付及预收款项明细表（略）

（10）政府债券明细表（略）

（11）应付政府补助明细表（略）

（12）投资收益明细表（略）

（13）财政税收收入明细表（略）

（14）财政非税收入明细表（略）

2　政府财政经济状况分析

2.1　宏观经济概况（概述）

在宏观经济概况部分，Y省政府综合财务报告主要运用了比较分析法和结构分析法进行了说明。该部分内容主要对当地地区生产总值和第一、第二、第三产业的增长情况以及主要商品和服务的价格及增幅进行说明。例如，2017年，Y省实现地区生产总值（GDP）15000.4亿元，按可比价格计算比上年增长5.6%。其中，第一产业增加值2659.6亿元，增长5.6%；第二产业增加值5591.8亿元，增长2.8%；第三产业增加值6788.0亿元，增长9.0%。三次产业结构为17.7∶37.2∶45.1，第一、二、三产业对GDP增长的贡献率分别为 11.1%、24.2% 和 64.7%。

2.2　政府财务及运营状况(概述)

在政府财务状况部分，Y 省政府综合财务报告对政府资产、负债、净资产情况进行了分析。结构分析法和比较分析法是最常用的两种分析方法。

在资产方面，截至 2017 年 12 月 31 日，Y 省本级政府拥有(或掌握)的资产共计 4610 亿元，相比 2016 年，政府总资产减少 22 亿元，下降 0.5%。从资产构成的来源上看，由借入款项、政府债务等负债形成的净资产 1735 亿元，占资产总额的 37.6%；由当期盈余及累计净资产形成的净资产 2976 亿元，占资产总额的 62.4%。具体构成情况如图 8.6 所示。

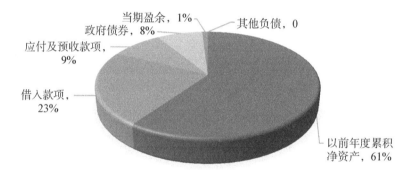

图 8.6　2017 年 Y 省政府资产构成图

在负债方面，截至 2017 年年底，政府负债总额达 1734 亿元，同比减少 167 亿元，下降 8.8%。政府的最大负债是政府性债务，在这些债务当中，用作公路、市政、教育及生态环境等项目建设 729 亿元，占政府性债务额度的 51.4%；用偿还债务、政府补贴补偿及短期周转等用途 691 亿元，占 48.6%。

在净资产方面，2017 年，政府净资产总额达 2976 亿元，同比增加 144 亿元，增长 5.3%。其中，当期盈余形成净资产 56 亿元，以前年度累计净资产 2820 亿元。从 2015—2017 年，资产总额的增长已趋于平稳，但净资产额相对资产总额有所增加，净资产率相对保持稳定，2017 年净资产率为 62.4%，5 年平均净资产率为 57.2%。这里运用了趋势分析法，分析了 2015—2017 年 Y 省政府的净资产变化情况。

此外，还可以运用比率分析法，计算相关比率对 Y 省政府财务状况进行分析。例如，截至 2017 年年底，政府资产总额为 4610 亿元。负债总额为 1735 亿元，政府资产负债率为 37.6%，较上年下降 3.4%。说明与 2016 年相比，Y 省政府偿付债务的能力有所上升。对于债权人来说，其资金的安全和稳定程度有所提高。

在政府运营情况部分，Y 省政府综合财务报告对政府的收入和费用情况进行了说明分析。同样可以用结构分析法和比较分析法进行分析。

在收入方面，截至 2017 年 12 月 31 日，省本级政府通过行政手段征收的税费、上级政府部门补助和运营等方式取得的各类收入 2976 亿元，相比 2016 年，政府收入增加 144 亿元，增长 0.5%。具体的收入项目为：税收收入 285 亿元，占比 9.6%；非税收入 154 亿元，占比 5.2%；事业收入 194 亿元，占比 6.5%；、政府间转移性收入 2346 亿元，占比 78.8%，在 Y 省本级政府收入中占据绝对主导地位；经营收入 7 亿元、投资收益 -25 亿元、其他收入 16 亿元，共占比 -0.1%。2017 年 Y 省政府收入比例见图 8.7 所示

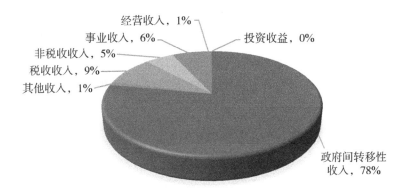

图 8.7 2017 年 Y 省政府收入比例图

从收入状况可以看出，Y 省政府整体收入增长平稳，运营收入持续增加①，政府间转移性收入仍是省级政府的主导收入，为 Y 省

———————————

① 政府运营收入＝税收收入＋非税收入＋事业收入＋经营收入。

札记

政府的基本运行提供保障。

在费用方面，截至 2017 年 12 月 31 日，省本级政府由提供公共服务、社会保障、补助下级支出及自身运营等产生的费用支出共计 2921 亿元，较上年增长 179 亿元，增加 6.5%。将政府各项费用按照费用性质，划分为政府运营成本①、政府间转移性支出、社会公共服务支出②和其他费用③后，政府运营成本 639 亿元，同比减少 35 亿元，下降 7.4%，占费用总额的 15%；政府间转移性支出 1849 亿元，同比增加 182 亿元，增长 10.9%，占费用总额 63.3%；社会公共服务支出 318 亿元，同比减少 1 亿元，下降 0.3%，占费用总额的 10.8%；其他费用 310 亿元，同比增加 33 亿元，增长 11.7%，占费用总额的 10.8%。2017 年 Y 省政府费用比例如图 8.8 所示。

从费用状况可以看出，政府费用总量有小幅增长，其中政府间转移性支出是 Y 省政府最大支出。政府运营成本有所下降，政府运营效率有所提升。

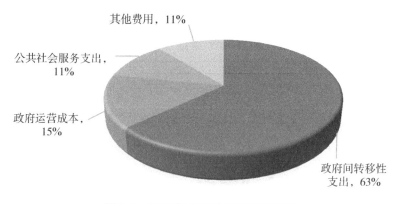

图 8.8 2017 年 Y 省政府费用比例图

此外，还可以通过比率分析法，计算相关比率对财务状况进行分析。例如，截至 2017 年 12 月 31 日，Y 省政府的年度总收入为 2977 亿元，年度总费用为 2921 亿元。Y 省政府的收入费用率为 98.1%，小于 100%，说明 2017 年 Y 省政府的费用开支未超过政府

---

① 政府运营成本=工资福利支出+商品和服务支出+折旧费用+经营支出。
② 社会公共服务支出=对个人和家庭的补助+对企事业单位的补贴。
③ 其他费用=捐赠支出+财务费用+其他费用。

收入水平，政府运行相对较为平稳。Y 省政府的运营成本为 438 亿元，总费用为 2921 亿元，运行成本率为 15.2%，与 2016 年相比有所下降，说明政府在压缩行政经费方面取得了一定的成效，将更多的支出用于提供公共服务而非政府内部管理活动。

2.3 政府财政财务中长期可持续性分析(概述)

在政府财政能力方面，政府财政能力是指政府在不增加税收水平的情况下是否能够持续地履行财政责任，例如提供服务、偿还债务等。因此，对政府财政能力的分析应当从财政收入能力和偿债能力两方面综合评估。在财政收入能力方面，Y 省政府宏观经济水平和地区生产总值稳定增长，为政府收入的增加奠定了基础。随着经济总量的增加，政府运营收入也在持续增长。其中，政府税收收入和非税收入稳定增长，为政府持续运营提供基本保障。作为政府总收入中占主导地位的政府间转移性收入也在增加，为政府履行职责提供了强有力支持。在偿债能力方面，截至 2017 年年底，政府性债务余额同比有所下降，但是，Y 省政府短期债务占政府性债务余额的 15.1%，短期偿还压力较大。同时，有 52.3% 的政府债务将在未来 5 年及 5 年以后到期，因此长期来看，政府性债务的偿还还存在较大不确定性。2017 年逾到期政府性债务余额曲线见图 8.9 所示。

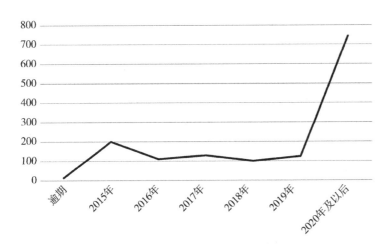

图 8.9 2017 年逾到期政府性债务余额曲线图

在政府服务能力方面，政府服务能力是指政府能够维持提供公共服务的数量和质量的程度以及对当前和未来履行相关责任的程度。前者需要对政府的运营业绩进行分析，后者则需要对政府持续提供公共产品和服务的能力进行评估，进行可持续性预测。在 Y 省政府运营业绩方面，从前文对 Y 省政府运营情况的分析中可以看出，Y 省政府的运营收入有所增加，运营成本有所下降，政府间转移性收支总体保持稳定。Y 省政府 2017 年直接提供社会公共服务支持 318 亿元，占支出总额的 10.8%，与上年基本持平。在可持续性预测方面，通过对政府性债务、政府运营收入、地区生产总值的增长率进行预测、比较，未来十年 Y 省政府的负债率将持续下降，政府运营收入占 GDP 的比重将持续上升，政府偿债能力逐步增强。但由于长期债务将在 2020 年及以后逐批到期，政府性债务的偿还依然存在不确定性。

在财政独立性方面，从前文对政府运营状况的分析中可以看出，2017 年 Y 省政府总收入中，政府间转移性收入占比达 78.8%，说明 Y 省政府对上级政府的依赖度较大，但这也是由财政体制所决定的。而且，政府间转移性支出占比为 63%，说明政府间转移性收入中绝大部分用作补助下级政府而形成的支出。2017 年政府运营收入构成如图 8.10 所示。

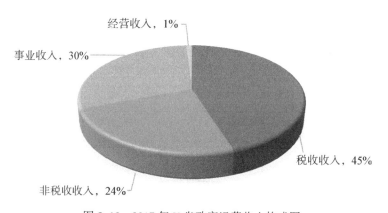

图 8.10　2017 年 Y 省政府运营收入构成图

在 Y 省政府年度收入总额中，非税收入占比 5.2%，与 2016 年相比有所下降，说明 Y 省政府财务稳定性有所上升。但是从图 8.7 可以看出，非税收入占比较高，尤其是通过土地出让金收入拉动的非税收入增长容易受到宏观经济政策的影响，是不可持续的。

在税收收入中，资源税和增值税占整个税收收入的 60.5%，税收收入对重点税源的依赖性较强。

2.3　会计政策变更对政府净资产当期盈余的影响(概述)

政府财务报告的编制经过改革后，从收付实现制改为权责发生制，相应的需要对政府的收入和支出进行调整，也就会对政府的当期盈余产生影响。因此，为了更确切地反映政府的财务表现及状况，应当对 Y 省政府的主要收入和费用项目以权责发生制在财务报表中进行披露。经过测算，Y 省政府在更改会计政策后，当期盈余比收付实现制下合并财务报表的当期盈余减少 74 亿元。

2.4　政府财政经济分析指标(概述)

在对 Y 省政府进行财政经济分析的过程中，使用的指标如表 8.11 所示。从各项指标可以看出，总体而言，与 2016 年相比，Y 省政府偿还债务的能力有所提升，政府财务的稳定性、安全性均得到提高，财务风险有所下降。政府运营成本下降，财政能力和服务能力有所加强。但是，由于 Y 省政府有一半以上的债务将在未来 5 年及 5 年以后到期，同时随着新增债务规模的扩大，政府长期偿债存在较大的压力和不确定性，由此存在的风险则可能导致目前的政府收入政策和债务发行政策的不可持续。

表 8.11　　**2017 年 Y 省财务经济指标分析(部分)**

指标	说明	公式	2016 年	2017 年
1 现金比率	反映政府利用现金和现金等价物偿还短期债务的能力。	现金和现金等价物/流动负债	118.9%	164.4%
2 流动比率	通过将短期负债和用以偿还这些负债的资金来源进行匹配，反映政府偿还短期债务的能力。	流动资产/流动负债	193.6%	227.7%
3 长期负债比率	反映政府长期负债总额占全部资产的比例。一般而言，长期负债比率越高，说明政府借助于债务获取财务资源的程度越高，财务风险就越大。	长期负债/资产总额	27.5%	26.2%

续表

指标	说明	公式	2016 年	2017 年
4 资产负债率	反映政府偿付债务本息的能力。负债比率越高，政府的财务风险越大。	负债总额/资产总额	41.0%	37.6%
5 净资产率	反映政府年末净资产占资产总额的比率。	净资产/资产总额	59.0%	62.4%
6 负债构成比率 1	反映政府年末总负债的构成。	政府性债务/负债总额	81.6%	81.9%
7 负债构成比率 2	反映政府年末总负债的构成。	应付款项/负债总额	18.4%	18.1%
8 债务偿还来源比率 1	反映政府性债务中财政偿还债务所占比率，进而评估政府的直接债务风险和间接债务风险。	本级财政性资金偿还债务额/政府性债务总额	34.4%	87.8%
9 债务偿还来源比率 2	反映政府性债务中财政偿还债务所占比率，进而评估政府的直接债务风险和间接债务风险。	非本级财政性资金偿还债务额/政府性债务总额	65.6%	12.2%
10 直接债务余额比率	反映政府经营收入对债务的支持度。	直接债务余额/运营收入	253.8%	221.7%
11 偿债保障率	反映政府偿还政府性债务的能力。	当期偿债本息/运营收入	19.4%	84.4%
12 收入费用率	反映政府总体当年收入和费用的配比情况。	年度总费用/年度总收入	92.5%	98.1%
13 人均运行成本	购置商品和服务支出、政府职工的工资福利支出、固定资产折旧费用等，即一级政府的运行成本。反映政府提供公共服务的成本。	运营成本/政府雇员的数目（单位：万元）	24.72	19.48

指标	说明	公式	2016 年	2017 年
14 运行成本率	反映支出是否大部分用于日常管理活动而不是提供公共服务，以及政府在压缩行政经费方面的力度和成效。	运营成本/政府总费用	17.5%	15.2%
15 当期运营回报率	反映当期政府运营盈余对整个政府自有资产的回报程度。	当期盈余/净资产总额	8.1%	2.0%
16 税收构成比率	反映政府税收收入的主要来源及其稳定性。	最大税收来源/税收收入总额	30.3%	33.5%
17 非税收收入比重	反映政府对非税收收入的依赖程度。该比率越高，说明政府财务稳定性越弱。	年度非税收入/年度收入总额	6.0%	5.2%
18 非税收构成比率	反映政府非税收收入的主要来源及其稳定性。	最大非税收来源/非税收入总额	60.7%	68.7%
19 可支配收入比率	反映政府对本级收入的支配权和影响权。	可支配收入/年度收入总额	24.0%	22.0%

3 政府财政财务管理情况

3.1 政府预算管理情况(略)

3.2 政府资产债务管理情况(略)

3.3 政府财政财务管理制度情况(略)

……

案例分析讨论问题：

第一，请根据以上内容分析，我国政府综合财务报告总体结构和报告内容有什么。第二，政府综合财务报告中的财务报表包括了哪些资产类项目、哪些负债类项目、哪些收入和费用类项目。第三，政府综合财务报告的编制基本原则是什么。第四，政府综合财务报告的会计主体与范围是哪些。第五，政府综合财务报告中列举说明了哪些会计政策。第六，从附注中可以看出，Y 省的货币资金主要有哪些会计科目构成，分别是多少。第七，Y 省政府的总体财务状况如何，经营情况如何。第八，在财务分析部分，主要运用了哪些分析方法。第九，通过财务经济指标的分析，你认为 Y 省的政府财务风险如何。请试分析其资产结构、负债结构、收入结构、费用支出结构，并举例说明。

第五节 小 结

本章主要介绍了国际和国内政府财务报告制度的简要概述，以及中国政府财务报告的目标、内容和构成。同时还探讨了政府财务报告的分析方法、指标和主要分析要点等议题。

首先，国际政府财务报告制度的发展经历了几个阶段。最早期是关注政府机构的收入和支出情况，逐渐发展为注重公共财产和债务的披露，再到现代化的财务报告体系。国际上有一些重要的准则和指南，如 IPSAS、GFS 等，用于规范政府财务报告的编制和披露。国内政府财务报告制度也有类似的发展历史。我国政府财务报告的目标是反映政府财务状况和活动情况，促进财政透明度和责任追究。政府财务报告主要包括财务报表、会计报告和附注等内容。其中，财务报表包括资产负债表、收入支出表和现金流量表。会计报告展现了财务活动的背景和影响因素，附注提供了补充信息。

政府财务报告的分析方法主要包括趋势分析、比较分析和财务指标分析等。趋势分析通过对历史数据的比较，评估财务状况的发展趋势。比较分析则将同一时期的不同政府机构进行对比，找出差异和问题。财务指标分析是根据财务报表内容计算得出的关键指标。如收入增长率、负债比率等，用于衡量政府财务状况和绩效。

在政府财务报告的分析过程中，需要重点关注几个主要要点。首先是财政健康状况。包括资产和负债的规模、结构和变化情况。其次是财政可持续性。即政府财政是否能够长期保持平衡和稳定。再次是经济效益。涉及政府开支的合理性和效率性，以及政府投资的回报情况。此外，还要关注财政透明度和风险管理等方面的问题。

　　总之，政府财务报告的制度演变与分析方法的发展为政府财务管理和决策提供了重要支撑。政府财务报告的目标、内容和构成需要符合国内外的规范。对其分析过程中需要关注多个方面的指标和要点。通过科学的分析和评估，可以促进政府财政的健康发展和公共利益的实现。

札记

第九章　公共部门的财务审计

◎**学习内容和目标**

本章的学习将侧重公共部门审计的相关知识。主要包括：

- 审计的基本概念、分类、作用；
- 内部审计、外部审计的内涵与区别；
- 政府审计的程序；
- 审计报告等重要文件的格式和内容等。

通过本章节的学习，学习者需要掌握国家审计的基本目的、程序和作用，对政府财务审计报告的格式与内容有基本的理解。

第一节　公共部门审计概述

封建社会时期已有国家官员开始对国库收支、各类物资进行统计审核，这可以看作审计的最早形式。审计是公共部门财务管理不可或缺的部分。其核心是对财务活动的监督和控制。通过对财务记录进行审计监督，确保其合法、合规，从而加强问责，并提升公共部门的财务管理水平。

本章将从审计的含义、分类、特性、职能等方面进行概述，分析对内部审计与外部审计的内涵与区别，并对政府审计程序和审计报告进行讲解。

一、公共部门的审计制度

(一)审计制度与"委托—代理"问题

审计不仅存在于公共部门，也存在于私营部门。例如，上市公司需要接受会计师事务所的财务审计，这是公司股东为了确保"经理人"在日常管理中履行相关责任义务，聘请第三方独立审计师而进行的调查活动。现代企业制度下，企业的"所有权""经营权"的分离，引发了"委托—代理""道德风险"等问题。这些问题催生了现代审计的诞生。

通过财务审计来评估和验证组织财务报表及其相关记录，来确保财务报告的准确性、可靠性和合规性。换言之，审计尤其是财务审计首先要核查财务信息是否真实，其次核实信息是否准确，而后再来看是否合规、合法。审计工作通常由独立的注册会计师事务所实施。通过对企业的财务记录、交易和政策进行检查，评估其是否符合适用的会计准则、法规和标准。

公共部门是否存在"委托—代理"问题。答案是肯定的。由于公共部门的特殊性，其"委托—代理"问题可能更加复杂。历史上多次出现过国家税赋记录核算文件造假，引发的审计问题。例如，明朝初期的"空印案"。

公共部门的审计是保障政府财务合规、管理水平和奖惩问责的重要手段。审计的实施有助于维护公共利益、提升公共部门财务管理水平。不论是发达国家或是发展中国家，均建立了不同类型的公共部门审计制度。

(二)公共部门的审计模式

公共部门审计制度的建立，是国家监督权、问责权的具体体现。但由于历史、文化、政治、社会等因素的影响，不同国家的审计制度有所不同。总体而言，公共部门的审计可以分为四种类型。分别是立法型审计模式、司法型审计模式、行政型审计模式和独立型审计模式。

在立法型审计模式下，国家审计机关隶属于立法部门，由议会(或国会)授权，该种类型的审计拥有较强的独立性。国家审计机关仅对立法机关负责，代表国家有美国、英国、澳大利亚等。

在司法型审计模式下，国家审计机关隶属于司法部门，国家审计具有与法庭相似的司法职权。该模式以法律的形式强调国家审计的权威性，将政府审计法制化。审计人员具有司法地位，并享有司法权力，强化了国家审计的功能。代表国家有法国、西班牙、土耳其等。

在行政型审计模式下，国家审计机关隶属于行政部门，属于政府的一个行政部门对其他行政部门的监督。代表国家有中国、瑞典、瑞士等。

在独立型审计模式下，国家审计机关独立于立法、行政、司法，不属于任何国家机构，单独形成国家政权的一个分支，只对有关"法律"负责。该模式的组织形式是会计检察院或审计院，其在履行职责的过程中免受立法、司法和行政的干涉。其代表性国家是日本、德国。

二、公共部门审计的含义及分类

审计是具有独立性的经济监督活动。它由独立的审计机构及其成员，在国家法律、法规和审计准则的规范下完成。通过运用专门的程序和方法，对被审计单位的财政财务收支、经营管理活动及其经济效益进行监督、检查、评价和鉴证，以确定其真实性、合规性、合法性、经济性和效率性，并根据审查结果出具审计报告，达到维护国家利益和利益相关者正当权益的目的。

(一)审计的独立性、公正性与权威性

独立性是保证审计工作顺利进行的必要前提。无论是何种类型的审计、由哪个机构开展的审计，都需要具备审计最基本的特性——独立性。国际审计准则强调，独立性建立在"审计人员个人的客观心态"以及正式的制度安排的基础上。审计独立包括机构独立、人员独立和经济独立。除独立性，审计还具有权威性和公正性。权威性是审计监督发挥作用的重要保证，各国通常以法律的形式确定审计在财务管理中的地位、职能等。而公正性是取信于被审计单位及审计委托人的重要前提，也是审计监督有效和权威的保证。

(二)按审计时间分类

审计活动能依据各种标准被划分为不同类别。一般而言，可以依据审计的时间、主体、内容和范围四个标准对审计进行分类。根据审计发生时间与被审事项发生时间的关系，可以将审计分为事前审计和事后审计。

事前审计，是在财务活动发生之前进行的审计。该类型的审计活动旨在帮助公共部门在某个财务行为前确认其合法性和合规性，以便将风险降到最低。事前审计有助于划分财务权力、保证财务活动的正确性、明确注意事项等，在公共部门财务管理中充当"引路人"的角色。事后审计则是在财务活动发生之后进行的审计。事后审计可以由内部或外部审计员执行。在审计事项上也更加广泛，如目标的达成、效率、效力等。

（三）按审计主体分类

根据审计主体是否来自公共部门内部，可以将审计划分为内部审计和外部审计。

内部审计，是由部门或单位内部的，相对独立的机构和审计人员，对本部门或本单位施行的审计活动。其主要目的是通过审计改善风险管理、健全内部控制系统、纠错防弊，提高公共部门治理水平。

外部审计则是，由本部门和本单位以外的专职的审计机构或人员，对有关单位所实施的审计。公共部门的外部审计又可以分为政府审计和民间审计。政府审计由政府审计机关（例如，审计局）执行的审计活动。政府审计亦称国家审计。民间审计则由经财政部门审核批准成立的民间审计组织，所实施的审计活动。例如，经财政部门审核批准成立的会计师事务所对有关单位实施的财务审计、工程审计或专项审计。该种分类方法是审计最普遍的分类，将在本章的其他小节详细论述。

（四）按审计内容分类

根据审计内容的不同，可以将审计活动分为财政财务审计和经济效益审计。

财政财务审计，侧重有关单位财政财务收支的真实性、合法合规性的审查。该类审计旨在纠正错误、防止舞弊。具体来说，财政财务审计又包括了财政预算执行审计。即由审计机关对本级和下级政府的组织财政收入、分配财政资金的活动进行审计监督。财政决算审计，即由审计机关对下级政府财政收支决算的真实性、合规性进行审计监督。此外，财政财务审计又包括了其他财政收支审计。例如，对重点项目支出的审计活动。最后，由于财政财务审计的焦点是有关单位的财务状况、经营成果和现金流量。以上信息均是以会计报表为媒介集中反映的，因而财政财务审计又被称为会计报表审计。

经济效益审计是对被审计单位经济活动的效率、效果和效益状况进行审查、评价。其旨在提高被审计单位的人财物等各种资源的利用效率，增强盈利能力，实现经营目标。在西方国家，经济效益审计也称为"3E（efficiency，effectiveness，economy）审计"或"绩效审计"（performance audit）。绩效审计将在本书下一章详细论述。

三、审计的职能

当前审计职能的主流观点认为，审计具有监督、鉴证和评价的功能。

政府审计机关所开展的审计更能体现经济监督的职能。经济监督是指监察和督促被审计单位的全部经济活动，以及确认其某一特定方面在规定的范围和正常的轨道上进行。要发挥审计的监督职能须具备两个条件。一是监督必须由权力机关或其授权的机构实施。二是审计活动要有严格、明确的标准和是非界限。

经济鉴证职能，则是通过对被审计单位的会计报表及有关经济资料，所反映的财务收支的公允性、合法性的审核检查。此时，审计人员可以确定有关单位财务信息的可信赖程度，并作出书面证明。一般而言，会计师事务所进行的审计，更能体现其在经济鉴证的职能。

经济评价职能，是审计单位通过审核检查，评定被审计单位的计划、预算、决策、方案是否可行，经济活动是否按照既定的决策和目标进行，经济效益的高低优劣，以及内部控制制度是否健全、有效等。从而有针对性地提出意见和建议，以促使其改善经营管理，提高经济效益。一般而言，内部审计活动更能体现审计的经济评价职能。

四、审计方法

审计方法是完成审计任务、实现审计目标的手段。最为常用的审计方法，包括审查书面资料方法和证实客观事物方法。

(一)审查书面资料的方法

审查书面资料是最为常用的审计方法。审计人员可以按经济业务发生时间由前往后进行核查，即顺查法。也可以采用逆查法，即按经济业务发生时间由后往前检查。

书面资料的审查技术，可分为四类，分别是审阅法、核对法、查询法、比较法和分析法。审阅法采用仔细审查、翻阅会计凭证、会计账簿、财务报表、预算、决算、合同等书面资料进行审计。核对法，则是将会计资料的相关数据进行相互对照检查，以便发现问题、核实数据。查询法，针对审计过程中发现的问题。审计人员有针对性地查找资料或询问被审计单位的相关人员。比较法和分析法，不仅将被审计单位的书面资料与相关标准进行绝对数和相对数的比较，还对会计资料的相关指标进行逻辑推理、分解、综合，了解其本质和要素间的相互关系。

（二）证实客观事物的方法

证实客观事物的方法是指审查或证实审计项目真实性、合法性及正确性的专门方法。该审计方法主要关注实物资产是否与账目相符。主要包括了盘存法、调节法、观察法和鉴定法。

以最为常用的盘存法为例。审计人员通过实地盘点有关单位的各项财产、物资，如现金库、材料库、固定资产等，确定其数量、品种、规格及其金额等实际状况，以证实有关实物账户的余额是否真实、正确，从而收集实物证据。

第二节　公共部门的内部审计与外部审计

如前所述，我国公共部门的审计分为内部审计和外部审计。在一般的认知中，审计工作由国家审计机关或审计部门来实施。如地方审计局、国家审计署等对行政事业单位开展的审计活动。这类审计活动，一般被称作外部审计。但也存在各单位、部门对自身组织内部的审计活动。这类审计活动就是内部审计。

一、内部审计

（一）我国公共部门内部审计的发展

我国内部审计起源于 1983 年。审计署向国务院提交了《关于开展审计工作几个问题的请示》，提出建立部门、单位内部审计的建议。此后，内部审计定位在"国家公共部门"的范围内。其范围包括政府各部门、事业单位以及国有企业。

在 2003 年，《审计署关于内部审计工作的规定》重新定义了内部审计的地位、目标和范围。除国家公共部门，审计署还提倡和鼓励大中型国有企业建立内部审计制度。内部审计的目标也从合规合法性审查，转变为降低组织风险、增加组织价值、实现组织目标。此外，国家审计机关不再直接领导内部审计，公共部门内部审计主要对本单位、本部门负责。

在 2014 年，随着《中国内部审计准则》体系发布并施行。我国公共部门内部审计不再局限于财务审计，经济性审计活动开始逐年增加。比如，经济责任审计、经济效益审计、专项审计等审计类型，在公共部门的内部审计活动中所占比重逐年增加，内部审计业务类型从传统单一向多样化创新发展。公共部门内部审计的基本准则、内部审计人员职业道德规范、具体准则、实务指南的实施，也使我国内部审计更为规范。

（二）内部审计的内容及职能

公共部门内部审计的内容可以概括为七大类。第一，审查本部门或单位的财政收支、财务收支及其有关的经济活动。第二，审查本部门或单位预算内、预算外资金的管理和使用情况。第三，对本部门或单位领导人员的任期经济责任进行审核。第四，检查本部门或单位的固定资产投资项目。第五，核查本部门或单位的内部控制系统的健全性和有效性以及风险管理情况。第六，综合评价本部门或单位的经济管理及效益状况。第七，法律法规规定及本单位主要负责人或者权力机构要求审计的其他事项。

基于以上分析，我国公共部门的内部审计工作实际承担了两大职能。一是内部控制和风险防控职能。即监控和评估内部控制系统和风险管理流程，从而确保公共部门遵守资金使用、记录和控制的相关规定。内部审计也可用以减少决策错误、减少欺诈及虚假陈述。此外，内部审计能够用来评估风险较高的项目并监控其发展。内部审计的制度安排也能够验证财务和报告中信息的准确性和完整性。内部审计的第二项职能，则是管理建议职能。通过对公共组织的财务活动进行评审、评价，可以发现问题并提供建议。

二、外部审计：机构与职能

（一）政府审计机构

外部审计工作的内容和范围，因法律授权而异。一般而言，外部审计包括，合规性审计，即分析、报告公共资金的收入和支出过程是否遵守相关法律法规。也包括了财务审计，即审查、报告政府公布的财务报表是否公平反映财务结果和状况。

我国的国家最高审计机关为审计署。在地方各省、自治区、直辖市层面设审计厅，地级市、县、县级市、区设审计局。此外，中央审计署分别在天津、太原、沈阳、哈尔滨、上海、南京、武汉、广州、郑州、西安、济南、兰州、昆明、成都、长沙、深圳、长春、重庆18个地方设立了驻地方特派员办事处。审计署负有主管全国审计工作、起草审计法律法规草案、向中央审计委员会提出年度中央预算执行和其他财政支出情况审计报告等职责。其中，审计署还有权直接审计部分事项，并出具审计报告，在法定职权范围内作出审计决定，事项包括中央预算执行情况和其他财政收支，中央和国家机关各部门（含直属单位）预算执行情况、决算草案和其他财政收支、省级政府预算执行情况、决算草案和其他财政收支、中央财政转移支付资金、使用中央财政资金的事业单位和社会团体的财务收支、国家重大公共工程项目的资金管理使用和建设运营情况、有关社会保障基金、社会捐赠资金和其他基金、资金的财务收支等。

最后，我国审计署于2020年9月印发了《政府财务报告审计办法（试行）》。该文件的主要内容包括，政府财务报告的审计主体和对象、目标职责、计划内容、审计报告等内容。2020年的政府财务报告审计办法也象征着，我国对公共部门的外部审计从预算执行情况审计、决算草案审计、专项审计等合规性审计逐步扩展到了对政府的财务状况和财务运行情况的外部审计。

（二）民间审计机构

作为外部审计的重要组成部分，非政府组织、行业协会和由公认特许注册会计师也发挥着重要作用。一方面，由于财务管理的技术要求和独立性要求，国家法律法规的规定，相关审计业务必须由具备相关经验知识的专业人才所承担。另一方面，公共部门与私营部门的各类审计业务规模使得对专业审计工作人员的需求较大，即使是国家审计机关在开展相关审计业务活动时，也存在人手不足、人员短缺的情况。在此情况下，中央或地方审计机关采用政府购买审计咨询服务，向会计师事务所、资产评估事务所或工程咨询单位聘用相关审计人员，也是较为普遍的做法。因此，通过以上分析可以看出，注册会计师、资产评估师、工程造价师等专业人才构成了我国"民间"独立审计的基础。这类单位从职能划分角度看，不属于国家行政或事业单位，自收自支、独立核算，因此也被称为"民间"审计机构。

三、内外部审计的联系与区别

内部审计与外部审计均是公共部门审计监督不可或缺的部分。内部审计与外部审计在审计方法上具有一致性，都需要通过审查书面资料、证实客观事物支持审计工作的开展。内部审计与外部审计间还存在合作、互鉴的关系。在明确划分内、外部审计职责的基础上，外部审计可以配合内部审计的工作，而内部审计应以外部审计的结果为指引。同时，政府审计机关与内部审计机构之间要充分协调、合作和资源共享，避免工作重复和竞争关系的出现，避免审计资源分配不当。

内部审计与外部审计除在审计主体、机构上存在区别以外，还存在一些不同。第一，审计目标不同。内部审计的目标是评价和改善风险管理、确保控制系统的有效性，帮助公共部门实现目标。而外部审计的目标常受到法律和服务合同的限制，如常见业务——财务报表，其审计的目标是对财报的合法性、公允性作出评价。第二，内部审计以公共部门经济活动为基础，也涵盖了业务管理领域。外部审计的业务范围受到法律和合同的约定，如财务报表审计、内部控制审计、鉴证审计、尽职调查等业务。第三，责任主体不同。在公共部门的管理责任体系中，内部审计具有评估财务管理、控制以及提出改进建议的作用。其目的在于促使有关单位实行健全的财务管理和控制制度。因此内部审计人员向其所属部门、单位报告，而非如外部审计那样向外部利益相关方报告。

第三节　审计工作程序与审计报告

无论是内部审计还是外部审计，审计程序一般包括三个阶段：准备阶段、实施阶段和完成阶段。审计准备阶段是整个审计工作的起点，审计的实施阶段是审计全过程的中心环节，完成阶段是审计工作的收尾和总结阶段，环环相扣，组成完整的审计程序。不同类别的审计在每个阶段的工作目标和内容有所区别。本小节以政府审计（外部审计）为例，进行展开分析。

一、政府审计的一般程序

依照有关法律法规的要求，政府审计是对政府机构、公共部门或国有企业进行财务、经济和管理活动的评估和检查。政府审计的基本程序包括三个阶段，十三个主要步骤。

（一）计划准备阶段

第一阶段，审计计划准备阶段。在此阶段主要包括两个工作步骤，一是编制年度审计项目计划；二是编制审计工作方案，主要包括审计目标、范围、内容和重点等。政府审计的计划准备阶段需要进行的工作内容较多，不仅涉及审计的合法性、程序性，还涵盖具体审计工作的规划和管理，审计计划准备阶段是政府审计过程中的重要环节。例如，确定审计目标和范围、收集背景信息、初步风险评估、制定审计计划、计划审计团队等。

审计计划准备阶段的目标是确保审计工作有条不紊地进行，并能够满足审计目标和法规要求。一个良好的审计计划可以为后续的审计工作提供指导，并确保审计过程的高效和有效性。

（二）审计实施阶段

第二阶段，审计实施阶段。按照有关法律法规和程序要求，该阶段有五个重要工作环节。一是由审计机关确定审计组组长，选派合适的审计人员组成审计组。二是制发审计通知书，在实施审计 3 日前送达被审计单位，遇有特殊情况，经本级人民政府批准直接持审计通知书进行审计。三是初步调查了解被审计单位及其相关情况，评估被审计单位存在重要问题的可能性，确定审计应对措施。四是根据前期审计计划，及时修订审计实施方案，主要包括审计目标、范围、内容、重点及措施等。五是实施审计。由审计机关获取充分、适当的审计证据，作出审计记录。

在政府审计实施的阶段中，审计机关及其工作人员需要收集被审计单位的财务报表、会计记录、合同、文件和其他相关资料，以确保数据的完整性和准确性。此外，审计工作人员需要审查有关单位的内部控制制度，了解其财务和管理流程，并评估其有效性和合规性。检查操作程序、制度文件、内部控制政策等。在审计工作中，审计人员需要进行抽样及样本测试。即从收集到的数据中选择一定比例的样本进行详细审查，以确定是否存在错误、欺诈或违规行为，同时对选定的样本进行核实和验证。基于数据收集和样本测试结果，审计工作人员能够发现潜在的问题、风险和不符合规定的行为，从而识别可能存在的财务漏洞、违规行为、浪费资源等。此外，审计人员需要对发现的问题进行深入调查，获取更多证据和信息。包括与相关人员沟通、询问、调查证据链等。最后，审计机构对分析结果进行初步分析，评估问题的重要性、影响和原因。

在审计工作开展的过程中，审计人员通过审查财务、会计资料，查阅与审计事项有关的文件、资料，检查现金、实物、有价证券和信息系统，以及向有关单位和个人调查等方式进行审计，取得证明材料。被审计单位应当配合审计机关的工作，并提供必要的工作条件，包括准备审计所需的资料、召开座谈会等。同时，审计机关也应当提高审计工作效率，尽可能减少对被审单位正常工作的影响。在进行调查时，审计人员应当不少于两人，并出示其工作证件和审计通知书副本。政府审计实施阶段的目标是通过数据收集、分析和调查，识别问题并提出改进建议，确保被审计单位的财务、经济和管理活动符合规定，并促进资源的有效利用和权益的保护。

（三）审计报告编制与审定阶段

第三阶段，审计报告阶段。在该阶段主要包含以下六个步骤。一是审计组起草审计报告。二是征求被审计单位意见。审计组的审计报告按照规定的程序审批后，应当以审计机关的名义书面征求被审计单位意见。被审计单位应当自接到审计报告之日起 10 日内提出书面意见，若 10 日内未提出书面意见的，视同无异议。审计组应当针对被审计单位提出的书面意见，进一步核实情况，对审计组的审计报告作必要修改，连同被审计单位的书面意见一并报送审计机关。三是复核审计报告。即是审计组所在业务部门对审计组的审计报告等业务文书、相关审计证据材料进行复核。四是审理审计报告。审计机关审理机构对审计组所在业务部门复核修改后的审计报告、审计决定书等审计项目材料进行审理。

五是审定审计报告。审计报告原则上应当由审计机关审计业务会议审定，特殊情况下，经审计机关主要负责人授权，可以由审计机关其他负责人审定。六是签发审计报告。审计报告经审计机关审定后，由审计机关负责人签发。

政府审计报告阶段的目标是通过编制和发布审计报告，向相关部门、机构和公众提供审计结果，促进被审计单位的改进和改革，加强财务、经济和管理的透明度和效能。同时，也为持续监督和追踪提供依据，促进问题的解决和整改。

二、政府审计的实质性程序与目的

审计工作人员在对行政事业单位、国有企业以及其他类型的公共部门进行审计时，不仅要遵从审计的一般程序，从形式上满足审计工作的合法性、合规性与程序性，还应当明确遵从实质性审计程序的要求。如果说一般程序或基本程序是"形式检查"，那么实质性审计程序则是审计工作的真正目的。因此政府审计的实质性核心目的主要在于以下几点。

第一，财务信息的真实性核查，检查被审计单位相关记录或文件实现对被审计单位财务资料所包含或应包含的信息进行验证。对公共组织的资产、负债等财务信息核对，落实产权及资产的真实存在性。

第二，数据收集与处理活动，观察被审计单位经济活动流程，查找可能存在问题的环节，向被审计单位内部或外部的知情人员询问，获取被审计单位财务信息和非财务信息。就被审计单位相关业务向第三方进行函证，通过直接来自第三方的对有关信息和现存状况的声明，获取和评价审计事项的证据。

第三，验证与分析活动，对被审计单位相关财务数据进行重新计算，检查数据计算的准确性。分析相关财务数据与业务数据之间的关联程度，结合在其他方式审计中发现的被审计单位内控制度存在漏洞及可能产生舞弊的环节，为进一步开展审计提供线索。

三、政府审计报告的形式、内容与案例分析

(一)政府审计报告的形式与内容

目前政府审计由八类报告体系构成。主要是政府审计报告、审计结

果报告、审计情况报告、审计综合报告、审计专题报告、审计问题通报、审计整改检查报告、审计工作报告。其中一般审计报告、专项审计调查报告以及经济责任审计报告属于外部审计机构出具的政府审计报告。政府审计报告的基本框架包括四个部分：一是被审计单位（或事项）基本情况，二是审计评价意见，三是审计发现的主要问题和处理（处罚）意见，四是审计建议。

最为常见的政府审计报告，是国家审计机关代本级政府起草的本级预算执行情况和其他财政收支情况的审计工作报告。其内容涵盖了开展审计工作的基本情况、对本级预算执行情况的总体评价、存在的主要问题、政府及各部门（单位）纠正、处理、整改及建议采纳情况。

该类审计报告主要由四个部分构成。第一，审计基本情况，包括本级预算执行审计情况、部门预算执行审计情况、财政管理审计情况、财政转移支付审计情况、税收征管审计情况、地方政府性债务审计情况等、重大投资项目审计情况等。第二，民生领域政策执行和资金审计情况，主要包括了就业、教育、卫生、农业等四项政策执行和资金管理使用情况。第三，国有资产审计情况，主要涵盖企业、行政事业和自然资源资产等三类国有资产管理使用情况。第四，审计建议。

（二）政府审计报告的案例分析——预算执行情况和其他财政收支情况的审计工作报告

本节以某省202×年度省级预算执行和其他财政收支的审计工作报告为例，在对原始数据进行了删减、修改后，编制成研究案例。地方政府的审计工作报告是最为常见的一类政府审计报告，也是透明度最高的的审计报告。在进行案例分析时，请注意以下几个问题。

第一，从政府审计工作报告中可以获取什么信息。第二，政府工作审计报告的主要目的是什么。第三，政府审计工作报告的主要内容和结构是什么。第四，编制该审计工作报告的主要法律、法规依据是什么。第五，政府审计工作报告获取的渠道或来源是什么。第六，根据案例分析，该报告的主要编制单位、被审计单位和审议单位分别是哪些部门。第七，该审计报告的作用是什么。

◎**案例分析 9.1**

关于 202×年度省级预算执行和其他财政收支的
审计工作报告（节选）

主任、各位副主任、秘书长、各位委员：

我受省人民政府委托，向省人大常委会报告 202×年度省级预算执行和其他财政收支的审计情况，请予审议。

根据审计法及相关法律法规的规定，省审计厅依法审计了 202×年度省级预算执行和其他财政收支情况……

——财政运行总体平稳。202×年，全省地方一般公共预算收入完成 3000 亿元，剔除留抵退税因素影响，同比增长 8.0%；税收占比达到 75%；全省地方一般公共预算支出完成 8000 亿元，同比增长 8.5%。

——财政政策效能提升。全年退税减税降费 1200 亿元，让利于企、助企纾困；发行新增政府专项债券 1900 亿元，争取中央经建资金 450 亿元，统筹省级预算内基建资金等 200 亿元，支持省级重大基础设施建设，拉动有效投资超过 1 万亿元；安排制造业高质量发展专项资金 15 亿元，带动设备投资 150 亿元，提升产业体系现代化水平；筹措资金 40 亿元支持提振汽车、家电等大宗消费；筹集财政衔接资金 250 亿元，保障脱贫攻坚向乡村振兴平稳过渡；统筹资金 30 亿元，支持打好污染防治攻坚战。

——民生投入持续加大。始终把保障民生放在首位，民生支出占比持续保持在 75% 以上。筹集城乡居民医保补助资金 200 亿元，支持健康建设；筹集就业补助资金 40 亿元落实稳就业政策，发放稳岗返还资金 20 亿元、稳定岗位 422 万个；统筹 100 亿元社会救助资金，保障低保、特困人员救助供养等政策落实；安排 100 亿元补助经费，支持城乡义务教育薄弱环节改善与能力提升；争取中央财政保障性安居工程资金 30 亿元，支持 3 万套城市棚户区改造。

——财政改革不断深化。稳步推进省以下财政体制改革，出台进一步深化预算管理制度改革实施意见；不断强化绩效评审管理，完善涵盖目标、监控、评价、应用的全过程绩效管理链条，推动 100 个省直部门发布预算绩效管理核心指标体系和标准；持续推进预算管理一体化系统建设，不断优化系统性能，财政管理信息化水平进一步提升。

——推进整改效果明显。持续深化党委领导、人大监督、政府督办、部门联动、监察跟进的整改工作机制。相关地区、部门和单位认真落实整改责任，细化整改措施，逐项对账销号，"治已病、防未病"效果更加明显。截至目前，上年度审计发现问题已整改600亿元，整改率98%；制定完善制度500项，追责问责700人。

一、省级预算执行及财政管理审计情况

重点审计了省级预算和省直部门预算执行以及市县财政管理方面的情况。

(一)省级预算执行审计情况。

202×年，省级一般公共预算收入7000亿元，支出7000亿元；省级政府性基金收入2000亿元，支出2000亿元；省级国有资本经营收入20亿元，支出20亿元；省级社会保险基金收入2000亿元，支出2100亿元，当年缺口100亿元，滚存结余1200亿元……

预算执行总体情况较好，但审计也发现一些问题：

1. 预算编制不够完整。10亿元部门上年结余结转资金未编入年初预算。3个代编项目12.3亿元资金未纳入部门预算。

2. 收入管理不够规范。3.95亿元非税收入、3541.36万元体彩公益金利息、福彩公益金等收入未及时缴库。

3. 部分预算资金分配下达不及时。28项中央转移支付资金未在下达后30日内分配。35项省级转移支付资金未在省人大批准预算后的60日内下达市县。6项中央转移支付资金未按规定提前下达。10项省级财政代编预算资金未在当年6月30日前分解下达。

4. 部分项目预算执行率低。8个项目202×年预算安排4035.65万元，当年执行1200万元，执行率为27.7%；202×年继续安排项目预算8000万元，当年执行1300万元，执行率为16%……

5. 国有资本经营预算管理绩效有待提升……

(二)省直部门预算执行审计情况。

重点审计了20个部门及所属54家单位202×年收到的财政预算拨款95亿元，延伸审计了部分专项资金分配使用情况。发现的主要问题：

1. 预算编制不够完整准确……

2. 预算执行不够严格……

3. 专项资金分配和绩效管理水平有待提高……

4. 财务管理不够规范……

（三）市县财政管理审计情况（略）。

二、重大政策措施贯彻落实和政府投资项目审计情况

重点审计了稳经济一揽子政策及政府性融资担保政策落实情况、乡村振兴衔接资金及扶持企业发展专项资金管理使用情况、政府投资项目及国外贷援款项目实施情况。

（一）稳经济一揽子政策落实审计调查情况。

发现的主要问题：

1. 部分转移支付和专项债券资金拨付使用不及时，影响稳增长财政政策效果（略）。

2. 支持中小微企业金融担保和政府采购政策落实不够到位（略）。

3. 稳岗、就业补助和减免房租政策执行不够精准（略）。

（二）政府性融资担保政策落实审计情况。

重点审计了 16 家政府性融资担保公司 2020 年至 202×年惠企政策落实、风险防控和政府支持担保业务发展情况。发现的主要问题：

1. 惠企担保相关政策落实不够到位。14 家担保公司业务增长动力不足，担保业务规模未达到不低于净资产 5 倍的目标要求，不能充分满足企业融资担保需求（略）。

2. 部分担保公司风险防控不够严格（略）。

3. 市县政府对担保公司支持力度不够（略）。

（三）乡村振兴衔接资金审计情况。

重点审计了 14 个县 2020 年至 202×年乡村振兴衔接资金管理使用情况。发现的主要问题：

1. 项目库建设管理不合规（略）。

2. 资金统筹管理不规范（略）。

3. 项目运营管护不到位（略）。

（四）扶持企业发展专项资金审计情况（略）。

（五）政府投资项目及国外贷援款项目审计情况（略）。

重点审计了省本级 8 个政府投资项目、15 个国外贷援款项目，并抽查了 20 个市县政府投资项目的建设管理情况。发现的主要问题：

1. 基建程序和招投标管理不规范(略)。

2. 项目建设管理不严格(略)。

3. 资金管理使用不合规(略)。

三、民生领域政策执行和资金审计情况

重点审计了就业、教育、卫生、农业等四项政策执行和资金管理使用情况。

(一)就业补助资金和失业保险基金审计情况(略)。

(二)义务教育政策落实和资金审计情况(略)。

(三)省属高校和医院财政财务收支管理审计情况(略)。

(四)农业保险保费补贴资金审计情况(略)。

四、国有资产审计情况

按照省人大常委会《关于加强国有资产管理情况监督的决定》，重点关注了企业、行政事业和自然资源资产等三类国有资产管理使用情况。

(一)企业国有资产审计情况。

发现的主要问题：

1. 对外投资风险管控不力(略)。

2. 处置、出租国有资产不规范(略)。

3. 企业内控管理不严格(略)。

(二)行政事业性国有资产审计情况。

1. 资产底数不清，账实不符、权属不清(略)。

2. 资产管理不严格，购置、处置、出租和对外投资程序不规范(略)。

3. 资产长期闲置浪费(略)。

(三)国有自然资源资产审计情况(略)。

五、审计建议

(一)精准发力，促进重大政策落地见效(略)。

(二)规范管理，提升财政资金和国有资产使用效益(略)。

(三)狠抓整改，切实做好审计"下半篇文章"(略)。

第四节 小 结

本章介绍了政府审计的含义、分类、特性、职能，公共部门的内部与外部审计，以及公共部门审计的程序和审计报告等议题。

首先，政府审计是指对政府机构和组织的财务、经济活动及其管理情况进行检查和评价的过程。它以提高政府财务管理效率、保护公共利益、防止腐败和浪费为目标。根据审计主体的不同，政府审计可以分为内部审计和外部审计两大类。内部审计是由政府机构内部或委托给独立的内部审计部门进行的审计活动。通过监督、评估和改进内部控制体系，帮助提高政府机构的运营效率、风险管理和合规性。内部审计具有及时性、灵活性和全面性等特点，可以为政府机构提供有针对性的建议和意见。外部审计是由独立的审计机构或专业人员进行的对政府机构财务状况和经济活动的审计。外部审计关注政府机构的财务报表是否真实、准确和合规。外部审计通常遵从公正、独立和客观原则。外部审计有助于增强政府机构财政财务管理的透明度和公信力。

无论是内部审计还是外部审计，公共部门审计具有以下特性：第一，政府审计需要遵守法律法规和专业准则的约束，保证审计活动的合法性和规范性。第二，政府审计具有独立性和客观性的要求，确保审计意见的真实性和可靠性。第三，政府审计注重风险评估和预防，以提高财务管理效率和防范腐败。第四，政府审计强调对公共资源的合理利用和经济效益的追求，保护公众的利益。

此外，公共部门审计的程序包括审计计划编制、审计准备、审计实施、审计结果汇总和审计报告等环节。审计报告是审计的最终成果，需要准确记录审计过程、发现的问题和提出的建议。审计报告对于政府机构来说，具有指导性和监督作用，为决策者和公众提供了重要的信息。

总体而言，公共部门的各类审计活动是保障相关机构有效财务管理和资源利用的重要手段。内部审计和外部审计各有侧重，但都为公共部门的高效运作、公众利益的实现提供了重要支撑。

第十章 公共部门财务管理的绩效评价

◎学习目标与内容

通过本章的学习，学习者应该理解和掌握中国公共部门财务管理或财政预算绩效评价的基本原则、方法与指标体系，了解其实施与应用过程，并对公共部门财务管理或预算绩效评价的重难点有所把握。

本章将围绕中国公共部门财务管理绩效评价展开深入探讨，介绍该项工作的背景和意义。后续内容将详细讲解公共部门财务管理绩效评价的原则、方法与指标体系。在绩效评价的实施与应用部分，本章将分析绩效评价的具体步骤和流程，包括制定评价目标、建立评价体系、数据收集与处理、归纳评价结果与拟定改进建议等内容。最后聚焦于中国公共部门财务管理绩效评价的重难点问题，促使读者对于这些问题的延伸思考。

第一节 引言：公共部门财务管理的绩效评价

公共部门财务管理的绩效评价是当今各国政府关注的焦点，也是公共治理中的热点。一方面，政府职能的逐步扩大，各国财政预算支出、政府运行成本费用的规模也不断增加。另一方面，当前政府的收支缺口扩大、财务压力也急剧增加。国家的费用支出否物有所值，是否实现了政策目标？行政事业单位的各项支出以及成本耗费产生了什么效果，公共部门有限的资源是否得到充分利用，并实现了维护社会公平、提供公共产品、保障公共机构正常运转的目标？

在 2018 年，中共中央、国务院发布了《关于全面实施预算绩效管理的意见》。该文件要求各级政府加强绩效管理，建立"全方位、全过程、全覆盖"的预算绩效管理体系，从而确保"支出必问效、无效必问责"。中央和地方各级财政、审计部门相继发布了《中央部门预算绩效运行监控管理暂行办法》《项目支出绩效评价管理办法》（〔2020〕10 号）等多项制度规定。总体来说，我国在预算绩效管理改革方面取得了阶段性的成效。

本章将就公共部门财务管理的绩效评价问题进行分析，侧重绩效评价的基本概念与类型，绩效评价在公共部门财务管理中的作用。同时，结合我国相关政策规定本章也将具体分析绩效评价体系的构成。基于我国基层实践和制度安排，探讨我国公共部门财务财政管理绩效评价的实施过程和重难点问题，并加以小结。

一、公共部门财务管理的绩效评价

（一）定义与含义

从 20 世纪 70 年代开始，各国政府开始关注财政资金的使用效果。西方发达国家的立法机关或最高审计机构，开始实施"效率审计""物有所值审计""绩效审计"或"财政支出绩效评价"。通过对政府部门、公共项目以及公共政策等预算支出进行全面审计，评估其财政资金使用的经济性、有效性、效率性以及公平性的影响。绩效审计也被称作"绩效评价"，即是针对公共财政资金使用的经济性（Economy）、有效性（Effectiveness）、效率性（Efficiency）、公平性（Equity）和生态环保（Environment）的一种综合评价。绩效评价或绩效审计活动，一般是由国家审计机关开展的。其是针对公共预算资金的使用效果而实施的"外部审计"。

但在我国，对公共部门财务管理的绩效评价则是由财政部门主导的一种内部财务管理控制活动。根据我国政策文件的相关定义，"绩效评价是指财政部门、预算部门和单位，依据设定的绩效目标，对预算支出的经济性、效率性、效益性和公平性进行客观、公正的测量、分析和评判"。中央与地方财政部门每年均需对本级政府、其他职能部门或预算单位的财政支出使用情况进行综合评价。根据我国相关法律、法规，各级审计机关也有对公共部门进行绩效评价的责任，但其重心仍在对有关单位的合规性、合法性审计上。

（二）公共部门财务管理绩效评价的类型

我国各级财政部门和预算部门（单位）是评价主体。绩效评价可以分为单位自评、部门评价和财政评价三种类型。单位自评是指预算部门组织本级和所属单位对绩效目标完成情况进行自我评价。部门评价是指预算部门根据相关要求，运用科学、合理的绩效评价指标、评价标准和方法，对本部门组织开展的绩效评价。财政评价是财政部门对预算单位或其负责的项目政策，开展的绩效评价。单位自评应由项目单位自主实施，即"谁支出、谁自评"。部门评价和财政评价应在单位自评的基础上开展，必要时可委托第三方机构实施。

财政部门可以从宏观规划、部门整体、重大项目的层面开展绩效评价。这包括了财政政策或整体规划评价、部门整体支出评价、重大民生项目评价(特别是上级对下级转移支付)等。这些评价工作分别侧重于完善财政结构、促进部门履职、落实民生政策等。财政部门也可对部分自评项目进行再评价重点审查项目资金使用效益，部门完成工作任务或履行职能情况。

从绩效评价的对象和范围来看，绩效评价包括基本预算支出绩效评价、项目支出绩效评价和部门整体支出绩效评价。具体涵盖了中央部门项目支出、中央对地方转移支付、部门整体预算、政府投资基金、政府和社会资本合作(PPP)项目、政府购买服务、政府债务项目以及重大财政政策等多个领域。

从绩效评价的结果应用来看，绩效评价也可以分为两种形式。一种是总结性的绩效评价，其主要目的在于总结经验教训，问责为主。另一种则是以完善建议、绩效提升、管理创新的改进型绩效评价。不同目的类型绩效评价，其实施目的与重点有所不同。

(三)我国公共部门财务管理绩效评价的法律法规体系

我国公共部门财务管理的绩效评价改革始于 2009 年。2018 年党中央、国务院正式提出预算绩效管理的有关意见，预算资金的绩效评价方才正式铺开、全面推行。截至 2023 年，预算绩效评价涵盖的领域更广泛，包括教育、医疗卫生、现代服务、科学技术、环境保护、城乡基础设施、农业综合开发等 14 个重点支出领域。预算管理绩效评价主要政策回顾：法律、中央层面(2011—2018 年)如表 10.1 所示。

表 10.1　预算管理绩效评价主要政策回顾：法律、中央层面(2011—2018 年)

序号	年份	文件名称与文号	备注
1	2014	《中华人民共和国预算法》(2014 年修正)	法律
2	2014	国务院《关于深化预算管理制度改革的决定》(国发〔2014〕45 号)	国务院

札记

序号	年份	文件名称与文号	备注
3	2018	中共中央、国务院《关于全面实施预算绩效管理的意见》（2018 年 9 月 1 日）	国务院
4	2009	财政部关于印发《财政支出绩效评价管理暂行办法》的通知（财预〔2009〕76 号）	财政部
5	2011	财政部关于印发《财政支出绩效评价管理暂行办法》的通知（财预〔2011〕285 号）	财政部
6	2011	财政部《关于推进预算绩效管理的指导意见》（财预〔2011〕416 号）	财政部
7	2013	财政部关于印发《经济建设项目资金预算绩效管理规则》的通知（财建〔2013〕165 号）	财政部
8	2014	关于印发《地方财政管理绩效综合评价方案》的通知（财预〔2014〕45 号）	财政部
9	2017	关于印发《财政专项扶贫资金绩效评价办法》的通知（财农〔2017〕115 号）	财政部
10	2017	关于印发《地方预算执行动态监控工作督导考核办法》的通知（财库〔2017〕161 号）	财政部
11	2018	关于印发《地方财政预算执行支出进度考核办法》的通知（财预〔2018〕69 号）	财政部

　　地方政府及财政部门也随之进行改革。就全国范围而言，广东、上海、北京、浙江、江苏、山东、福建、安徽、湖北等省份的预算绩效评价工作相对开展较早，试点经验较为丰富（财政部，2021）①。以湖北省为例，作为财政支出和预算绩效评价改革的主要推动者，其主要政策如表 10.2 所示。

---

① 财政部，2021. 关于对 2020 年度地方预算绩效管理工作考核结果的通报，内部文件。

表 10.2　　预算管理绩效评价政策回顾：省级层面（2012—2020 年）

序号	年份	文件名称与文号	备注
1	2012	省财政厅关于印发《湖北省省级财政项目资金绩效评价实施暂行办法》的通知（鄂财绩发〔2012〕5 号）	财政厅
2	2013	省财政厅关于印发《湖北省省级预算绩效管理专家库管理暂行办法》的通知（鄂财绩发〔2013〕6 号）	财政厅
3	2013	湖北省人民政府《关于推进预算绩效管理的意见》（鄂政发〔2013〕9 号）	省政府
4	2014	关于印发《湖北省财政项目资金绩效评价操作指南》的通知（鄂财函〔2014〕376 号）	财政厅
5	2015	省财政厅关于《加强省直部门预算支出绩效指标体系建设的通知 》（鄂财绩发〔2015〕15 号）	财政厅
6	2015	省财政厅关于印发《省级财政项目支出绩效评价报告质量考核标准（试行）》的通知（鄂财函〔2015〕55 号）	财政厅
7	2016	关于印发《湖北省省级财政支出绩效评价结果应用暂行办法》的通知（鄂财绩发〔2016〕17 号）	财政厅
8	2016	省财政厅《关于开展 2016 年省级财政支出绩效评价工作的通知》（鄂财函〔2016〕87 号）	财政厅
9	2016	省财政厅《关于做好 2016 年重点绩效评价工作的通知》（鄂财函〔2016〕211 号）	财政厅
10	2017	湖北省人民代表大会常务委员会《关于进一步推进预算绩效管理的决定》（2017 常委会 227 号）	省人大
11	2018	省财政厅《关于 2018 年开展财政支出绩效评价工作的通知》（鄂财绩发〔2018〕5 号）	财政厅
12	2020	湖北省财政厅《关于印发全面实施预算绩效管理系列制度的通知》（鄂财绩发〔2020〕3 号）	财政厅

由于绩效评价体系和制度的改革实践受到内外部政策环境、治理能力、专业领域和地区社会差异等因素影响，各地预算绩效评价改革的进度、难度和成效也有所不同。

二、绩效评价在公共部门财务管理中的作用

从国外公共部门绩效评价的经验和改革历程来看，公共部门财政财务支出的绩效评价，已经从单纯的财务审计、成本审计，转化为社会效益审计、政策审计或物有所值审计（Value-for-Money Audit）。绩效评价报告也从财务管理的合规性和经济性，逐步拓展到了财政资金使用的经济效益、社会效益、生态效益等内容。如，社会公平、生态环保等方面。不仅如此，审计机关的绩效评价报告还需针对评价中所出现的问题，提出改进对策和完善建议。财政绩效评价已经成为政府决策的重要依据。

我国开展公共部门绩效评价工作的目标有三。一是，构建绩效评价体系，提高财政管理水平。二是，保障财政支出有效落实，提高资金使用效益。通过对政府预算支出进行绩效评价，了解政府各项资金的使用状况。从而对政府预算支出是否实现预期的绩效目标进行评价，强化各级政府预算支出管理责任。三是，强化绩效评价结果运用，开展绩效问责。通过对政府预算支出开展绩效评价，强化评价结果运用，扩大向社会公开的范围，强化社会监督，建立评价结果与预算安排相结合的激励约束机制。

第二节　公共部门财务管理绩效评价的
原则、方法与指标

一、公共部门财务管理绩效评价的基本原则

公共部门财务管理绩效评价的基本原理，是通过对公共部门的收入支出进行全面系统的评估，以衡量其投入与产出、资源利用效率和社会效益。针对公共部门、预算支出或公共项目支出，基于目标导向、多维度评估、数据驱动、比较分析、激励机制和审核与监督机制，以绩效评价为手段帮助公共部门实现资源的有效配置和提供优质的公共服务。公

共部门的财务财政资金的绩效评价一般会遵循以下原则。

一是目标导向性。评价应根据预算支出的设定目标和政策导向，确保评价对象与目标一致性。评价的指标应明确反映预算支出在实现经济、社会和环境效益方面的贡献程度。二是绩效导向性。评价应关注预算资金的经济效益、效率提升和成果实现情况，以及对社会公众和相关利益相关者的影响。三是客观性和可衡量性。评价应基于充分、准确、可靠的数据和指标，以确保评价结果的客观性和科学性。评价指标需要具备可衡量性，能够量化预算支出的绩效表现和效果。四是可比性。评价结果需要与相似的预算支出进行比较，以确定其优劣势和改进空间。五是持续性和改进性。评价应具有持续性和改进性。即对预算支出的绩效进行定期评估，并根据评价结果进行改进和调整。六是激励机制。评价结果应作为激励和奖惩的依据，绩效评价结果应与预算安排、政策调整、改进管理实质性挂钩，体现奖优罚劣和激励相容导向。我国财政部也提出了"科学公正、统筹兼顾、激励约束、公开透明"的十六字方针。

二、公共部门绩效评价的常用方法

公共部门采用的绩效评价方法有很多。各级财政和预算部门可以根据评价对象的情况，选择采用一种或多种方法进行评价。评价方法的选择是基于具体情况、其可行性和有效性来确定。在评价过程中，有关部门还应确保数据的准确性和完整性，避免评价结果的歧义和误导。评价结果应及时反馈给被评价单位，促使其进行改进和提升绩效。根据财政部的有关规定和指南，公共部门财务管理常用的绩效评价方法有以下几种。

(一)成本效益分析法

成本效益分析法(CBA，Cost Benefit Analysis)是指将投入与产出、效益进行关联性分析的方法。该方法考察整体预算支出的效益与成本之比，衡量效益是否高于成本。在运用成本效益分析法进行绩效评价时，主要包括四个步骤：确定所有相关的成本和效益、测量成本和效益、比较成本效益流、进行绩效评价。

成本效益分析是一种基本且重要的评价方法，不仅适用于绩效评价，也适用于其他财务决策。比如，在本书第六章中，成本效益分析作为公共部门事前决策的一种评估方法用于公共项目的前期决策。同时，成本效益分析也可以用作预算资金绩效评价的一种后评价方法。

在使用成本效益分析法进行绩效评价时，应当注意两个问题。第一，量化测量只是评价的一部分，一些非量化的因素也应当考虑其中。无形的成本和效益不能被忽视，尽管它们很难估价。例如，政府加大对城市绿化设施的预算支出，这笔支出虽然没有直接带来可量化的经济效益。但是绿化的增加会提高城市的空气质量和居民的生活满意度。那么，这笔支出同样是有收益的。第二，政府部门在政治环境中运转。政治因素、决策者的偏好，也会影响绩效评价结果。而这些因素则超出了这些分析工具的范围。

（二）比较法

比较法是指将实施情况与绩效目标、历史情况、不同部门和地区同类支出情况进行比较的一种评价方法。对于有关部门，绩效目标的设定提供了一个衡量绩效差异的简单方法，并且能够让政府部门及工作人员明确自己的职责，从而寻找差异并进行相应的调整。

历史情况分析，则是依据过去的绩效信息，并将其与当前绩效水平进行比较。这种方法所内涵的假设是，在其他条件相同的情况下，被评价单位将以同样的方式在运行。需要注意的是，随着社会的发展，政府越来越需要及时根据外部环境的变化及时进行调整。一成不变的情况较少。因此，利用历史信息进行评价也要考虑多变的现实情况。

（三）因素分析法

因素分析法是综合分析影响绩效目标实现的内外部因素的评价方法。这种方法的运用思路是找出影响预算支出绩效的关键因素，并分析产生相关问题的原因。因素分析法是一种典型的定性评价方法，这种方法要求绩效评价人员有丰富的经验，且对被评价单位和项目非常熟悉。其优点在于简单易行，适用于情况不复杂的单位和项目。但这种方法的不足也非常明显。即该方法主要依靠评价者的经验进行，存在较强的主观性。

(四)最低成本法

最低成本法是在绩效目标确定的前提下，成本最小者为优的一种方法。该方法适用于公共项目的收益可以确定，却不适用量化分析的支出项目。例如，教育、卫生、国防工程项目等。这些项目的效益具有明显的外部性，但不能直接进行测量。此时便可以将这些项目的实施成本进行比较，从而评价绩效目标的实现程度。

(五)公众评判法

公众评判法则是通过专家评估、公众问卷及抽样调查等方式进行评判的方法。该方法中既包括定性分析方法，又包括定量分析方法。例如，在进行专家评估时，常用德尔菲法来征询专家的意见。也可以对利益相关人群发放调查问卷，了解其意见和诉求。有关单位还可以对问卷数据进行相关性分析和回归分析，从而更深入地分析影响因素。最后，评价主体还可以向政府部门及相关工作人员进行访谈，更详细地了解预算支出的使用和管理情况。

(六)标杆管理法

标杆管理法是以国内外同行业中较高的绩效水平为标杆进行评判的方法。这种方法既能提供一个比较的标杆，又能了解影响标杆达成的相关因素。运用标杆管理法的使用通常分为五步：确定问题领域、选择标杆、识别典型措施与经验做法、对标改进。标杆管理也有其局限性。例如，不同地区会存在地域、经济、社会差异，盲目向标杆看齐可能会忽略这些不同。

(七)平衡计分卡

平衡计分卡也是一种绩效衡量手段。管理者就四个关键指标来考察绩效目标的实现情况。这四大类指标分别是财务指标、内部业务流程指标、客户指标、学习和增长指标。对于政府等公共部门来说，其目的不在于盈利，却更加重视服务对象的感受与满意度。平衡计分卡模型图如

图 10.1 所示。

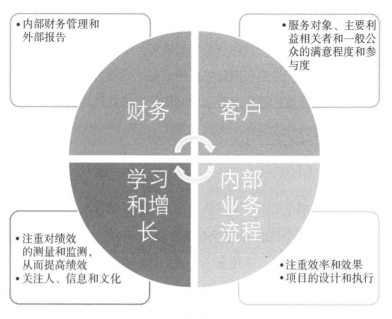

图 10.1 平衡计分卡模型图

平衡计分卡的优势在于提供了更全面的绩效评价框架，通过定义四类关键绩效指标以衡量绩效，并收集数据以跟踪被评价单位在所有这些领域的表现，更全面地了解组织绩效。平衡计分卡在绩效评价过程中能够形成一个更强大的战略规划过程，使组织能够对可能影响绩效的问题作出快速反应。平衡计分卡克服了传统绩效评价方法中只关注直观可衡量的财务信息的不足，增加了服务对象、内部业务、学习和增长的情况。因此可以将重点从短期措施转移到组织长期成功的要求上。但这种方法的缺点在于使用过程的复杂性。尤其是在公共组织这样比较复杂的环境中，建立一套科学合理的评价指标体系并不是一项简单的任务。

（八）其他绩效评价技巧

除以上的绩效评价方法以外，绩效评价通常也使用一些具体调查技巧。根据国外学者和审计机构的研究，预算资金的绩效评价方法共有30 种。其中，应用较多方法的依次分别是访谈、卷宗分析、问卷调查、抽样审计、实地调研、逐一问询、专家会议、流程审查等。相关分析、敏感性分析、决策建模、决策理论等实证量化分析技巧虽有使用，但使用频率较低。

决定绩效评价方法的因素有五。一是，评价工作和评价对象的复杂性、难易程度、专业特点以及不可预知因素。二是，绩效评价工作团队的经验、能力和知识水平。三是，绩效评价的时间期限。一般而言，一项财政支出的绩效评价工作不超过 3 个月。在如此短的时间内进行全面的评价并不是一项容易的工作。四是，使用不同评价方法所带来的财务成本、人员成本等。尤其是当绩效评价工作由第三方执行时，需要考虑评价的投入—产出比。五是，有关单位的评价要求。某些国家要求评价单位应当使用 3~4 种的评价方法，采用多种证据来源的数据，进行交叉验证，以确保评价结论的客观性。

三、公共部门财务绩效评价的指标体系与构成

(一)绩效评价指标与评分标准

绩效评价指标体系由四个部分构成，分别是评价指标、标准、权重与评分结果。财政部《项目支出绩效评价管理办法》(财预〔2020〕10 号)等有关文件规定，我国公共部门支出绩效评价指标分为共性指标和个性指标。

共性指标是适用于所有评价对象的指标：主要包括预算编制和执行情况、产出和效果情况等。项目支出绩效评价共性指标由国家与省级财政部门统一制定，包含了四个一级指标，即决策、过程、产出与效果，一级指标下又具体细分为资金管理、资金投入、产出结果、项目效果、满意度等 10 个二级指标。

其中决策和过程指标为必选指标，即预算资金绩效评价的必须采用的指标，且评价标准必须按照规定进行设置。产出与效果指标则为个性指标，需要结合业务类型、项目特点，由绩效评价团队自行设计决定。但一般应包括产出数量、质量、成本、时效等二级指标。个性指标也包括了经济效益、社会效益、可持续性和满意度等二级评价指标。以湖北省为例，湖北省财政厅制定了有关预算项目的绩效评价共性指标体系框架参考，如表 10.3 所示。

札记

表 10.3 湖北省预算项目绩效评价共性指标体系框架(参考)

一级指标	二级指标	三级指标	指标解释	指标说明
决策	项目立项	立项依据充分性	项目立项是否符合法律法规、相关政策、发展规划以及部门职责,用以反映和考核项目立项依据情况。	评价要点: ①项目立项是否符合国家法律法规、国民经济发展规划和相关政策; ②项目立项是否符合行业发展规划和政策要求; ③项目立项是否与部门职责范围相符,属于部门履职所需; ④项目是否属于公共财政支持范围,是否符合中央、地方事权支出责任划分原则; ⑤项目是否与相关部门同类项目或部门内部相关项目重复。
	绩效目标	立项程序规范性	项目申请、设立过程是否符合相关要求,用以反映和考核项目立项的规范情况。	评价要点: ①项目是否按照规定的程序申请设立; ②审批文件、材料是否符合相关要求; ③事前是否已经过必要的可行性研究、专家论证、风险评估、绩效评估、集体决策。
		绩效目标合理性	项目所设定的绩效目标是否依据充分,是否符合客观实际,用以反映和考核项目绩效目标与项目实施的相符情况。	评价要点: (如未设定预算绩效目标,也可考核其他工作任务目标) ①项目是否有绩效目标; ②项目绩效目标与实际工作内容是否具有相关性; ③项目预期产出效益和效果是否符合正常的业绩水平; ④是否与预算确定的项目投资额或资金量相匹配。

一级指标	二级指标	三级指标	指标解释	指标说明
决策	绩效目标	明确性	依据绩效目标设定的绩效指标是否清晰、细化、可衡量等，用以反映和考核项目绩效目标的明细化情况。	评价要点： ①是否将项目绩效目标细化分解为具体的绩效指标； ②是否通过清晰、可衡量的指标值予以体现； ③是否与项目目标任务数或计划数相对应。
	资金投入	预算编制科学性	项目预算编制是否经过科学论证、有明确标准，资金额度与年度目标是否相适应，用以反映和考核项目预算编制的科学性、合理性情况。	评价要点： ①预算编制是否经过科学论证； ②预算内容与项目内容是否匹配； ③预算额度测算依据是否充分，是否按照标准编制； ④预算确定的项目投资额或资金量是否与工作任务相匹配。
		资金分配合理性	项目预算资金分配是否有测算依据，与补助单位或地方实际是否相适应，用以反映和考核项目预算资金分配的科学性、合理性情况。	评价要点： ①预算资金分配依据是否充分； ②资金分配额度是否合理，与项目单位或地方实际是否相适应。

札记 续表

一级指标	二级指标	三级指标	指标解释	指标说明
过程	资金管理	资金到位率	实际到位资金与预算资金的比率，用以反映和考核资金落实情况对项目实施的总体保障程度。	资金到位率＝(实际到位资金/预算资金)×100%。 实际到位资金：一定时期(本年度或项目期)内落实到具体项目的资金。 预算资金：一定时期(本年度或项目期)内预算安排到具体项目的资金。
		预算执行率	项目预算资金是否按照计划执行，用以反映或考核项目预算执行情况。	预算执行率＝(实际支出资金/实际到位资金)×100%。 实际支出资金：一定时期(本年度或项目期)内项目实际拨付的资金。
		资金使用合规性	项目资金使用是否符合相关的财务管理制度规定，用以反映和考核项目资金的规范运行情况。	评价要点： ①是否符合国家财经法规和财务管理制度以及有关专项资金管理办法的规定； ②资金的拨付是否有完整的审批程序和手续； ③是否符合项目预算批复或合同规定的用途； ④是否存在截留、挤占、挪用、虚列支出等情况。
	组织实施	管理制度健全性	项目实施单位的财务和业务管理制度是否健全，用以反映和考核财务和业务管理制度对项目顺利实施的保障情况。	评价要点： ①是否已制定或具有相应的财务和业务管理制度； ②财务和业务管理制度是否合法、合规、完整。

一级指标	二级指标	三级指标	指标解释	指标说明
过程	组织实施	制度执行有效性	项目实施是否符合相关管理规定，用以反映和考核相关管理制度的有效执行情况。	评价要点： ①是否遵守相关法律法规和相关管理规定； ②项目调整及支出调整手续是否完备； ③项目合同书、验收报告、技术鉴定等资料是否齐全并及时归档； ④项目实施的人员条件、场地设备、信息支撑等是否落实到位。
产出	产出数量	实际完成率	项目实施的实际产出数与计划产出数的比率，用以反映和考核项目产出数量目标的实现程度。	实际完成率＝（实际产出数/计划产出数）×100%。 实际产出数：一定时期（本年度或项目期）内项目实际产出的产品或提供的服务数量。 计划产出数：项目绩效目标确定的在一定时期（本年度或项目期）内计划产出的产品或提供的服务数量。
	产出质量	质量达标率	项目完成的质量达标产出数与实际产出数的比率，用以反映和考核项目产出质量目标的实现程度。	质量达标率＝（质量达标产出数/实际产出数）×100%。 质量达标产出数：一定时期（本年度或项目期）内实际达到既定质量标准的产品或服务数量。既定质量标准是指项目实施单位设立绩效目标时依据计划标准、行业标准、历史标准或其他标准而设定的绩效指标值。

札记

一级指标	二级指标	三级指标	指标解释	指标说明
产出	产出时效	完成及时性	项目实际完成时间与计划完成时间的比较，用以反映和考核项目产出时效目标的实现程度。	实际完成时间：项目实施单位完成该项目实际所耗用的时间。 计划完成时间：按照项目实施计划或相关规定完成该项目所需的时间。
产出	产出成本	成本节约率	完成项目计划工作目标的实际节约成本与计划成本的比率，用以反映和考核项目的成本节约程度。	成本节约率＝[（计划成本－实际成本）/计划成本]×100%。 实际成本：项目实施单位如期、保质、保量完成既定工作目标实际所耗费的支出。 计划成本：项目实施单位为完成工作目标计划安排的支出，一般以项目预算为参考。
效果	项目效果	实施效益	项目实施所产生的效益。	项目实施所产生的社会效益、经济效益、生态效益、可持续影响等。可根据项目实际情况有选择地设置和细化。
效果	项目效果	满意度	社会公众或服务对象对项目实施效果的满意程度。	社会公众或服务对象是指因该项目实施而受到影响的部门（单位）、群体或个人。一般采取社会调查的方式。

　　评价标准通常包括计划标准、行业标准、历史标准等，用于对绩效指标完成情况进行比较。计划标准指以预先制定的目标、计划、预算、定额等作为评价标准。行业标准指参照国家公布的行业指标数据制定的评价标准。历史标准指参照历史数据制定的评价标准，为体现绩效改进的原则，在可实现的条件下应当确定相对较高的评价标准。

(二)绩效评价的权重与评分

确定绩效评价指标后，就要设计各项指标的分值。大多数绩效评价采用百分制。但对于不同指标而言，其占总分的比例是不同的。某类指标占总分的比重较大，其他类指标占比相对较小。例如，我国的预算支出绩效评价指标的权重需突出结果导向，产出、效益指标的分值占总体分数的权重，合计不低于60%。同一评价对象处于不同实施阶段时，指标权重应体现差异性。

根据以上原则，绩效评价中的权重可以使用多种方法来确定，具体方法取决于有关单位的需求。比如，使用层次分析法（AHP），可以将评价指标按照其相对重要性进行层次化，通过专家的判断和比较，使用数学模型计算出各项指标的权重。也可以通过统计分析数据，如回归分析、相关分析等，来确定各项指标对绩效的影响程度，进而确定权重。最后，目标规划法、投入产出法、数据包络模型等线性规划模型，也可以将绩效评价的目标和约束条件转化为数学模型，通过优化算法求解，得出各项指标的权重。以上方法可单独或结合使用，来确定绩效评价中的权重。

我国的财政绩效评价，采取了评分与评级相结合的形式。绩效评价总分设置为100分。总分由各类一级指标、二级指标的评分，按照权重得分汇总而成。在计算出总分后，再进行评级。绩效评价等级一般划分为四档，90（含）~100分为优，80（含）~90分为良，60（含）~80分为中，60分以下为差。当评价等级为良以下时，即得分为80分以下时，被评价单位或其主管部门将会被问责或整改。

第三节 公共部门财务管理绩效评价的实施与应用

一、绩效评价的实施过程

(一)绩效评价的实操环节与时间安排

我国公共部门预算资金的绩效评价工作流程主要包括5个环节，即准备阶段、资料初审阶段、现场核查阶段、综合评价阶段、报告提交与归档阶段。该流程又可以分为 13 个步骤，27 个实施要点。总体评价工作时间一般控制在 60~90 个日历天，但实际需要 45~50 个日历天。具体工作环节与时间安排如表 10.4 所示。

表 10.4　我国财政预算绩效评价工作环节及时间安排计划表

序号	工作流程安排	时间安排（日历天）	工作环节
1	确定绩效评价对象	1	准备阶段（5 天）
2	下达绩效评价通知	2	
3	制订绩效评价工作方案	2	
4	收集绩效评价相关数据资料，并进行现场调研、座谈	5	资料初审阶段（12 天）
5	核实有关情况，初步核实各类资料的真实性、完整性和有效性	4	
6	与被评价单位（部门）核对，并针对具体问题，再次补充资料	3	
7	深入项目现场，采取勘察、调查等方式，对项目产出的数量、质量进行检验，掌握产出效益情况，形成现场勘察记录	7	现场核查阶段（15 天）
8	与评价单位（部门）针对现场核查的结果进行确认、问询与核对，形成评价底稿	8	
9	汇总各类数据资料、确认评价方法，初步梳理评价资料，并进行综合分析	4	综合评价阶段（15 天）
10	根据内外部资料数据、评价底稿，针对绩效评价指标体系，逐一对标梳理、对号入座、查漏补缺，形成综合评价资料和数据	6	
11	综合分析并形成评价结论	5	
12	撰写、修改、提交评价报告	9	报告提交与归档阶段（15 天）
13	各子项建立绩效评价档案	1	
	合　计	52	

根据上述工作流程，绩效评价工作作业流程如图10.2所示。　　　　札记

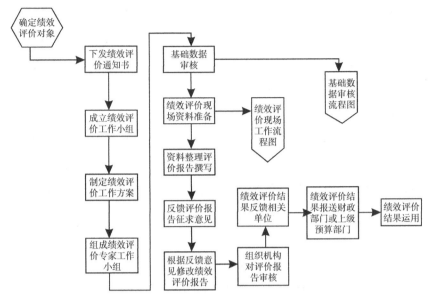

图10.2　绩效评价工作作业流程

(二)绩效评价的工作内容

在县区一级的预算资金的财政绩效评价工作中，较为重要的评价程序步骤与实践安排如下。

第一，资料初审。该环节的主要目的是收集核实绩效评价所需数据。包括两个工作环节，一是对所有项目单位报送的相关资料进行收集、梳理、分类和汇总，并初步核实资料的真实性、完整性和有效性。二是利用各种公开数据进行对比，形成对项目多层次、多角度的数据资料支持。此外，总之在绩效评价的资料初审阶段，绩效评价实施机构需要根据评价内容拟定资料收集清单，完成其他工作事项，如访谈、问卷发放等。而后根据初步反馈的结果，初步评判数据资料的真实性、完整性和有效性。另外，评价者还需对外部资料进行收集，如被评价单位的年度预算、绩效目标等数据。由此形成多手数据来源，进行交叉对比、综合验证，为下一步的绩效评价工作形成有力的数据支撑。在此过程中，如发现有遗漏和含糊不清的地方，可提出二次补充数据的要求。

第二，现场核查。在实地勘察调查环节，绩效评价工作小组的主要

目标是印证文本数据与资料的真实性和有效性。这就需要深入一线进行实地调查，以便获取真实可靠的一手信息和数据。如财政补贴执行情况、预算经费的使用情况、专项资金的使用过程和问题等。在这一阶段，绩效评价工作主体需要根据工作量细分成若干工作小队，采取实地调研、访谈座谈、问卷调查等方式，对有关项目或财政补助资金的使用情况进行调查，形成现场勘察记录，及时记入评价工作底稿，作为后期综合评价打分的依据。

第三，综合评价。基于前两个环节，评价主体需要进行综合分析评价。一是以访谈记录、会议纪要、收集资料、勘察记录等为基础，选取两种以上评价方法，对项目支出进行综合分析。二是对评价所需的内部信息和外部资料进行系统的汇集和综合形成评价数据和资料。三是按工作方案确定方法和指标，根据评价数据和资料，对评价对象的绩效情况进行全面的定量、定性分析和综合评价。

这一阶段的工作核心是基于设计的绩效评价指标体系，按照选定评价办法，有针对性地汇集内外部资料，逐一对标梳理、对号入座、查漏补缺，形成综合评价资料和数据，并进行初步评价。在综合评价阶段，首先要梳理汇总。按照绩效评价指标体系的四个一级指标决策、过程、产出和效益指标，分别对内部、外部、定性、定量等类型数据进行归类。其次对标评分。这就要求按照设定的指标值与收集到的实际值进行对比，并进行相应的打分，从不同维度和角度全面科学评价。最后是全面分析。分别针对各三级、四级指标的评分结果进行初步汇总，加以权重、得出总分。

二、绩效评价报告：内容与结果应用

(一)绩效评价报告的内容

财政部预算评审中心与各省财政部门要求，政府财政财务资金的绩效评价报告一般分为专业版(如图 10.3 所示)与缩略版。专业版的主要内容是评价结论、佐证材料、原始资料三个部分。其中，评价结论包含了评价分数和评级等级、绩效目标完成情况、存在的问题和原因、结果应用建议、绩效评价评分明细表等内容。佐证材料部分则涵盖了项目基本情况、绩效评价工作展开情况、绩效指标完成情况、上年度评价结果应用情况等内容。原始材料包括了在绩效评价工作中涉及的重要核心原始数据、信息、证据等材料。主要有绩效评价指标体系、问卷调查及结果、访谈提纲及分析结果、其他原始财务财政凭证、被评价单位的内部制度文件，如会议纪要、财务管理制度等。绩效评价报告的缩略版则只包括评价结论和佐证材料两个部分。缩略版报告一般用作对上级和人大等机关的汇报审议材料，侧重对评价结论的要点总结与改进建议等内容。

目　录

图 10.3　绩效评价报告的内容(专业版)

(二)绩效评价结果的应用

绩效评价报告一般有以下五个使用去向。一是提交上级政府及同级别的人民代表大会审议，作为下年度决策依据。二是形成绩效简报对外公开，以增加公共部门财务管理信息的透明度。三是决策部门及有关单位，归纳总结经验教训，提炼好的做法，撰写操作手册和工作指南，打造典型案例和最佳实践案例，大力推广。四是定期为被评价单位开展业务培训和行业交流会议，加强职能业务部门的绩效管理水平和绩效意识。五是加强公共关系管理，促进公共政策改革、回应公众关注。

第四节 我国公共部门财务管理绩效评价的重难点问题

一、绩效评价中的非财务影响因素

（一）评价主体、机构能力与技术能力

预算绩效评价工作是由上至下、逐级落实的。中央与地方财政部门既是评价执行单位，又要指导各职能部门进行具体工作。通过绩效评价，财政部门由单纯预算拨款的"出纳"，变成了政府财政资金的内部控制者和监督者。

但在绩效评价实施过程中，评价体系的能力建设也遇到了新问题。首先，面临的问题是人力不足。在县区一级财政部门，负责绩效工作的部门科室一般有4~7人，既无能力也无时间，更没有经验去评价数量众多、类型繁杂、行业多样的专项资金和项目支出。引入经验丰富的高水平第三方评价机构和绩效评价工作人员来协助财政部门推进相关工作是一条解决路径。但市场上是否有足够数量的第三方机构，可以胜任财政预算绩效评价工作？

（二）评价项目的选择与评价目的

公共部门的财政绩效评价原则上要覆盖所有预算资金，做到全覆盖、全过程。自2018年以来，预算绩效评价范围也逐步扩大。评价项目的选取标准虽未有明确规定，但一般遵循以下原则。一是社会关注热点领域或重大项目。二是所在地区重点项目。三是资金规模较大的业务支出。四是业务部门及行业的均衡性。五是使用了一般债、专项债资金、国有资本经营预算或PPP模式的项目。六是项目或政策持续时间较长的项目。七是在上个预算年度，曾发生重大事件、重大事故或被上级问责过的单位或项目。

绩效评价的主要目的对于绩效评价工作流程和重点有决定性的影响。若绩效评价侧重合规性审查、财务审计，那么要重点关注决策、过程等指标。若评价目的是问责。这就要科学设计产出指标和效益指标，同时在评价中仔细对比分析实际结果指标与计划指标的偏离度问题以及奖惩措施。若采用改进型的绩效评价，则绩效评价的最终目的是绩效改进。因此绩效报告或评价工作中必须有合理化改进建议，而且要有理有据，被评价单位认可。

(三)绩效评价的对象：合作与博弈

预算绩效评价成功与否的关键因素之一在于被评价单位的配合和态度，也取决于绩效评价数据和信息的可获取性。评价对象的专业技术程度越高，绩效评价的实施难度越大，就更为依赖被评价单位的支持和配合。

然而，在绩效评价的工作实践中，并非所有的被评价单位采取配合的态度，也会遇到数据提供不及时、不完整、不全面，敷衍了事的情况。在少数情况下，由于关键数据、证据缺失，被评价单位不合作，导致绩效评价工作不能按时完成。针对以上问题，分析原因，归纳起来主要有以下三点：一是绩效评价工作团队和被评价单位的技术能力、知识储备和数据信息存在严重的不对称。二是被评价的相关工作人员与绩效评价小组多数为首次合作，在短时间内并未建立起相互信任关系。三是绩效评价工作小组的工作人员对政府部门的运作体系、政策制度、权责划分理解不透彻，尤其是事权交叉、事权重叠、事权共担、外溢效应严重的项目，会导致绩效评价对象与评价结果的"张冠李戴"。尤其是当绩效评价工作由第三方机构承担时，其对政府部门运作体系、事权支出责任等运行特点的理解相对不足，可能会导致被评价单位与评价主体之间的对抗。

二、公共部门财务管理绩效评价中的技术因素影响

(一)评价程序与评价方法

1. 绩效评价程序与时长

根据财政部《项目支出绩效评价管理办法》(财预〔2020〕10号)等有

关文件规定，事后绩效评价（又称为：财政评价）的工作流程包括三个阶段分别是准备阶段、实施阶段、分析和报告撰写阶段。三个评价阶段又包括了以下实施环节，即确定绩效评价对象、下达绩效评价通知、制订绩效评价工作方案、收集绩效评价相关数据资料、现场调研座谈、核实有关情况、形成初步结论、与绩效评价委托机构交换意见、综合分析并形成最终结论、提交绩效评价报告、评价结论反馈、建立绩效评价档案。按照文件规定，总体绩效评价工作时间要求控制在 60 个日历天之内。

但在实际绩效评价活动中，绩效评价工作的时长一般会被压缩在40~50 天之间，尤其是准备阶段的时间一般会压缩至 6~8 天，以便腾出时间给资料收集与初审、现场核查、综合评价等环节。当被评价项目的子项较多，预算资金使用单位数量多，且业务内容较为分散的情况下，绩效评价的实施阶段的耗时较长，一般在 2~4 周时间。考虑到被评价单位的配合情况以及绩效评价过程中的不确定因素，绩效评价实施阶段的时间一般在 20 个日历天左右，分析和报告撰写阶段的控制在 8~12 个日历天。

绩效评价的程序或时间取决于被评价项目的类型、专业性和复杂程度。同时，绩效评价小组的人员数量、资源投入成本，绩效评价工作深度的要求，抽样方法、抽样数量、评价方法等也会影响评价程序推进或评价时长。例如：村镇环境综合整治项目、美丽乡村、乡镇污水处理、产业结构调整与综合治理类项目就需要深入各县乡镇甚至村一级进行实地调研、访谈或座谈。即使采用等距抽样或立意抽样的原则挑选部分乡镇、行政村进行调研，最少也需要实地走访 4~5 个乡镇的 12 个左右的行政村或访谈对象。此外，绩效评价工作中，尤其是第三方绩效评价机构需要在成本投入、经济收益和评价质量之间作出平衡。总之，绩效评价的成本费用和评价时间，也是影响绩效评价有序推进、全面科学、客观公正的重要因素。

2. 绩效评价方法的选择和使用

依照财政部、各省的文件要求，绩效评价方法主要包括成本效益分析法、比较法、因素分析法、最低成本法、公众评判法、标杆管理法等。此外，结合被评价对象的具体情况，在后期具体绩效评价工作中，可结合使用两种或多种方法。

但在绩效评价中实际运用较多的方法依次是卷宗分析、因素分析法

(关键绩效指标，KPI)、访谈座谈、实地调研或现场踏勘、满意度调查法、标杆管理法(定额指标分析)。绩效评价工作人员决定评价方法的主要原则是，评价方法实际使用的难易程度、评价方法使用的费效比、调查方法获取数据的质量、被评价项目的特点。比如，对于工程类项目一般使用卷宗分析、现场踏勘、定额或标准分析等。资金类或政策类项目一般会选择满意度调查、卷宗分析、因素分析、访谈座谈等方法。也有绩效评价工作人员采用了德尔菲法来确定指标权重。极少数绩效评价项目中采用了有无对比法、生态环境经济价值评价法中的疾病成本法。学术界经常提及的绩效评价方法，如成本效益分析(CBA)、平衡积分卡(BSC)、数据包络模型(DEA)、层次分析法(AHP)、熵值法(EWM)、理想最优排序法(TOPSIS)等较少在实践中应用。因此绩效评价方法的采用，在于其使用的难易程度、评价团队的分析能力制约、评价时间的限制、评价数据的质量和国家政策是否有硬性要求等。

(二)绩效评价指标体系的设计：强制性与灵活性

绩效评价指标体系是绩效评价工作的核心。其也是后期奖惩的依据，更是一种目标管理工具。当前我国各级政府的预算绩效评价体系由指标、标准、权重和评分办法等构成，其延续了2013年《预算绩效评价共性指标体系框架》(财预〔2013〕53号)的内容。

一般而言，共性指标，即决策指标和过程指标的评价较为简单易行。这是因为以上两类绩效指标的评价标准较为简单明了。例如，在决策一级指标下，"立项依据充分性"二级指标的评价标准是，"项目立项是否符合法律法规、相关政策、发展规划以及部门职责"。因此，绩效评价工作人员只要根据卷宗分析，对比相关法律法规条文，判断是或否合法合规就可以了，进而进行打分。又比如：过程指标中的资金管理指标下的资金到位率指标，可以根据实际到位资金(财政拨款到账金额)与预算资金(预算申报文件的金额)的比率，进行打分判断。

但个性指标尤其是绩效评价指标体系中的产出和效果指标，却没有明确要求和规定标准。这就需要绩效评价工作人员基于经验、专业、知识等自主判断。虽然这样的安排赋予了绩效评价团队一定的自由裁量权，但也可能会带来一些风险。一方面，绩效评价小组或第三方评价机构对相关领域的熟悉程度、评价方法的知识储备、人员配备等方面存在较大不足，导致在绩效指标和标准选择上，会遇到科学性、全面性和相关性的问题。另一方面，个性指标、标准、权重和评分办法规定中的"自主弹性"空间，也为绩效评价的独立性、客观性和公正性带了一定人为操作空间。

(三)评价结论与改进建议：合规、问责或改进

作为绩效评价工作的最终成果文件，绩效评价报告至少由两个部分构成。一是评价结论，二是佐证材料。绩效评价结论部分又包括了绩效评价分数和等级，绩效评价指标的得分情况和扣分原因，项目成效、存在的问题和原因，以及下一步拟改进措施。佐证材料部分，则是详细介绍被评价项目的基本情况，绩效评价工作的开展情况(目的、对象、范围、方法、过程和抽样原则等)，绩效评价指标完成情况分析，也即是根据评价底稿、证据、数据等材料的打分、评分细节。

在绩效评价报告的"存在的问题和原因""下一步拟改进措施"部分，也多侧重预算资金的绩效目标设定、资金使用的合规性、资金到位率等基本财务管理问题。例如，预算文件中的绩效目标含糊不清，没有量化细化。专项资金的预算支出结构与实际执行情况偏离度较大。专项资金的未能专款专用，挪作行政运行、扶贫、个人补贴等其他用途。专项资金在下拨到账后沉淀闲置，年末三个月却突击花钱的情况。专项资金也存在到位及时率不高的情况。预算拨款没有在规定时间内执行使用，导致资金被财政收回的情况等。当前预算资金使用单位的绩效目标管理、财务管理水平和内部风险控制水平确实亟待提升。但对于财政资金的使用是否实现了产出目标、效果目标以及政策目标，有关结论并不十分清晰。

基于已有研究和相关绩效评价报告的结论和改进建议显示，当前我国预算绩效评价可能仍处于合规性审查以及问责型评价的阶段，绩效改进的建议也有体现，但局限于财务财政资金管理和预算管理操作层面。预算绩效评价的"财政—业务"融合工作仍有待加强。

(四)评价结果运用与评价效果

1. 评价结果的运用

在预算绩效评价报告正式提交给财政部门后，财政部门会将绩效

报告的缩略版上报财政局分管领导及主要负责人审阅签批。同时，对被评价单位给予书面反馈，包括评价得分、评价等级、主要问题和改进建议。被评价单位需要在规定时间内进行整改。各级财政部门也会将预算绩效评价报告的电子版上传至财政部门的数据平台，以便归档备份。

此外，绩效评价报告也会报送至县人大或人大常委会，以便作为下年度预算编制的依据。但在我国省级以下政府开展的绩效评价工作中，通常绩效评价结论和评级将会作为对被评价单位的奖惩依据。

2. 绩效评价的作用与效果

2018 年以来的预算管理绩效评价改革，基本预算绩效管理的全覆盖、全过程，预算绩效评价范围也逐步扩大，评价程序也更趋规范，其成效也较为明显。一是完善了公共部门的预算管理机制，建立了针对预算支出的绩效评价体系，形成了从预算编制到绩效评价的管理闭环，初步构建了政府财政资金的内部审查和内部控制机制。二是加强了预算资金使用的监管力度，发现财政资金的合法性合规性问题并及时整改。三是促使预算单位或职能部门强化预算意识、责任意识和绩效意识。四是初步建立了以绩效评价为手段的预算绩效问责机制。但由于我国全面推行预算绩效评价的时间还较短，因此绩效评价工作也有一定的不足，主要在于，绩效评价的财政、业务的融合程度不够，绩效改进的目标仍未完全达成，评价主体的评价能力仍有进一步提升的空间，绩效评价指标体系的规范性、科学性和合理性有待进一步完善等。

第五节 小 结

本章对公共部门财务管理绩效评价议题进行了全面深入的讨论。首先，公共部门财务管理绩效评价是确保公共资源合理利用和提高财务决策效果的关键工具。其次，在第二节详细探讨了公共部门财务管理绩效评价的原则、方法与指标体系，介绍了绩效评价应当坚持的科学性、客观性、可量化性等原则，并提出了多种评价方法和指标体系供参考。再次，深入研究了公共部门财务管理绩效评价的实施与应用。实施绩效评价需要明确目标、建立评价体系、收集数据、进行分析并提出改进建议。而后，在相关章节分析了中国公共部门财务管理绩效评价的重难点

札记

问题。这些问题包括数据收集与统计的困难、指标选择的合理性、评价结果的可靠性等。通过本章的学习，希望这些知识能够为公共部门财务管理绩效评价的实践提供指导，并促进公共资源的更有效配置和利用。